dtv
premium

W0078018

Manuel Andrack

MEIN JAHR ALS NARR

Dem Geheimnis von Karneval, Fasching,
Fastnacht auf der Spur

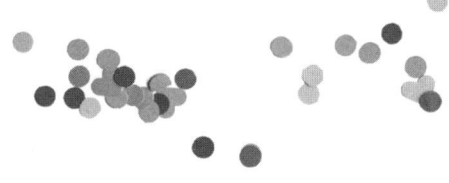

dtv

Ausführliche Informationen über
unsere Autorinnen und Autoren und ihre Bücher
finden Sie unter www.dtv.de

Dieses Buch ist auch als eBook erhältlich.

Ich danke allen, die mir Ohr, Auge und Herz für die Schönheit
von Karneval, Fastnacht und Fasching geöffnet haben.

Originalausgabe 2020
2. Auflage 2020
© 2020 dtv Verlagsgesellschaft mbH & Co. KG, München
Umschlaggestaltung: www.buerosued.de unter Verwendung
eines Fotos von Pasquale D'Angiolillo, eigenen Illustrationen
und eines Motivs von shutterstock.com
Satz: Fotosatz Amann, Memmingen
Gesetzt aus der Minion Pro 10,5/14˙
Druck und Bindung: CPI books GmbH, Leck
Printed in Germany · ISBN 978-3-423-26276-7

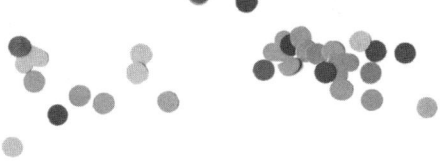

INHALT

VORWORT

Eine Maskenpflicht ist eine Maskenpflicht ist eine Maskenpflicht

Endlich Maskenpflicht! Wie geil ist das denn, mag sich mancher Narr in den Karnevalshochburgen von Köln, Mainz und Rottweil gedacht haben (obwohl es in Rottweil eigentlich Larvenpflicht heißen müsste, aber dazu später mehr). Maskenpflicht, heißt das nicht 365 Tage im Jahr feiern, närrisch sein, unerkannt bleiben, eine Verpflichtung zum Ausnahmezustand? Tatsächlich scheint die Lust an der Verkleidung zuzunehmen. Die Anlässe der Kostüm-Events im deutschsprachigen Raum explodieren, das habe ich in meinem närrischen Jahr an vielen Orten erlebt. Aber einfach das ganze Jahr maskiert durchfeiern, ist das nicht ein bisschen zu viel des Guten?

Leider verstehen wir unter *Maskenpflicht* seit der weltweiten Verbreitung von COVID-19 etwas ganz anderes. Der Mund-Nasen-Schutz ist eine überlebenswichtige Notwendigkeit. Die Maske als Schutz vor dem Virus, nicht als Spaß-Accessoire. Daheim bleiben, statt feiern gehen. Corona hat natürlich auch Karneval, Fastnacht und Fasching infiziert. Der Ausbruch der Epidemie in Deutschland ist fest verbunden mit einer Kappensitzung in Gangelt im Kreis Heinsberg. 300 Leute feiern am 15. Februar 2020 fünf Stunden lang. Sie schunkeln, singen, lachen. Und Superspreader (zu deutsch: Virenschleudern) stecken dabei wohl Dutzende Narren an, die das Virus verbreiten. Seit dem 23. März 2020 dann landesweites Kontaktverbot, eine Art virusbedingte Fastenzeit, während der man auf sehr vieles verzichten musste. Die Recherche für mein Buch *Mein Jahr als Narr* begann Anfang März 2019 und endete in den letzten Tagen des Februar 2020. Ich hatte das Glück, die komplette Session/Kampagne 2020 miterleben zu dürfen. Corona war bis einschließlich Aschermittwoch in Düsseldorf, Villach, Veitshöchheim, in Mainz, Rottweil, Überlingen und Köln ein Randthema. Den *Nubbel* habe ich in Köln am Abend des Karnevalsdienstags noch standesgemäß verbrannt, am Montag darauf wollte ich den *Morgestraich* in Basel miterleben.

Dazu kam es nicht mehr. Nach Aschermittwoch stieg die Anzahl der Infizierten in Europa exponentiell, die Basler Fasnacht wurde abgesagt. Mir blieb nur, mich mit Baslern über ihr närrisches Fest zu unterhalten und mir mithilfe von Büchern und YouTube ein Bild von *Morgestraich*, *Cortège* und *Schnitzelbängg* zu machen. Wenn das Live-Ereignis nicht erlebbar ist, muss man auf die glorreiche Vergangenheit zurückgreifen. Nun ist *Mein Jahr als Narr* zu einer Reportage aus einer fernen Zeit geworden, als man noch eng beieinander am Zugweg stand, bei Sitzungen schunkelte, sang und *Bützen* der Normalfall und kein Angriff auf die Gesundheit war.

Einige Experten sagen, COVID-19 wird nie verschwinden. Das Virus wird mutieren, wir werden zwar Impfstoffe haben, wirksame Medikamente, aber weggehen wird es wahrscheinlich nie. Wir werden mit dem Virus leben müssen. Und wenn wir das verinnerlichen, wird klar, dass vielleicht nicht alles wieder gut wird. Nicht alles wird wieder so sein wie in Prä-Corona-Zeiten. Keiner kann in die Glaskugel schauen und wissen, ob die närrische Zeit im nächsten und übernächsten Jahr normal oder anders normal sein wird.

Mummenschanz light ist seit dem Mittelalter eigentlich nicht vorgesehen, entweder volle Pulle oder gar nicht. Andererseits sind Rosenmontagsumzüge schon oft abgesagt worden – während der Weltkriege, wegen heftiger Sturmböen oder des Irak-Krieges. Die Sitzungen werden wahrscheinlich erst mal etwas ungewohnt aussehen. Mit weniger Publikum, dafür aber strengen Abstandsregelungen – Schunkeln und Singen verboten, Mitsummen vielleicht erlaubt. Und besser nicht so laut über einen gelungenen Gag der Büttenrede lachen, sonst verbreiten sich womöglich noch virusgetränkte Aerosole im Raum.

Ich bin mir aber sicher, dass es einen kompletten närrischen Lockdown während der tollen Tage nicht geben wird. Im Karneval kämpfte schon immer der Leichtsinn der Fastnacht gegen die Vernunft der Fastenzeit. Unten ist oben, oben ist unten, jedes Jahr findet eine närrische Revolution statt – Prinz Karneval herrscht über die Stadt. Aber aus dem Prinz wird nie ein richtiger König, der Prinz will das verdammte Corona-Krönchen einfach nicht haben. Es bleibt dabei: Die Narren sind los! Vorwärts Marsch, Huhuhu, Ahoi, Allez Hopp, Helau und – Alaaf!

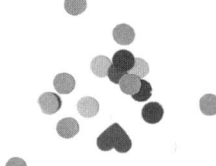

Kapitel 1

AM ASCHERMITTWOCH IST ALLES VORBEI – ABER NICHT IN BASEL

**72 Stunden Ausnahmezustand –
Eine närrische Energie, die sich entlädt –
Yypfyffe – Blagedde ist Pflicht!**

Um Schlag vier Uhr am frühen Montagmorgen gehen in Basel die Lichter aus. Es wird dunkel, stockdunkel, zappenduster. Nur die Groß-Laternen und die Kopflichter an den übergroßen Larven der Fasnächtler bewegen sich wie kunterbunte Glühwürmchen durch die Nacht. Gleichzeitig bricht ein infernalischer Lärm los, die Aktiven sind mit Trommeln und Piccoloflöten bewaffnet. Die Parole ist »Vorwärts Marsch«, und dann geht es los, mit den Laternen wie überdimensionierte Lollis – einige haben die Ausmaße eines Kleinwagens –, den Trommeln, den Piccolos.

Ist das ein karnevalistischer Umzug wie in Köln, Mainz, Düsseldorf, alle schön der Reihe nach? Nein, so ist das nicht, ich werde es erzählen. Es geht kreuz und quer, jede Clique dreht ihre eigenen Runden, in den engen Gassen der Basler Altstadt kommt es zu Begegnungen und Kreuzungen, dann vermischen sich die Cliquen kurz, trennen sich wieder, kakofonieren instrumental, entwirren sich wieder und gehen für sich weiter. Anarchie in der ansonsten so ordentlichen Schweiz.

Aber was läuft hier eigentlich bei den Eidgenossen, mitten in der Nacht, bei ohrenbetäubendem Lärm, bunten Lichtern – und einer Affenkälte? Ich will der Sache auf den Grund gehen. Die Bildungsreisenden der Romantik, Wilhelm Meister und der Grüne Heinrich beispielsweise, verstanden unter Bildung nicht das Studium der Bücher. Das Herz sollte sich bilden, die Seele, nicht zuletzt der Verstand. Begegnungen, Erlebnisse, Reisen, der Bildungsroman als Road Movie.

In diesem Sinne möchte ich mich in meinem närrischen Jahr bilden. Ich werde Fastnacht, Fasching, Karneval durch Gespräche, Erfahrungen und Selbstversuche erlernen. Obwohl in Köln geboren, schien mir die närrische Zeit in den letzten beiden Jahrzehnten ein finsteres Paralleluniversum zu sein. Mit Anfang 30 hatte ich nach heftigen Sauf- und Schunkeljahren in Jugend und Studentenzeit geschworen, für immer ins Lager der Karnevals-Flüchtlinge zu wechseln. No more *Alaaf* anymore.

Mit diesem Buch fange ich auch persönlich wieder bei der närrischen Null an. Ein fastnächtliches Lehrjahr. Ich möchte die Historie des Mummenschanzes verstehen, die psychologische Komponente der Maskerade. Mein Ziel ist es, das Geheimnis der Narren zu begreifen. So universell das Närrisch-Sein ist, scheint es doch jeweils auch starke regionale Komponenten zu haben. Schafft es also einen besonderen Bezug zur Heimat? Oder geht es einfach darum, eine gute Zeit zu haben, Party zu feiern, wir machen durch bis morgen früh und singen *Bumsfallera*? Und was treiben die Narren eigentlich zwischen Aschermittwoch und Sessionsbeginn? Fallen die in eine Art karnevalistischen Sommerschlaf, oder gibt es da konspirative Geheimtreffen, von denen der Rest der Welt nichts ahnt, an denen aber eifrig Vorbereitungen für die kommende Session getroffen werden? Entscheidend wird für mich als Rheinländer vor allem der Blick über den närrischen Tellerrand sein – wie feiert man in Veitshöchheim, Villach, Venedig, Waldbröl und Rottweil?

Mein närrisches Jahr beginnt in Basel und damit gleich mit einer für mich als kölscher Jung etwas schrägen Version der fünften Jahreszeit. Die augenfälligste Besonderheit ist das Timing. Hier stehen die Fans der Fasnacht am Montagmorgen nach Aschermittwoch um 4.00 Uhr zum *Morgestraich* stramm. Nach Aschermittwoch, was soll das denn? Am Aschermittwoch ist doch alles vorbei, die Schwüre von Treue, sie brechen entzwei. Die Fastenzeit beginnt, Schluss mit lustig. So kennt man das in den meisten deutschsprachigen Regionen.

Die Basler dagegen feiern nach dem alten Fastnachtskalender, und das kam so: Bekanntlich dauert eine Fastenzeit 40 Tage, so hat Jesus das vorgelebt, als er sich allein in die Wüste zurückzog, so hat man das schon immer gemacht. Wenn man genau nachrechnet, liegen aber zwischen Aschermittwoch und Ostersonntag nicht fünfeinhalb, sondern sechseinhalb Wochen. Denn 40 Tage am Stück zu fasten, auf Fleisch, tierische Produkte und Sex zu verzichten, das ist schon ziemlich hart. So sah man das zumindest 1091 auf der Synode von Benevent. Die Kirchenfürsten beschlossen – wahrscheinlich auch im eigenen Interesse –, man könne doch zumindest an den Sonntagen der Fastenzeit eine Pause machen und es so richtig krachen lassen. Dadurch sollte aber nicht die Netto-Fastenzeit gekürzt werden, also wurden die sechs Sonntage draufgerechnet, und schon dauerte die Fastenzeit 46 Tage, von Aschermittwoch bis einschließlich Karsamstag.

Aber warum ist das in Basel anders? Nun, vielleicht sagte man sich, dass man als reformierte Stadt sowieso auf die katholischen Regeln pfeifen könne (deswegen vielleicht die vielen Piccoloflöten der Basler Fastnacht. Nur so eine Vermutung …). Der Reformator Huldrych Zwingli – wie übrigens auch sein Wittenberger Kollege Martin Luther – stand dem Fasten nach einem standardisierten Kalender ohnehin kritisch gegenüber. Deswegen ist dann auch nicht schon wieder am Dienstag nach dem Morgestraich Schluss – Aschermittwoch plus sechs Tage würde ja an sich

Ascherdienstag ergeben –, sondern man feiert gut gelaunt weiter bis zum Donnerstag.

Auch in einigen Regionen der Schwäbisch-Alemannischen Fastnacht hat sich übrigens bis heute die »neue« Regel von 1091 nicht durchgesetzt, sie wird als eine Vorgabe von denen da oben empfunden, den feinen Herren und Pfaffen. Daher spricht man im Südwesten Deutschlands von der »Pfaffen-Fastnacht« oder der »Herren-Fastnacht«, wenn man die Zeit von Donnerstag bis Dienstag vor Aschermittwoch meint. Im Badischen findet man nach dem alten Fastnachts-Kalender die »Bauernfastnacht«. Diese *Buurefasnacht* wird zum Beispiel in Hauingen – einem Dorf, das erst seit den 1970er-Jahren zu Lörrach gehört – und in Weil am Rhein an der Grenze zur Schweiz am Sonntag nach Aschermittwoch gefeiert. In anderen Städten der Schweiz dagegen gilt wie in Deutschland, Beginn der tollen Tage ist an einem Donnerstag. Im katholischen Luzern beispielsweise geht's Donnerstagmorgen um 5.00 Uhr mit dem Urknall los, einem Feuerwerk am Vierwaldstätter See, einer Art närrisches Silvester. Nicht Weiberfastnacht, sondern Urknall-Donnerstag. Allgemein aber scheint in der Schweiz die Redensart zu gelten: »Der frühe Vogel fängt den Wurm.«

Wenn man genau hinschaut, gibt es in der Region weitere traditionelle Bräuche, die nach Ablauf der üblichen Fastnachtszeit gepflegt werden. In Südbaden – es gibt die Badischen und die Symbadischen, sagt man in Basel –, in der Region von Lörrach also, werden am Samstag oder Sonntag nach Aschermittwoch glühende Scheiben von einer Abschussrampe abgefeuert. Die fliegen dann in hohem Bogen durch die Gegend. Die Scheiben symbolisieren kleine Sonnen und sollen den Frühling anlocken. Also eher ein Winter-Vertreibungsbrauch, der nur bedingt etwas mit Fastnacht und der darauffolgenden Fastenzeit zu tun hat.

In den Dörfern südlich von Basel kennt man diesen Brauch auch, das heißt dort *Reedlischigge*. Man trifft sich meist auf einer

Anhöhe und entzündet ein großes Feuer, in dem die *Reedlis* zum Glühen gebracht werden. Anschließend jagt man sie via Abschussrampe ins Tal. Im Basler Land betont man, dass die Scheiben in Baden traditionell viereckig seien, während die auf Schweizer Seite rund sind, man dort also gewissermaßen schon das Rad erfunden habe. Aber auch die Basler Fasnächtler – man sollte die aktiven Teilnehmer der Basler Fasnacht niemals, aber auch wirklich niemals »Narren« nennen – sind am Sonntag nach Aschermittwoch aktiv beim *Ladäärne yypfyffe*. »Yypfyffe«, das sind mehr y als in so manchem finnischen oder ungarischen Wort. Die Laternen werden angepfiffen, Übung macht den Meister, damit die Fasnacht in Basel auch schön laut wird.

Also zurück zum Morgestraich. Vor Müdigkeit fröstelnd fragt man sich als neutraler Beobachter: Wo nehmen die rund 8000 Aktiven eigentlich diese Energie her, morgens um vier so derart fit und gut gelaunt (ich hoffe, die Fasnächtler sind gut gelaunt, unter den riesigen Voll-Larven kann man ja keine Mimik erkennen) durch Basel zu marschieren? »Vor dem Morgestraich liegt ein Zauber, und es ziehen sich kribbelnde Schauer wetterleuchtend durch die Brust«, hat mal jemand gesagt, der eine poetische Ader haben muss. Das ist es vielleicht, diese unsichtbare Energie, die die echten Fasnächtler antreibt wie die Batterie das Duracell-Häschen.

Der Basler Musiker George sagte mir bei einem Glas Wein: »Am eigentlich ruhigen Sonntag merkt man, wie sich die Stadt elektrisch auflädt. Der Tourist sagt vielleicht, ich sehe nichts. Aber ich spüre das, ich weiß ja, wie die Stadt normalerweise tickt. Es liegt etwas in der Luft, die Stadt lädt sich auf. Es liegt total viel Energie in der Luft, um sich dann am Montagmorgen um vier Uhr explosiv zu entladen.« Das ist ein sehr schönes Bild. Wie bei einem Gewitter entlädt sich die Energie der Basler Fastnacht: der Lärm der Trommeln und Piccolos ist der Donner, die tanzenden Lichter der Laternen sind die Blitze. Oder, ein anderes Bild, der

Welt des Theaters entlehnt: Der Zuschauerraum verdunkelt sich, der Vorhang geht hoch und das Theaterstück mit dem Titel »Basler Fasnacht« beginnt. Mit einer Länge von 72 Stunden ist es nicht zu kurz. Dass die Fasnachtsvereine in Basel Cliquen heißen, das hat etwas Konspiratives, Verschwörerisches. Auf den großen, zwei Meter hohen Hauptlaternen, die wie illuminierte Plakatwände den Cliquen vorangehen, werden die Sujets (»Mottos« würde man in Deutschland sagen) jeder Clique in Schrift und Bild vorgestellt. Es gibt also nicht ein Motto für alle wie im Rheinland, sondern für jede der ungefähr 80 bis 90 Cliquen ein eigenes. Ein Sujet ist beispielsweise »Drey Daag Drybbe mer's bunt«. Drei Tage möchte es die Clique bunt treiben, das ist gesellschaftspolitisch hochbrisant, könnte es doch als Aufruf zur öffentlichen Unzucht während der Fasnacht interpretiert werden.

Die Hauptlaternen sehen selten selbstgebastelt aus, viele sind von Profis designt worden und kunstvoll bemalt. So wie der Laokoon, der mit einer mächtigen Müll-Schlange kämpft, wahrscheinlich eine Karikatur auf irgendeine regionale Umweltsauerei. Auf zahlreichen Hauptlaternen wird auch einfach das Jubiläum der Clique gefeiert: 30 Jahre! 40 Jahre! 60 Jahre! Dass diese altehrwürdigen Cliquen dabei sind, ist wirklich bemerkenswert, denn es ist nicht unüblich, dass sich Cliquen über die Wahl eines Sujets total in die Haare kriegen. Dann spalten sich die Abweichler von der Ursprungs-Clique ab und gründen eine neue, eigenständige Clique. Von wegen Cliquenwirtschaft, dieses System gleicht eher einer närrischen, permanenten Zellteilung. Undenkbar im Rheinland mit seinen traditionsreichen Karnevalsgesellschaften, die würden sich nie aufteilen. Pro Clique gehen 100 bis 150 Teilnehmer beim Morgestraich und auch später am Tag beim Cortège mit.

»Wenn Sie der Meinung sind, dass an der Fasnacht ›alles erlaubt‹ ist, muss ich Sie leider enttäuschen. Vergessen Sie nicht, dass wir hier in der Schweiz sind. Das oberste Prinzip der Fasnacht ist Ordnung, nicht Chaos«, schreibt Peter Habicht in seinem Buch *Pfyffe, Ruesse, Schränze.* Die Fasnacht verläuft trotz aller vordergründigen Anarchie so geordnet, dass viele Aktivitäten in kurzer Zeit »abgearbeitet« werden. Wofür andere närrische Regionen im deutschsprachigen Raum sechs tolle Tage, eine ganze Session, mitunter ein ganzes närrisches Jahr benötigen, sagen die Fasnächtler in Basel: Wir schaffen das in 72 Stunden. So lange müssen die Aktiven pausenlos trommeln, pfeifen, zwei Umzüge erledigen, einkehren – und sie müssen sich umziehen. Beim Morgestraich tragen die Cliquenmitglieder ihr erstes Kostüm, das zum gewählten Sujet passen muss. Nachmittags beim Cortège wird ein anderes angezogen. Abends behält man entweder die Maske vom Nachmittag an oder wirft sich in ein drittes Kostüm. Da alle Cliquen jeweils die gleichen Kostüme und Wasserkopf-Larven (die Gesamtheit von Kostüm und Larve heißt Maske) tragen, sollte man bei der ganzen Umzieherei nicht durcheinanderkommen.

Eine extreme, bunte Vielfalt ist die Basler Fasnacht, die aber – Achtung, Achtung!!! – nur für die Fasnächtler gilt, keineswegs für die Zuschauer. Kommt bloß nicht auf die Idee, euch kostümiert, womöglich auch noch geschminkt oder mit Pappnase, unter die Cliquen zu mischen. Das Publikum, das sind in Basel die Zivilisten. Es gibt eine ganz klare Trennung, wie beim Militär. Die einen haben Uniformen/Kostüme und marschieren (»Vorwärts Marsch!«) zur Musik voran. Die anderen tragen zivil. Während also die Narren – Verzeihung, Fasnächtler – ihre Marschmusik spielen, steht oder geht der Zivilist ohne Kostüm und Larve daneben.

Die Zivilisten dürfen sogar Pause beim 72-stündigen Fasnacht-Marathon machen, sich mal aufs Ohr hauen, bevor sie wieder durch die Gassen ziehen. Aber sie müssen eine schwerwiegende Frage beantworten: Soll man mit den Cliquen ziehen, oder sich einen festen Standort suchen, von dem aus man wie in einem Open-Air-Stadion einen guten Überblick über das Spektakel hat? Ich denke, ich bin eher der Typ Cliquen-Verfolger, derjenige, der den Truppen hinterherdackelt, was Familie und Freunde der Cliquenmitglieder ja auch machen. Mir wurde von den alten Hasen unter den Zivilisten eingeschärft, niemals *vor* den Cliquen zu gehen, sonst versperre man denen womöglich noch den Weg. Gegen einen festen Platz beim Morgestraich spricht auch, dass es je nach Winterkälte angenehmer ist, ständig in Bewegung zu sein, als an einer Stelle festzufrieren.

Egal ob Stand-Zivilist oder Zivilist-to-Go: *Blagedde* muss sein. Durch den Verkauf von Plaketten, die jedes Jahr ein anderes Motiv haben, unterstützt jeder Zivilist die Basler Fasnacht. Das Fasnachts-Comitee gibt die Einnahmen größtenteils an die Cliquen weiter, die Zivilisten subventionieren also die Aktiven. Ich habe am Bahnhof Basel SBB für neun Franken eine Blagedde in Kupfer erstanden. Die Silber-Version für 18 Franken war wohl ausverkauft, denn der freundliche Blageddenmann mit dem Bauchladen hätte mir noch die Gold-Variante für 40 Franken, oder das Modell Bijou für 100 Franken verkaufen können. So weit geht meine Liebe zur Basler Fasnacht dann doch nicht, außerdem habe ich von einigen gebürtigen Baslern gehört, dass sie auch immer Kupfer kaufen, das passe also schon.

Am Montagnachmittag geht es – atemlos durch den Tag – mit der Cortège weiter. Ein Cortège ist mit einem Umzug rheinländischer Prägung zu vergleichen. Alle Cliquen (die erneut die Hauptdarsteller sind) gehen ordentlich hintereinander auf einem festgelegten Zugweg. Die Piccolos und Trommeln kommen wieder zum Einsatz und zwischen den Fußgängern führen die meisten Cliquen noch einen Wagen mit. Eine Trennung zwischen Musikkapellen und Fußgruppen existiert nicht, es ist eigentlich ganz einfach: Jeder, der mitgeht, musiziert auch. Aber was ist eigentlich, wenn man Cliquenmitglied werden will und absolut un-

musikalisch ist? Kein Problem: trotzdem mitmachen. Viele Cliquenmitglieder sind mit der Musikalität eines Backautomaten
gesegnet, das hört man durchaus. Die Wagen der Cliquen sind
entweder politisch (Trump geht immer) oder unterhaltsam, im
besten Fall beides. Während des Cortège werden in homöopathischen Dosen auch Süßigkeiten verteilt, nicht mit großem Schwung
massenhaft geworfen wie bei den Rosenmontagszügen in Köln,
Mainz, Düsseldorf. Eher vornehm zurückhaltend, so wie das die
Alti Dante macht, also die alte Tante.

Die Alti Dante ist eine traditionelle Figur der Basler Fasnacht
mit spitzer Nase, langen Wimpern, großem Wagenradhut und
ausladendem Kleid mit Rüschen und Spitzen. Meistens steckt in
der Maske der Alti Dante ein älterer Mann, das Thema Rollen-
tausch der Geschlechter begegnet einem in allen närrischen
Regionen immer wieder, man denke nur an die Jungfrau im Kölner Dreigestirn oder die zahlreichen Männerballetts auf Fastnachtsitzungen. Die Alti Dante klaubt aus ihren Schmuckschatul-
len einzelne Süßigkeiten und verteilt sie an die Kinder. Diese sehr
liebevolle Darreichung, die ein wenig an die Hostienverteilung
in einer katholischen Kirche erinnert, wird mir auch in Rottweil
bei der Schwäbisch-Alemannischen Fastnacht wieder begegnen.
Alternativ ist es auch üblich, Orangen zu werfen, diese Südfrüchte
sind begehrt, machen aber eine tierische Sauerei, wenn sie auf
dem Asphalt zerplatzen.

Die Basler Fasnacht kennt neben der Alti Dante eine Reihe von
standardisierten Figuren. Die bekannteste ist der *Waggis*. Mit seinem blauen Kittel, der weißen Hose, den Holzschuhen und der
vom Weingenuss geröteten, riesigen Nase ist der Waggis eine
Parodie auf die elsässische Bauernschaft. Die Farben Blau-Weiß-
Rot symbolisieren die französische Fahne. Ist das denn überhaupt
noch politisch korrekt? Minderheiten, den Fremden an sich, das
Nachbarland so zu verspotten? Ich finde, das ist völlig in Ordnung. Man könnte es sich einfach machen, und mit der langen

Tradition dieser Figuren argumentieren – so haben wir das doch immer gemacht. Das, was man schon immer gemacht hat, ist aber ja deswegen nicht automatisch korrekt. Tatsache ist allerdings: Humor und Witz leben von Grenzüberschreitungen und gehen *immer* auf Kosten von irgendwem. Zielscheibe sind meistens die Dummen oder die, die man für dumm hält (Ostfriesen, Pfälzer, Blondinen, Elsässer). Und Witze gehen eben auch auf Kosten von Minderheiten (Männer zum Beispiel). Aber ist es nicht so, dass während der närrischen Zeit die Mächtigen verspottet werden, sich das Unten nach Oben verkehrt? Das ist prinzipiell richtig, aber erstaunlicherweise manifestiert sich das nicht in den traditionellen Figuren der Fastnacht. Wenn man sich diese im Schwäbisch-Alemannischen Raum anschaut, zu dem auch Basel gehört, sind es durchgängig die Teufel, die Hexen, die Tiere oder die Dorforiginale, also die Außenseiter und Randfiguren des Lebens und der Gesellschaft, die parodiert werden.

Wie viele Larven der Basler Fasnacht, ist die des Waggis so groß, dass derjenige, der sie trägt, durch die Nasenlöcher hindurch nach außen sieht, die Augen der Larve liegen um einiges höher. Der Pappmachékopf ragt also weit über den Kopf des Trägers hinaus, sodass das Ganze gar nicht so leicht auszubalancieren ist, vor allem, wenn man schon den einen oder anderen Schluck intus hat. Wobei … mit so einem Riesenschädel auf dem Kopf kann man ja ohnehin weder trinken noch essen. Klar im Vorteil in Sachen Vereinbarkeit von Larve und Mundfreiheit sind die Flötenspieler. Ihre Larven reichen nur bis knapp über die Nase. So können sie nicht nur fröhlich pfeifen, sondern sich auch ein Gläschen zwischendurch genehmigen – *Santé!*

Als weitere Figur möchte ich den *Blätzlibajass*, den *Bajazzo* erwähnen, der wie der Harlekin und der Pierrot seine Wurzeln in der norditalienischen *Comedia dell'Arte* hat. Die Figur des Bajazzo findet sich im venezianischen Karneval, in der Mainzer Fastnacht und eben auch in der Basler Fasnacht. Nach allem, was

ich in Basel hörte, verkleiden sich aber immer weniger Fasnächtler als Waggis, Alti Danti oder Blätzlibajass, diese Figuren sterben
langsam aus. Man verkleidet sich so, wie es dem gewählten Sujet
entspricht, oder aber total individuell.

Die Basler Fasnacht in der heutigen Form ist knapp hundert
Jahre alt, der Morgestraich in seiner anarchischen Frühform ist
etwas älter. Im 19. Jahrhundert hat man in Basel Karneval nach
Kölner Vorbild gefeiert, mit »Bunten Abenden« (also Sitzungen),
Umzügen und einem Prinz Karneval. Dieses Phänomen wird
mich durch mein Jahr als Narr begleiten. Viele närrische Traditionen sind gar nicht so urtümlich, wie sie auf den ersten Blick scheinen. *Panta Rhei*, alles ist im Fluss, das gilt auch für die Fastnacht.
Entstanden sind die überdimensionierten Basler Kopflarven, die
so archaisch erscheinen, während eines Wettbewerbs des Staat-
lichen Kunstkredits von 1925. Obgleich die Ursprünge der Larven
weit zurück in die Frühe Neuzeit reichen, sind also auch die traditionellen Figuren der Basler Fasnacht in der heutigen Form noch
nicht einmal hundert Jahre alt, deswegen beziehen sich die Kostüme zumeist auf die Mode des 19. Jahrhunderts, die schon 1925
als altmodisch galt.

Nach Morgestraich und Cortège wenden sich die nimmer-
müden Basler Fasnächtler am Montagabend einer weiteren Ver-
anstaltungsform zu: Die *Schnitzelbängg* finden in Club-Lokalen,
in Cliquen-Kellern, aber auch im Theater Basel statt. Von der
Wortbedeutung sind die Schnitzelbängg die Hobelbänke des
Schreiners, auf denen das Holz bearbeitet wird, bis die Fetzen, die
Schnitzel, fliegen. Genauso behandeln die Schnitzelbänggler ihre
Themen. Im Bestfall hobeln sie so lange darauf herum, bis die
Pointen gehobelten Holzschnitzeln gleich durch den Saal sausen.
Also eine ganz normale närrische Sitzung, mit Elferrat und
Büttenreden?

Weit gefehlt, ein Schnitzelbängg-Abend ist eher mit einem
kabarettistischen Kleinkunst-Event zu vergleichen, auf dem die

mit großen Kopflarven verkleideten Bänkelsänger ihre lustigen Geschichten vortragen. Die Schnitzelbänggler gleichen ein wenig den Moritatensängern auf einem Jahrmarkt, die ihrem Publikum von den Weltläuften und außergewöhnlichen menschlichen Schicksalen berichten. Auch sie tragen fantasievolle Larven, die das Gesicht meist allerdings nur bis zum Mund bedecken, schließlich müssen die Schnitzelbänggler ja ungebremst vom Leder ziehen können. Die Schnitzelbängg-Auftritte haben etwas von Frontalunterricht, auf großen Papp-Tafeln werden die Sachverhalte einer Geschichte zeichnerisch glossiert. »Die Goldies« ist beispielsweise der Name von drei Schnitzelbängglern. Die Aufgaben sind klar verteilt: Einer trägt vor, einer zupft dazu eine einfache Melodie auf der Gitarre, der Dritte zeigt dem Publikum die Zeichnungen. Auf einer Skizze ist zu sehen, wie sich ein Mann mit einer Deutschland-Flagge auf dem Shirt in den Schritt greift. Das soll der deutsche Bundestrainer Jogi Löw sein, verkündet der Sänger. Die gereimte Pointe dazu:»Er hat einen Spieler g'sucht – und den Mittelstürmer gefunden!«

Beliebte Themen der Schnitzelbänggler sind die Kirche, die Kommunalpolitik, die Zürcher, die Deutschen. Die Zürcher und die Deutschen sind für den Basler das, was für den Kölner die Düsseldorfer sind und für die Saarländer die Pfälzer – Idioten mit dem Intelligenzquotienten eines Toastbrots. Ein starres Programm ist bei einer Schnitzelbängg nicht vorgesehen, wer Lust hat, tritt auf und zieht weiter, auf der Suche nach der nächsten Bühne. Peter, ein Kumpel aus Basel, hatte am Sonntag vor der Fasnacht eine verrückte Idee. Wir beiden könnten doch ein Duo gründen, einen lustigen Text schreiben – kein Problem –, zwei Kopflarven ausleihen und spontan auftreten. Ich lehne ab. Erstens schüttelt man so einen Schnitzelbängg-Auftritt nicht aus dem Ärmel, zweitens müssten Karikaturen für die großen Papptafeln angefertigt werden. Vor allem aber müsste ich mir drittens innerhalb kürzester Zeit ein flüssiges und perfektes Baslerdeutsch draufschaffen. Das wird nicht gelingen, ich bin nicht sprach-begabt. Schon das passive Verstehen der Schnitzelbänggler ist für einen Deutschen hartes Brot. Ich kann nur vermuten, dass die meisten Vorträge lustig sind, die Zuschauer amüsieren sich schließlich königlich, ich verstehe nur Wortfetzen. Das große Ganze kann ich mir ausschließlich aus den Zeichnungen zusammenreimen, denn auf den Bühnen der Schnitzelbängg wird eindeutig in fremden Zungen geredet. Ich denke, man will auch gar nicht von Deutschen verstanden werden. Denn wenn sie wollen, sprechen die Basler ausgezeichnetes Hochdeutsch. Nicht so wie die Innerschweizer, bei denen man das Schweizerdeutsch mit seinen berühmten Rachenlauten häufig auch beim Hochdeutsch-Sprechen durchhört. Nein, die Basler können ein so klares Hochdeutsch sprechen, wie das ein Badener gar nicht hinkriegen würde. Aber sie wollen es einfach nicht, zumindest nicht beim Schnitzelbängg.

Ursprünglich war der Dienstag ein Pausentag, Erholung von der Fasnacht, ein ganz normaler Arbeitstag. Ein wenig Kinderfasnacht, das war's. Früher wurde in Basel auch montags nach dem Morgestraich ab 7.00 Uhr gearbeitet. Nichts anderes erwartet man ja in der Schweiz, fleißig bis zum Anschlag. Mittlerweile aber wird 72 Stunden durchgefeiert. Unverkennbar – nicht nur in Basel – gibt es im deutschsprachigen Raum eine Tendenz, die närrische Zeit auszudehnen. Mehr Kostümierungsanlässe, mehr Alkoholexzesse, mehr Feiern. Und so ist auch in Basel der Dienstag nicht mehr spaßbefreite Zone, sondern in den Gassen ist mehr los als am Montag und Mittwoch. Dafür sorgen neben den Cliquen die *Schyssdräggziigli*, die Scheißdreckzüge, (angeblich) bedeutungslose, kleine Züge. Familien, ein paar Freunde schließen sich zusammen und ziehen mit Kind und Kegel im Leiterwagen durch die Stadt. Wild kostümiert, unorganisiert.

Aber der Dienstag ist vor allem der große Tag der *Guggen*. Abends geben die Guggen-Gruppen, wie die Cliquen mit riesiger

Kopflarve und Kostüm verkleidet, auf den großen Plätzen der Stadt ihre Konzerte. Die Guggen sind, so Peter Habicht, »Big-Band-artige Blechkapellen, die absichtlich falsch spielen«. Falsch-spieler? Irgendwie eine hochphilosophische Frage. Spielen die Guggen-Gruppen wirklich absichtlich falsch, oder können sie es einfach nicht? Ist es hohe Kunst, eine Art närrische Zwölfton-musik, oder einfach nur nervender Krach?

Meiner Meinung ist ein komplettes, dreistündiges Guggen-konzert am Dienstagabend mit allen Guggen-Gruppen eher etwas für die Freunde von Karl-Heinz Stockhausen. Da die meisten Guggen Noten vor den Augen haben, vermute ich, dass die Noten schon falsch aufgeschrieben wurden, um einen komplett irren, kakofonischen Effekt zu erzeugen. Gut, dass alle Guggenmusiker voll maskiert sind, so können sie nicht erkennungsdienstlich we-gen musikalischer Folter belangt werden. Basler Freunde erzähl-ten mir vor der Fasnacht, die Guggen seien so schrecklich undiszi-pliniert. Mein Basler Kumpel Peter sagt:»Manche Guggen haben die Tendenz, wenn sie irgendwo Platzkonzert machen, ihre Larven auszuziehen. Das ist verboten. Ein klassischer Fasnächtler kriegt dann einen Herzinfarkt.«

Die Guggen sind nicht sehr beliebt bei den Cliquen, weil sie einen Höllenlärm machen und die traditionellen Trommler und Pfeifer übertönen. Die Guggen gelten als fasnächtliches Prole-tariat. Peter Habicht schreibt:»›Sie sind schon recht‹, sagen die meisten, ›es gibt einfach zu viele von ihnen.‹« Der Unterschied zwischen Guggen und Cliquen manifestiert sich in einer geogra-fischen Unterscheidung. Die Guggen kommen aus Klein-Basel (auf der deutschen Seite), dort ist es wilder, lauter, anarchischer, alkoholischer. Die Mitglieder der Cliquen sind bürgerliche, schweizerisch-brave Fasnächtler aus Groß-Basel, der französi-schen Seite. Groß-Basel linksrheinisch, Klein-Basel rechtsrhei-nisch, der Kölner würde verächtlich sagen: *Schäl Sick*. Dass der Rhein in Basel auch eine Mentalitätsgrenze ist, wird offensichtlich, wenn man verstanden hat, dass Klein-Basel und Groß-Basel erst seit gut 500 Jahren eine städtische Einheit bilden. In den letzten 40 Jahren gab es eine Inflation der Guggen, es wurde irgendwann auffällig, dass immer mehr Guggen beim Morgestraich mitzogen. Das störte die Cliquen, weswegen diese eine Art Gentlemen's Agreement durchsetzten: Morgestraich ist unser Ding. Die Guggen dagegen spielen auf der Bühne der großen Plätze Basels am Dienstagabend ihr großes Guggenkonzert, eine Guggengruppe nach der anderen, ein disharmonisches Mega-Event.

Am Mittwoch lassen es wieder die Cliquen krachen, spielen in den Gassen und ziehen vor allem im zweiten großen Cortège am Nachmittag durch die Stadt. Die Legende hält sich hartnäckig, dass die Cliquen nächtens durchmachen. Das ist meiner Meinung nach auch der Grund, warum sie diese überdimensionierten Wasserkopf-Larven aufsetzen. Darunter können sie entweder zwischendurch einen Power-Nap halten, ihre Musik beherrschen sie sowieso im Schlaf. Oder aber sie wechseln sich geschickt beim häuslichen Schlafen ab und hauen sich abwechselnd aufs Ohr, merkt ja eh keiner, wer unter den Larven steckt. Vor allem, wenn die Guggen lärmen, bietet sich eine hervorragende Gelegenheit, eine Mütze Schlaf zu nehmen.

Ein Geheimnis der Cliquen – so wie bei den meisten anderen närrischen Vereinigungen, egal ob in Köln, Rottweil oder Villach – ist der enge Zusammenhalt innerhalb der Gruppe. Von außen betrachtet haben die Übereinkünfte, Riten und Gebräuche einer solchen Narren-Truppe etwas Sektiererisches. Außerdem wird oft Kungelei unterstellt, so auch in Basel. Ein Basler Fasnachts-Fan in zivil erklärte mir: »Wenn man in Basel Karriere machen will, muss man in einer Clique sein, das ist wie in einer Partei.« Da haben wir es doch wieder, die einen sagen Cliquenwirtschaft dazu, die anderen nennen es Vernetzung. Und dann wahrscheinlich noch ein Männerbund! Für viele Karnevalsvereine im Rheinland trifft das immer noch zu, in Basel finden sich allerdings viele Frauen unter den Larven. In den meisten Cliquen sind die Pfeiferinnen sogar in der Mehrzahl. Als Deutscher werde ich es allerdings nie schaffen, mich einer Clique anzuschließen.

Aber ich habe einen Plan: Ich möchte in meinem Jahr als Narr zumindest temporär Teil eines großen närrischen Vereins werden, am besten in meiner Heimatstadt Köln. Aus der Innensicht kann man besser beurteilen, was so ein Karnevalsverein ist: Sekte, Klüngel-Vereinigung, Cliquenwirtschaft? Eines vereint allerdings alle närrischen Trupps auf der ganzen Welt, die Sambaschule in Rio de Janeiro, die »Ranzengarde« in Mainz, die Hänsele in Überlingen oder eben die Cliquen in Basel. Fastnacht, Karneval, Fasching ist keine Angelegenheit für ein paar »tolle« Tage, man muss sich schon das gesamte Kalenderjahr über damit beschäftigen. In Basel ist das naturgemäß genauso. Das Jahr über üben die Cliquen in ihren Probekellern, trommeln und pfeifen. Die Cliquen planen die Sujets, entwerfen die Larven aus Pappmaché und ihre Kostüme. Die Larven werden selbst gebastelt oder von professionellen Larvenmachern hergestellt, die ein eigenständiger Berufsstand in Basel sind.

Anlässlich der Fasnacht habe ich Uschi kennengelernt, 40 Jahre lang war die alte Dame Kostümbildnerin am Theater Basel, hat aber mit ihrem Team auch freiberuflich für eine Clique die Kostüme genäht. Bis zu 300 Kostüme pro Clique mussten jedes Jahr passend zum Sujet geschneidert werden. Die Cliquenmitglieder zahlen einen jährlichen Cliquenbeitrag, der umfasst das Kostüm, die Larve und dreimal Nachtessen während der 72 Stunden. Alles zusammen für 450 Franken. Eigentlich spottbillig, wenn man die Schweizer Preise für ein Kilo Rinderfilet dagegen hält, dafür wird man locker über 100 Franken los. Aber in Zeiten des Klimawandels, schimpft Uschi, sei es doch absolut falsch, jährlich ein neues Kostüm anzufertigen, total unnachhaltig. Und – könnte man hinzufügen – beim wesentlichen Event, dem Morgestraich, sieht man wegen der Dunkelheit sowieso nichts, da könnte man auch die alten Klamotten und Larven überstreifen. Aber so etwas »erlaubt« die Basler-Fasnacht-Tradition höchstens beim Schyssdräggziigli am Dienstag. Am Mittwoch tragen die Cliquen wieder alle ihre niegelnagelneuen Kostüme. Am Mittwochabend, nach dem Mittwochs-Cortège, ziehen die Cliquen erneut trillernd und scheppernd durch die Gassen Basels, zwischendrin die Touristen. Es soll Fasnächtler geben, die Touristen als störend empfinden. Andererseits gehört *Druggede*, das Gedränge der Fasnacht, einfach dazu. Das närrische Element braucht Masse. In der Nacht auf den Donnerstag brechen die letzten Stunden der »drey scheenste Dääg« an, der *Ändstraich* naht. Kostümbildnerin Uschi schwärmt: »Der Ändstraich ist fürs Herz.«

Die Cliquen versammeln sich vor ihren Stammlokalen. Die Trommler stehen im Kreis – die Pfeifer sind beim Fasnachts-Ausklang nicht gefragt –, und dann spielen sie den Ändstraich. Uschi sagt: »Das ist wahnsinnig schön. Du musst aufbleiben bis vier, aber für den Ändstraich ist es schön.« Am Donnerstagmorgen hat in Basel die Fasnacht fertig. Morgestraich und Ändstraich verhalten sich zueinander wie Alpha und Omega, wie Geburt und Tod. Nun enden auch in Basel die närrischen Tage und die Vorbereitungen für den Morgestraich im nächsten Jahr können beginnen. Wenn man aber bis zur nächsten närrischen Feier nicht so lange warten möchte, sollte man nach Belgien fahren.

Kapitel 2

KARNEVAL MITTEN IN DER FASTENZEIT

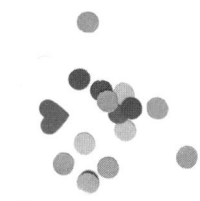

**Wenn die weißen Mönche verrückt spielen –
Das ist doch keine Karnevalsmusik?! –
Sauerei mit Konfettikanonen**

Dreieinhalb Wochen nach Aschermittwoch macht die Fastenzeit im belgischen Stavelot Pause. Seit dem Mittelalter feiern die Bürger der Stadt ihren Karneval zu einem sehr skurrilen Zeitpunkt, mitten in der Fastenzeit. Eigentlich eine pfiffige Idee, schließlich hatte ja die berühmte Synode von 1091 beschlossen, dass das Kirchenvolk während der Sonntage nicht fasten muss. Logische Folgerung: Wer einmal die Woche nicht fasten muss, der kann an diesem Tag auch völlern und Karneval feiern! So entstand in Stavelot der Mittfasten-Karneval an Laetare, dem vierten Sonntag inmitten der Fastenzeit.

Schon zum 517. Mal findet dieser Umzug in Ostbelgien statt. Dafür, dass es schon die 517. Ausgabe ist, kommt der Mittfasten-Karneval in Stavelot äußerst modern, frisch, poppig daher. Eine Tanzgruppe mit sehr bunten Kostümen, die Ärmel ausladend wie Fledermausflügel, die Frauen in weiten Röcken, tanzen zu »Don't stop me now« von *Queen*. Sie sind wirklich nicht zu stoppen und wirbeln nach einer strengen Choreografie vor, zurück, zur Seite, drehen sich, dass die Röcke fliegen. Wer mal im Internet einen Flashmob gesehen hat, kann sich vorstellen, wie das aussieht. Genauso wird beim Karneval in Stavelot getanzt, nur dass man sich nicht spontan verabredet hat, sondern alles minutiös geplant wird. Angeblich ist jeder dritte Einwohner von Stavelot am Mittfasten-Umzug beteiligt. Beim Wort »Mittfasten« muss übrigens auf jedes »t« geachtet werden. »Mitfasten« ist etwas ganz anderes als »Mittfasten«.

Im Zug der vorbeiziehenden Gruppen bilden sich ellenlange Zwischenräume, es entstehen Pausen, in denen nichts passiert. Es wird dann ganz ruhig, und kurz kommt ein klein wenig besinnliche Fastenzeit-Stimmung auf. Klar, auch beim Kölner Rosenmontagszug gibt es mitunter größere Lücken, aber der Grundlärmpegel ist sehr hoch, die Zuschauer rufen, singen, und aus jedem dritten Haus plärren aus riesigen Boxen Karnevalsschlager. In Stavelot dagegen: gediegene, abwartende Ruhe. Dann kommt wieder ein Wagen, viele von ihnen sind grell-bonbonfarben. Bei einem Wagen schaut ein Teufel aus einer Kathedrale, bei einem anderen lugt ein riesiger Dino hinter einem Feuer spuckenden Vulkan hervor. Auf einigen Fahrzeugen stehen Moderatoren, die in 130-Phon-Lautstärke dauerreden, Hauptsache viel und schnell und Französisch. Das erinnert an die Werbekarawane vor der Tour de France, die unter anderem wegen ihres plärrenden Krachs erheblich nervt.

Dann eine Blasmusikkapelle, der Kapellmeister wiegt sich im Takt hin und her, noch ist kein Ton zu hören, aber als er den Einsatz gibt, legt die Combo los. *Dididididididi – Dididididididi – Dididididididi – Dididi – Di!* Das Riff ist total eingängig, wird das im Original nicht am Keyboard gespielt? Verdammt, was für eine geile Melodie, das ist doch, ich hab's gleich ... *Dididididi – Dididididididi – Dididididididi – Dididi – Di!* ... Mir liegt es auf der Zunge, so ein One-Hit-Wonder-Hit aus Deutschland. Richtig gute Musik, einer meiner All-Time-Lieblings-Songs. Verdammt, wie heißt denn dieses Lied? Eben weil es so eine One-Hit-Wonder-Band ist, hat man sich wahrscheinlich nicht den Namen gemerkt. Irgendetwas mit »L«. La...Lo...Li...Lu...Le... Die Kapelle ist schon fast um die nächste Ecke verschwunden, da fällt es mir ein. Der Song heißt »Narcotic«, die Band *Liquido*. Was für ein gigantischer Song für eine Blaskapelle in einem Karnevalszug, einfach grandios. Chapeau! In sehr homöopathischen Dosen werden von einigen Gruppen auch Süßigkeiten verteilt. Wohlgemerkt, verteilt, nicht geworfen. Aber dann kommt doch noch ein Wagen, auf dem einige Narren stehen und großzügig Süßes in die Menge schmeißen. Ein politischer Inhalt ist in Stavelot nur selten zu erkennen. Es geht um Entertainment mit cooler Musik, schmissigen Tänzen, peppigen Wagen. Pure Freude, purer Unsinn, pure Narretei.

Zehn Minuten vor Ende des Zugs kommen die Mönche, ganz in Weiß gekleidet, die Blancs Moussis, mit einer penisartigen Möhre im Gesicht. Offenbar trieben es die Mönche in der Reichsabtei Stablo-Malmedy im ausgehenden Mittelalter recht bunt während des Mittfastens. Als dann 1499 mit Wilhelm von Manderscheid ein neuer gestrenger Fürstabt ans Ruder kam, der die Gelage und Ausschweifungen mehr als kritisch sah, erließ er kurzerhand ein Edikt, das den Brüdern fortan das Mittfasten untersagte. Die Bürger der Stadt zeigten sich solidarisch mit den Mönchen, schlüpften in weiße Kutten und verbargen ihr Gesicht hinter weißen Masken mit den charakteristischen roten Nasen.

Die Kirche verbietet das närrische Treiben, und die Narren kümmern sich nicht darum – das ist ein ständig wiederkehrendes Muster in der Geschichte von Fastnacht, Fasching und Karneval. Der russische Kunsttheoretiker Michail Bachtin analysiert in seinem Buch *Literatur und Karneval*, es gebe seit Urzeiten einen Konflikt zwischen der Macht, egal ob Kirche oder Staat, und dem Humor. Und doch gestand die Obrigkeit dem Volk immer wieder kleine Auszeiten zu, um die hart gerungen wurde. Die Geschichte des Karnevals ist die Geschichte seiner Verbote.

Der mittelalterliche Mensch, so Bachtin, war eingespannt in

eine streng hierarchische Welt, wo jeder seinen Platz hatte: der
Abt, der Mönch, der Bauer, der Knecht. Aber innerhalb des stark
strukturierten Jahresablaufs gab es quasi »kleine Zeitinseln«, in
denen die sonst strikten Regeln auf den Kopf gestellt wurden. Der
Karneval bot eine Art Gegenkultur oder, wie Bachtin sich aus-
drückte: »Das Lachen baut sich gleichsam seine Gegenwelt gegen
die offizielle Welt, seine Gegenkirche gegen die offizielle Kirche,
seinen Gegenstaat gegen den offiziellen Staat.« Interessanterweise
spielt die Körperlichkeit, »der groteske Leib«, bei Bachtin eine
große Rolle, der Unterleib, aber auch Mund und Nase, die oft
übertrieben groß und überdimensional dargestellt werden. Die
penisartige Nase der Mönche in Stavelot, aber auch die mächtigen
Zinken der Basler Larven lassen grüßen!

Auch Umberto Eco hat Michail Bachtins Theorie aufgenommen. Man denke nur an die Story von *Der Name der Rose*. Ein
Buch, das es nicht geben darf, das verschollene zweite Buch der
Poetik von Aristoteles über die Komödie, wird von dem blinden
Bibliothekar Jorge derart präpariert, dass alle Mönche, die es
lesen, sterben müssen. Die Mönche, die das Werk heimlich lasen,
haben sich sozusagen totgelacht.

Den »Kampf zwischen Fastnacht und Fasten« illustriert auch
anschaulich das berühmte Gemälde von Pieter Brueghel dem
Älteren von 1559. Wie bei Brueghel üblich wimmelt es auf diesem
Bild von Menschen. Das Fasten – dargestellt unter anderem durch
eine Prozession dunkler Gestalten vor dem Portal einer Kathedrale – und die Fastnacht – zechende und feiernde Männer und
Frauen vor dem Wirtshaus – stehen sich gegenüber.

Aber der Kampf wurde nicht nur allegorisch ausgefochten.
Tatsächlich sind zahlreiche Verkleidungsverbote, um nicht zu
sagen Vermummungsverbote, überliefert. 1601 verbot zum Beispiel der Rat der Stadt Köln »jegliche Mummerei«. Der Erfolg war
bescheiden, denn schon bald musste man bilanzieren, dass »un-
derscheidtliche Leuth, Gottes gebott und unserem publicierten

Edicto zuwider, vergessslich und üppig bey offenem tag und nachtlicher zeit Mummen gegangen«. Es hagelte weitere Verbote, beispielsweise in den Jahren 1681, 1682, 1683, 1684, 1685, 1686, 1691, 1696, 1697, 1700, 1702, 1703, 1706, 1707 und – darauf ein dreifacher Tusch – 1708.

Die ständige Erneuerung des Verbots zeigt: Viel gebracht haben die Verbote anscheinend nicht, sonst wären sie ja nicht ständig erneuert worden. Wenn man von den ausgiebigen Fastnachts-Verboten durch Kirche und Staat hört, ist man ja geneigt, eher die Partei der Narren zu ergreifen. Für David und gegen Goliath, für die Narretei und gegen die Macht. Aber ganz so einfach ist es nicht. Wenn man hört, dass in vielen Regionen Europas »ain muotwillig Volk« zur Fastnacht umherzog, dass diese »Nacht-buben« Bauern und Bürger überfielen, Lösegeld erpressten, Vieh raubten, auch vor Mord und Totschlag nicht zurückschreckten, einfach ein tyrannisches Regime ausübten. Dann kann man sich schon vorstellen, dass die Obrigkeit diesem gesetzlosen Treiben nicht tatenlos zusehen konnte. Das hatte dann mit Mummen-schanz und Albernheit gar nichts mehr zu tun.

Zurück zum Mittfasten-Umzug in Stavelot. Es pilgern nicht nur große weiße Mönche durch die Stadt, sondern auch kleine weiße Mönche. Die Jugendabteilung der Blancs Moussis geht voran, dann folgen die Erwachsenen, die aussehen wie der Ku-Klux-Clan auf Betriebsausflug. Die Eigenheit der Mönche ist, das Publikum mit Schweinsblasen zu vermöbeln. Das ist übrigens ein ziemlich fastnachtstypischer Brauch, den man unter anderem in Elzach bei Freiburg wiederfindet. Aber warum Schweinsblasen?

Nun, zur Fastnacht wurde natürlich im Mittelalter noch einmal fleißig geschlachtet, immerhin sollte in der Fastenzeit kein Fleisch mehr gegessen werden. Aber zur Fastnacht wollte man noch ein-mal richtig gut spachteln, daher musste das Schwein dran glau-ben. Da möglichst alle Teile des Tieres Verwendung finden soll-ten – Reste kamen in die Wurst, aus dem Blut wurde Blutsuppe gemacht –, hatte man auch für die Blasen der Borstentiere einen Plan, aber einen schelmischen. Einfach aufblasen, einen Knoten rein und an einen Stock binden, schon hat man ein schönes Schlagwerkzeug. Die Gruppe der Mönche ist sehr groß, vielleicht 400 Leute, einige Mönche sind richtig lange Lulatsche, Narren, die ein Gestell geschultert haben, und auch eine Art Mönchsraupe. Insgesamt ein großer alberner Haufen. Der letzte Wagen, noch hinter den Mönchen, schießt mit mächtigen Konfettikanonen in die Menge, dabei sind die gepflasterten Straßen des Orts schon seit Beginn des Zuges mit den Schnipseln versaut. Dann ist der Zug beendet. Keine Kehrmaschinen, keine Straßenfeger dahinter. Es ist, als würde schlagartig die Fastenzeit in Ostbelgien wieder beginnen.

Kapitel 3

IM GRÖSSTEN KARNEVALS-KAUFHAUS DER WELT

**Der richtige Dreispitz muss es sein –
Die größte Halloween-Party Deutschlands –
Der Rosenmontagszug 2052**

Der angehende Narr hat die Qual der Wahl. Ich möchte einen Dreispitz kaufen, der gehört im venezianischen Karneval zum Dresscode. In Venedig startet, historisch gesehen, die Karnevalssaison sehr früh, rekordverdächtig früh, da möchte ich rechtzeitig ausgestattet sein. Es stehen zur Verfügung: rote Dreispitze (das geht ja gar nicht, wie sieht das denn aus?), schwarze Dreispitze mit Silberborte, schwarze Dreispitze mit Goldborte, Dreispitze, die mir zu klein sind, schwarze Dreispitze mit Plastiktotenkopf (das ist wohl eher das Modell Pirat, Seeräuber haben sich anscheinend seit Menschengedenken, verflucht sei die Karibik, einen Totenkopf aus Plaste und Elaste an den Hut gebastelt), schwarze Dreispitze mit schwarzer Feder. Letztere kosten 35,99 Euro das Stück und heißen »Dreispitz Wollfilz Venezia«. Eigentlich genau das, was ich brauche, aber diese Feder, nein, ich geh doch nicht zum Christopher Street Day. Also lande ich beim Modell »Dreispitz Wollfilz Goldlady«, den hatte ich zunächst wegen der femininen Note ausgeschlossen, aber letztendlich passt und steht mir dieser Dreispitz am besten.

An einem Freitagnachmittag Ende April stehe ich mit meinem

Dreispitz in einer Filiale von *Deiters* in einem Gewerbegebiet vor den Toren Kölns. Laut Eigenwerbung das »größte Karnevalskaufhaus der Welt«. Josef Deiters gründete das Unternehmen 1921 und handelte mit Verzierungen auf Torten, Dekorationen, künstlichen Knopfloch-Blumen, Schießbuden-Blumen, Trostpreisen für Jahrmärkte. Das hatte alles erst einmal nichts mit dem Thema Kostüme zu tun. Herbert Geiss Junior, Urenkel des Firmengründers und Chef von *Deiters*, legt Wert auf die Feststellung, dass in den 1950er- und 1960er-Jahren eine künstliche Blume im Knopfloch des Abendanzugs beim Sitzungskarneval total närrisch, um nicht zu sagen tollkühn war.

Seit einigen Jahrzehnten handelt die Firma verstärkt mit Karnevalskostümen. Eine rasante Entwicklung nimmt das Unternehmen seit 2003, als Herbert Geiss die Leitung von seinem Vater übernahm. Zunächst stellte er von Großhandel auf Einzelhandel um, das heißt, *Deiters* verkauft nun seine Ware selber. Auf das erste Geschäft in Kölner Stadtrandlage folgten rasch zahlreiche Filialen an mittlerweile 26 Standorten in ganz Deutschland. Auch in Städten, die man auf den ersten Blick nicht mit närrischem Treiben verbindet: Wiesbaden, Trier, Stuttgart. Der riskanteste Schritt war, nach Berlin zu gehen. »Wenn es kein Angebot gibt, kann man auch nicht feststellen, ob es eine Nachfrage gibt«, sagt der Firmenchef. »Wir brauchen den Faktor Jeck (der Jeck ist die kölsche Version des Narren), und darüber gibt es keine Erhebung.« Im Klartext: Es gibt keine belastbare Marktforschung für das Narrenkostüm-Business, der Markt muss erst entstehen, das Angebot schafft die Nachfrage, nicht umgekehrt.

Schon im späten Mittelalter gab es in Venedig Kostümverleiher und Maskenmacher, die *maschereri*, die ihre Masken nach Italien und Europa exportierten. Und auch in Köln sind ab dem 16. Jahrhundert Maskenverleihgeschäfte in der Straße Unter Taschenmacher belegt. Aber wie verkleidete man sich damals? Als was »ging man«, wie wir als Kinder immer gesagt haben. Inspiriert von Italien, wo nicht nur in Venedig, sondern auch in Rom und anderen Städten Karneval gefeiert wurde, orientierte man sich an Harlekin & Co. der *Comedia dell'Arte*, in der Schwäbischen Fastnacht wurden diverse Maskenarten typisch, dazu später mehr. Im Kölner Karneval kann man grob zwei Verkleidungstraditionen erkennen. Im offiziellen Karneval der Umzüge und Sitzungen verkleideten sich nur die Akteure auf der Bühne. Die Roten Funken zum Beispiel persiflieren die trotteligen Kölner Stadtsoldaten, auch die Garden in anderen Städten wie Mainz haben militärische Bezüge. Die Zuschauer der Umzüge am Straßenrand blieben unverkleidet, die Teilnehmer der Sitzungen trugen bis in die 1980er-Jahre hinein fast ausschließlich Abendgarderobe. Allerdings waren im 19. Jahrhundert in Köln auch spezielle Maskenbälle sehr beliebt, herausragende Verkleidungen wurden sogar prämiert. Die schönste Damenmaske bekam einen Fächer, die schönste Herrenmaske eine Flasche Champagner. Beliebte Masken bei den Damen waren: Indianerin, Gretchen, Spanierin, Zigeunerin, Kamerun-Frau. Exotik rockt.

Indianer war in den 1970ern mein Lieblingskostüm als Kind, und auch aktuell ist dieses Outfit natürlich bei *Deiters* vorrätig, in 34 Versionen. Indianer für draußen, Indianer für drinnen, als Männer- und Frauenkostüm. Die Damen können unter zahlreichen körperbetonten Versionen wählen, kurze Röcke und üppiges Dekolleté inklusive. Entsprechend sind in Frechen auch fünfzehn unterschiedliche Matrosinnen-Kostüme zu erwerben, das gibt noch nicht mal die Kleiderkammer der deutschen Marine her. »Bei uns darf nix fehlen, es muss jedes Kostüm geben«, behauptet *Deiters*-Chef Geiss.

Die große Auswahl ist mit ein Grund, warum der durchschnittliche *Deiters*-Kunde lieber persönlich in einer Filiale vorbeischaut, als online auszuwählen. Außerdem kommt der Narr erfahrungsgemäß selten solo zum Kostüm-Shopping. Geiss erklärt: »Man geht nicht in der Gruppe eine Jeans kaufen, aber Kostüme schon.« Nicht nur das närrische Treiben wird zum Event, schon das Kostüm-Shopping vorab. Ich kann mir so eine Truppe gut vorstellen, aufgedreht wie bei einem Junggesellinnenabschied, vielleicht auch schon leicht vorgeglüht, und dann werden gemeinsam unterschiedliche Outfits getestet, Selfies gemacht, gekichert und gealbert.

Das mag jetzt gendermäßig nicht korrekt sein, aber Frauen achten meiner Erfahrung nach stark darauf, nicht nur verkleidet zu sein, sondern auch »schön« verkleidet. Ich erinnere mich daran, dass eine Ex-Freundin sich in den 1980er-Jahren immer furchtbar über mein »Kostüm« aufregte: Ich trug den schreiend violetten Hosenanzug, den meine Mutter 1973 zu meiner eigenen Kommunion getragen hatte. Grelle Farben, gigantischer Kragen, Schlaghose, und alles natürlich viel zu knapp und zu klein. Hässlich? Klar, aber lustig! Meine Partnerin dagegen lieferte sich mit ihren Freundinnen einen Wettstreit, wer am fantasievollsten geschminkt und kostümiert war. Alles tolle »Verkleidungen«, nur leider nicht lustig.

Ich schlendere durch das Kostüm-Kaufhaus *Deiters*. Ich sehe Schminke, falsche Bärte und Perücken. Hercule Poirot und die RAF hätten ihre helle Freude daran gehabt. Ein ganzes Regal voll Glitzertaschen, Federn, Brillen, Flügel. Flausch-Handschellen in grellem Pink. Wer braucht denn so was? Kuschelige Ganzkörperbärchenkostüme sind in allen Pastelltönen vorrätig. Die Schaufensterpuppen zwischen den Kleiderständern tragen die Kostüme Zimmermädchen und Freiheitsstatue, andere sind in der Mode der 1970er-Jahre, 1950er-Jahre (Petticoat + Elvis-Style) und der 1920er-Jahre kostümiert. Ich frage eine Mitarbeiterin, was das Besondere daran sei, in diesem Geschäft zu arbeiten. Ihre Augen leuchten, und es sprudelt aus ihr heraus: »Wir vermitteln das Karnevals-Gefühl, wir verkaufen ›dat Jeföhl‹. Ich spüre einfach, wir sind etwas Besonderes. Wenn sie als Mitarbeiter sehen, wie die Kunden strahlen, da kriegt man Gänsehaut.«

Ich frage mich, wer denn Ende April Kostüme kaufen möchte. Einige Pärchen schleichen um die Kostüme herum wie ein Fuchs um seine Beute. Die Mitarbeiterin vermutet, dass das Menschen sind, die auf eine Mottoparty eingeladen sind. Mitte April waren es noch ganze Abiturjahrgänge, die sich für die Mottowochen eingekleidet haben: die Jungs mit Frauenkostümen, die Mädchen zum Beispiel mit Männerkostümen und falschen Bärten. Ganzjährig haben auch Junggesellen und Junggesellinnen einen verstärkten Bedarf an Kostümierung – gerade vor und während des Heiratsmonats Mai. Im Hochsommer kommen die kleinen Karnevalsgruppen, die ein gemeinsames Kostüm für die kommende Session kaufen. Kurz gesagt: Es gibt auch zwischen Aschermittwoch und dem 11. November einen Haufen Gründe, sich zu verkleiden. *Deiters*-Chef Geiss gibt zu, dass »der klassische Karneval es nicht so mag, wenn man sich vor und nach der Session karnevalistisch verkleidet«. Aber das ist nicht der einzige Punkt, an dem die Interessen einer spaßgetriebenen, zumeist jungen Bewegung und die Regeln der Karnevalstraditionalisten aufeinanderprallen. Geiss findet auf jeden Fall: »Wo der Ursprung herkommt, ist doch egal, die Leute sollen Spaß haben, solange sie keinem auf die Füße treten.« Und *Deiters* verdient natürlich kräftig an dem Verkleidungs-Boom. Die Kostüm-Profis inszenieren sogar selber Events, wie zum Beispiel das Jeck-im-Sunnesching-Festival Anfang September.

Zwischen Clown-Kostümen, Lappen-Kostümen und Eisprinzessin-Kostümen sortieren *Deiters*-Mitarbeiter neue Ware ein. Streng genommen haben sie einen harten Job – sie beschäftigen sich das ganze Jahr mit Verkleidungen, müssen sich aber an ein rigides Feierverbot halten. Genauso wie ein Supermarkt am Tag vor Heiligabend eine Urlaubssperre verhängt, weil alle die Läden stürmen, ist bei *Deiters* während der tollen Tage die Hölle los. Und selbstverständlich ist auch am Rosenmontag für die kurz entschlossenen Jecken geöffnet. Herbert Geiss erzählt schmunzelnd von einer typischen Bewerbung: »Die schreiben dann: Ich bin genau der Richtige für Sie, denn ich feiere Karneval ohne Ende.« Richtig für Karneval, aber nicht richtig für einen Karneval-Händler. Das provoziert die Gretchenfrage, ob der *Deiters*-Chef denn selber jeck ist. »Wenn man das 365 Tage im Jahr betreibt, kann man nur jeck sein.«

In einem separaten Raum finden sich ganz spezielle Outfits: Dirndl, karierte Hemden, Lederhosen, Filzhüte, die Ausstattung für das Oktoberfest. Aus einer Tracht wird bei *Deiters* ein Kostüm. Es gibt nicht nur Filzhüte mit der klassischen weiß-blauen Raute, sondern – ein kleiner Schock ist das schon – spitze »Trachtenhüte« in Rot mit dem kölschen Wappen. Eine kölsch-bajuwarische Promenadenmischung. Nun ja, die Oktoberfeste haben eben auch das Rheinland erreicht, warum nicht? Seit Kurzem verkauft *Deiters* den Münchnern und den zahlreichen eigens für die Wiesn anreisenden Touristen ihre Outfits auch in einer Filiale vor Ort. »In München ist das ja keine Verkleidung, sondern eine Tracht«, sagt Geiss. Das ist eine Frage, die ich noch vor Ort klären werde. Vielleicht ist ja das Oktoberfest auch eine Art bajuwarisches Verkleidungsfest, quasi ein Fasching zum Sommerausklang?

Eine große Verkaufsfläche ist einem anderen Verkleidungsanlass außerhalb der Session gewidmet: Halloween. Vor ungefähr 20 Jahren noch eine aus den USA importierte Randerscheinung, hat sich Halloween zum nationalen Verkleidungs-Event gemausert. Gerade im Rheinland hat die Jagd der Kinder auf Naschkram (»Süßes oder Saures«) das Süßigkeiten-Sammeln nach dem St.-Martins-Umzug abgelöst. Der *Deiters*-Chef erklärt: »An Karneval ist sich keiner zu schade, sich wie auch immer zu verkleiden, das gehört zum Straßenbild. Aber zu Halloween traute sich keiner als Vampir in die U-Bahn. Wir haben es geschafft, dass das normal wird.« Seine Firma hat in den Kölner Halloween-Boom investiert. In der Lanxess-Arena veranstaltet *Deiters* die größte Halloween-Party Deutschlands – mit 15 000 verkleideten Akteuren. 2012 war der Start der ersten Party, das Event vervielfachte den Verkauf von Halloween-Kostümen. »Wir haben einen bombastischen Umsatz gemacht«, resümiert Geiss und ergänzt: »Berlin und Stuttgart sind richtig stark. Das ist vor allem deshalb besonders stark und auffällig, weil das normalerweise keine Karnevals- und damit Verkleidungshochburgen sind.« Halloween geht überall. In den Regalen hängen Hexen-, Vampir-, Sensenmann-Kostüme. Man kann sich auch als toter Baum verkleiden. Ja, wirklich! Kostet auch nur 79,90 Euro. Mein Freund der Baum ist tot an Halloween.

Im Zuge einer Kaufhaus-Kooperation wird die Kostümfirma zukünftig in 400 Läden präsent sein, in Deutschland und im europäischen Ausland. Herbert Geiss räumt ein: »Ich habe keine Ahnung, ob das europaweit klappt, einfach ausprobieren.« Es wird schon klappen, denn – wie schon gesagt – das närrische Angebot erzeugt närrische Nachfrage. An der Kasse von *Deiters* sehe ich einen äußerst nützlichen Flyer mit den Rosenmontagsterminen der nächsten Jahre. Mal sehr früh (5. Februar 2035), mal sehr spät (8. März 2038). Die Liste reicht bis zum Jahr 2052, dann bin ich 86 Jahre alt. Mal schauen, ob ich bis dahin noch in Schunkellaune bin oder meine Demenz sich daran erinnert, was ein Rosenmontag ist.

Für den nächsten Rosenmontag allerdings brauche ich noch ein Kostüm. Violette Frauenanzüge im Stil der 1970er-Jahre hat *Deiters* nicht im Programm. Ich finde aber, dass sowohl zum Rosenmontag als auch zu meiner Figur ein Gardekostüm hervorragend passt. Die Kölner Traditionscorps wie die Roten Funken oder Altstädter würden natürlich niemals bei *Deiters* einkaufen, die lassen sich ihre Kostüme maßschneidern. Das gibt auch der Firmen-Chef zu: Die närrischen Traditionalisten kaufen woanders, egal ob in Schwaben oder im Rheinland. »Wir wollen auch

die Kunden verkleiden, die zuschauen, die am Straßenrand stehen.« Mittendrin oder nur dabei? Ich habe auf jeden Fall eine
solide Grundausstattung erstanden, ein Kostüm als Allzweck-
waffe. Es wird mir noch gute Dienste erweisen – in Venedig, in
Köln, in Düsseldorf, sogar in Rottweil. Aber auch am Straßenrand
in der Mainzer Fastnacht. Bevor allerdings in der rheinhessischen
Metropole die tollen Tage beginnen, muss ich mich erst einmal
über die Gepflogenheiten und geheimnisvollen Gebräuche der
einheimischen Narren informieren.

Kapitel 4

EIN SACK MEHL FÜR DEN SCHLECHTEN BÜTTENREDNER

**Wo die Mainzer ihr »Helau« geklaut haben –
Warum es nicht in jedem Jahr einen Prinzen gibt –
Über den Nervfaktor von »Uiuiui« und »Auauau« –
Ein Dachdeckermeister als närrische Hitmaschine**

Mainz, Mitte Mai. Bernd Mühl hat in seinem Leben schon oft eine Narrenkappe angezogen. Im Mainzer Fastnachtsmuseum setzt er für ein Foto eine glitzernde Kappe auf, die hängt an einem Seil. Das erinnert ein wenig an Marionettentheater. Bernd Mühl hat allerdings selber die Puppen tanzen lassen, er war 22 Jahre lang Sitzungspräsident in der Mainzer Fastnacht, sechs Jahre Präsident des MCC (Mainzer Carneval Club), er ist lebenslänglich Ehrenpräsident dieses Fastnachts-Vereins, Ehrenhauptmann der »Blauen Funken« in Köln, dreizehnmaliger Kommentator des Rosenmontagszugs, Missionar in Sachen Frohsinn bei den »Seegockeln« in Friedrichshafen. Mühl lebt und lebte für die Fastnacht, aber es war, das betont er, nie sein Broterwerb. Im Schuldienst unterrichtete er Erdkunde und Sozialkunde. Er sagt: »Fastnacht ist für mich Hobby, und Hobby kostet Geld, das hat mir noch nie etwas eingebracht.« Ich möchte mit Bernd Mühl in eine Zeitmaschine steigen und durch die vergangenen zwei närrischen Jahrhunderte reisen.

Schon im Mittelalter wurde natürlich die Fastnacht, also der Tag oder die Tage vor Beginn der Fastenzeit, zelebriert. Mühl erläutert: »Die Kurfürsten haben das in Mainz gefeiert. Die haben Feste ausgerichtet, da wurden aus einem großen Topf Lose gezogen, und der Knecht war Kurfürst, und der Kurfürst war Lakai.« Für einen Tag wurden die Rollen neu verteilt, des Kurfürsten neue Kleider war das Knechtgewand. Die Verkehrung der Welt durch den Karneval. Heilig wird profan, oben wird unten. Für ein paar närrische Tage werden die Mächtigen von ihrem Sockel geholt und dem Spott preisgegeben. Bachtin lässt schön grüßen!

Die frühen fastnachtlichen Aktivitäten waren entweder private Kostümfeste, Völlereien in Bürgerhäusern oder anarchische Umtriebe auf den Gassen. Die moderne Fastnacht allerdings wurde unter dem Namen »romantischer Karneval« 1823 in Köln erfunden, und war sofort ein derartiger Erfolg, dass man in der Rückschau fast zusehen konnte, wie das närrische Treiben vom Rheinland ausgehend immer mehr Städte und Gemeinden infizierte. Koblenz 1824, Düsseldorf 1825, Düren 1827, Bonn 1828. In Mainz reüssierte der Karneval ab 1837. Bernd Mühl erzählt mit einem schelmischen Grinsen, dass die Mainzer ziemlich viele ihrer »Traditionen« ganz einfach geklaut haben. Die Anregung kam aus Köln, die von den Umzügen bekannten riesigen Schwellköpfe sind dem Karneval in Nizza entlehnt, 1936 wurde das »Helau« aus Düsseldorf importiert.

Und die Narrenkappe übernahm man ebenfalls aus Köln, dort wurde sie 1827 vom preußischen Generalmajor Baron von Czettritz und Neuhauß eingeführt. Eine ironische Volte der Karnevalsgeschichte, waren doch gerade die Preußen mit ihrem Uniformen- und Militärtick ursprünglich Zielscheibe des närrischen Spotts gewesen. Anscheinend hatte zumindest dieser preußische Baron Humor und erfand die Narrenkappe mit folgender Begründung: »Gleiche Brüder, gleiche Kappen! Ich erlaube mir den Vorschlag, daß wir hinfür als Unterscheidungzeichen der Einge-

weihten ein kleines buntfarbiges Käppchen während unserer Ver-
sammlungen aufsetzen, um diejenigen, die hier unberufen ein-
dringen, erkennen und nach Verdienst abweisen zu können.«
Tusch! Das war also die Narrenkappe in ihren Ursprüngen: Das Er-
kennungszeichen einer Art lustigen Geheim-Loge, die Schutz
gegen nicht bekappte Eindringlinge bot. Mühl erzählt, dass es im
19. Jahrhundert zu jeder Kampagne (sehr frankophil heißt in
Mainz die fünfte Jahreszeit nicht *Session*, sondern *Kampagne*)
eine neue Kappe gab. Und jedes Jahr wurde ein sogenannter
»Stern«, verteilt, eine Art Dauerkarte mit allen fastnachtlichen
Veranstaltungen, die wie bei einem Fahrschein abgeknipst wurden. Kapp' und Stern waren übrigens ein beliebtes Weihnachts-
geschenk, beginnt doch jede Kampagne kurz nach dem Weih-
nachtsfest.

Bernd Mühl setzt die Kappe seines Heimatvereins MCC ab,
die nun wieder an einem dünnen Faden von der Decke hin- und
herbaumelt. Dabei stößt diese Narrenkappe an ihre Nachbarin,
den Kopfschmuck des MCV, dem »Mainzer Carnevals Verein«.
Immer wieder raufen sich diese beiden Vereine zum Wohl der
»Meenzer Fassenacht« zusammen, die Fernsehsitzungen werden
zum Beispiel von beiden Vereinen gemeinsam organisiert. Aber
ganz so weit her scheint es mit der Freundschaft nicht zu sein,
denn Mühl vergleicht die beiden närrischen Platzhirsche mit der
Konkurrenz zwischen den beiden Fußballvereinen 1860 München und Bayern München. Bleibt nur offen, welcher der beiden
Karnevalsvereine in der Dritten Liga spielt und welcher in der
Champions League.

Wir schlendern von den Kappen zu einer großformatigen Bild-
reproduktion. Zu sehen ist eine Fastnachtssitzung im 19. Jahrhundert. An länglichen Bänken sitzen, lungern, torkeln die Besucher
der Sitzung (das ist heute noch so), ausschließlich Männer mit
Kappen (das ist heute nicht mehr so). Auf der Bühne das Komitee

mit elf Herren und ein Vortragskünstler in der Bütt (das ist heute noch so), auf der Galerie ein Harlekin, der über den Redner einen Sack voll Mehl schüttet. Das ist heute nicht mehr so. In den Anfängen der Mainzer Fastnacht wurde es für den Büttenredner ernst, wenn das Publikum durch Husten und Füße-Scharren seinen Unmut über den gebotenen Vortrag kundtat. Dann wurde der Redner zwar nicht wie im Wilden Westen geteert und gefedert, aber immerhin mit Mehl bestäubt. Außerdem gab es eine Vorrichtung hinter der Bütt, eine Art Falltür, mit deren Hilfe der gescheiterte Witzbold unter den Bühnenboden versenkt werden konnte. Jahrzehntelang haben die Sitzungspräsidenten der Fastnacht – eher rhetorisch – gefragt:»Wolle mir se reinlosse?«, dann traten die närrischen Redner auf. In den Anfangsjahren der Mainzer Sitzungen konnte es passieren, dass man die Redner zwar hineinließ, aber auch zügig herabließ, wenn die Rede nicht konvenierte.

Erstaunlich ist, dass der Narr auf der Galerie, der das Mehl verschüttete, überhaupt verkleidet war. Denn zum guten Ton auf allen Sitzungen bis zum heutigen Tag gehörte es, in Abendgarderobe zu erscheinen, die Kappe als närrisches Accessoire musste reichen. Ausnahmen von der Regel waren sogenannte Kostümsitzungen, bei denen man – völlig verrückt – verkleidet erscheinen sollte. Kostümsitzungen gibt es auch heutzutage noch, genauso wie die ab 1888 durchgeführten Fremdensitzungen für auswärtige Besucher. Die Auswärtigen haben anschließend wahrscheinlich in Fremdenzimmern genächtigt und sich am nächsten Tag von einem Fremdenführer Mainz zeigen lassen. Die Nicht-Fremden auf der Bild-Reproduktion im Mainzer Fastnachtsmuseum lassen es auf jeden Fall ordentlich krachen, man sieht hauptsächlich gestikulierende, augenscheinlich schwerst alkoholisierte Narren. »Weck, Woschd und Woi ist unser Nationalgericht und wird das ganze Jahre über gegessen«, erklärt Mühl, aber mir scheint, dass die Priorität bei den betrunkenen Jungs auf dem Bild eher beim »Woi« lag.

Im Hauptgang des Museums stehen viele bunt kostümierte Puppen Spalier. Wir schreiten diese Parade ab, als wäre Mühl der Herrscher des Fastnacht-Reichs und ich sein Staatsbesuch. Dargestellt sind die wichtigsten der insgesamt 24 Garden in Mainz. Mühl hat vor Kurzem ein Buch über diese Garden geschrieben, das werde ich gut gebrauchen können, wenn ich mir in einigen Monaten den Gardeumzug am Fastnachtssonntag anschauen werde. Generell haben die Kostüme der Garden militärische Vorbilder, die kreuz und quer durch die Jahrhunderte und Nationen gehen. Die Anlehnung an den militärischen Sektor war ursprünglich als Parodie auf das Militär gedacht. Persifliert wurde, wie es Mühl formuliert,»die Geilheit auf Orden, die Geilheit auf Beförderungen durch das damalige Militär«. Allerdings fügt er hinzu: »Ich muss sagen, dass es heute Fastnachts-Gardisten gibt, die diese Parodie völlig vergessen haben.« Aus dem Spiel wurde bitterer Ernst, um Beförderungen innerhalb der Garde wird leidenschaftlich konkurriert, Orden werden mit geschwellter Brust getragen und in der heimischen Vitrine gesammelt.

Wir stehen vor einem geschrumpften Prinzenkostüm, es gehört dem Kinderprinzen. Dieser ist so lange dabei, wie ihm das Kostüm passt. Leider hat der Arme keine Prinzessin an seiner Seite, auch nicht zwei Kumpel wie beim Kölner Kinderdreigestirn, er muss sich alleine durch die Kampagne kämpfen. Immerhin hat der Kinderprinz keine erwachsene Konkurrenz, einen Prinz Karneval kennt die Mainzer Fastnacht nicht. Nur zu ganz besonderen Anlässen – Stadtjubiläum, Gutenbergjahr, Jubiläum des MCC – leistet sich Mainz einen Prinzen, beziehungsweise der Prinz leistet sich Mainz, denn den Titel, das werden wir in Köln sehen, muss man sich teuer erkaufen.

Irgendwie passt es zum republikanischen Charakter der Mainzer Fastnacht, dass der Hochadel in Gestalt eines Karnevalsprinzen keine Chance hatte, sich in den Vordergrund zu schieben. Traditionell ist man in Mainz stolz darauf, einen politischeren

Anspruch an die Fastnacht zu haben als in Köln oder Düsseldorf, die großen närrischen Konkurrenten am Rhein. Bernd Mühl stellt fest:»Man hat hier in der politisch-literarischen Fastnacht auf das Glossieren der Politik immer großen Wert gelegt. Morgens passiert, abends glossiert, das ist einzigartig.«

Der politische Anspruch der Mainzer Fastnacht wird zum einen sichtbar in den 3-D-Karikaturen auf den Persiflagewagen im Rosenmontagszug. Die wichtigsten Akzente werden allerdings bei den Sitzungen mit oder ohne TV-Kameras gesetzt, wenn die Redner in die Bütt steigen. Eine originale Bütt findet sich auch im Fastnachtsmuseum. Zunächst fällt auf, dass sie wie ein Fass geformt ist. Das, so erklärt Mühl, spielt auf das Fass des Diogenes an, der – weise, wie er war – ein Leben im leeren Fass einer»normalen« Behausung vorzog. Riesengroß und golden prangt an der Bütt die Eule. Die Eule ist der Vogel der Weisheit, ob es auch immer sehr weise ist, was die Büttenredner von sich geben, sei dahingestellt. Auf jeden Fall haben die durch die TV-Übertragung bekannten Mainzer-Bütten-Stars wie Herbert Bonnewitz, der»Saaldiener des Bundestags«, oder»Der Nachtwächter« für die Schärfung des Mainzer Fastnachts-Stils gesorgt.

Auffällig ist, dass die Bütt im Sitzungs-Karneval immer weniger gebraucht wird, der Trend geht Richtung Comedy und Musik, weg von den gereimten Politik-Sottisen. Als wir an der Bütt im Fastnachtsmuseum stehen, kommt plötzlich was in Bewegung. Es wird laut – eine Schulklasse rauscht durch die Ausstellung. Besonders fasziniert sind die Kinder von den drei Knöpfen in der Bütt. Wenn man den ersten Knopf drückt, wird das ganze Museum mit dem typischen Mainzer Karnevalstusch»Täää-Täää!« beschallt, das hört sich ein wenig an wie das»Tööö-Rööö!« von Benjamin Blümchen. Auch unverwechselbar (zweiter Knopf) der berühmte Narhalla-Marsch: *Rentäntä, Rentäntä, Rentäntäntäntätätäää!* Die Kinder drücken auch sehr gerne auf den dritten Knopf mit»Uiuiui, Auauau«. Immer, wenn das abgespielt wird, verzieht Bernd Mühl das Gesicht, als müsse er sich einer Wurzel-behandlung unterziehen. Das »Uiuiui, Auauau« wird vom Publikum intoniert, wenn ein Beitrag großen Anklang findet. Aber: »Die hören ja nicht auf damit«, klagt der ehemalige Sitzungspräsident. Das verstehe ich als ehemaliger Fernsehredakteur sehr gut. Man hat einen Ablaufplan, das Programm soll weitergehen, der nächste Künstler wartet ungeduldig, muss womöglich noch zu einer anderen Sitzung. Aber das Publikum gefällt sich darin, selber Programm zu machen, und singt ohne Ende »Uiuiui, Aiaiai«. So muss es in der närrischen Vorhölle sein.

Die Schulklasse zieht ab, wir sind wieder alleine im Museum, abgesehen von den beiden älteren Herren an der Kasse. Das Museum wird von einem Förderverein getragen, 40 Ehrenamtliche wechseln sich mit dem Museums-Dienst ab. In Kitzingen gibt es zwar das Deutsche Fastnachts-Museum (das ich auch besuchen werde), in anderen Hochburgen des närrischen Treibens (außer Mainz) haben die Museen aber eher unregelmäßige Öffnungszeiten. Ich finde es schön, dass Ende Mai durch die Schulklasse Leben ins Museum kam, aber es ist auch schön, nun wieder in Ruhe die Exponate anschauen zu können.

Eine ganze Abteilung ist dem Thema Musik gewidmet. Nach dem Krieg war die Mainzer Fastnacht nationaler Trendsetter beim närrischen Liedgut. Durch den unglaublichen Erfolg der TV-Sitzung »Mainz, wie es singt und lacht« wurden einige Mainzer Songs zu richtigen Gassenhauern. Mega-Star war der singende Dachdeckermeister Ernst Neger. Als er das erste Mal »Humba-Humba-Tätärä« intonierte, war das Publikum außer sich. »Am Rosenmontag bin ich geboren« verriet die Fastnachts-Ikone Margit Sponheimer, und Ernst Negers »Rucki Zucki« war ein derartiger Hit, dass er auch beim Kölner Karneval in den 1970er-Jahren hoch und runter gespielt wurde. Und dann war irgendwann Schluss mit musikalischer Innovation in der Mainzer Fastnacht. Bezeichnend ist, dass Thomas Neger, der Enkel von

Ernst Neger, auf der TV-Sitzung von 2016 immer noch »Rucki Zucki« mit Techno-Elementen performte. Ausschnitte dieser Sitzung sind im Fastnachtsmuseum zu sehen, im Publikum sitzen Frank-Walter Steinmeier, Julia Klöckner, Malu Dreyer und Annegret Kramp-Karrenbauer. Alle sind ruckizucki vollauf begeistert. *Uiuiui – Aiaiai.*

Die TV-Sitzung »Mainz, wie es singt und lacht« wurde von 1955 bis 1972 von der ARD übertragen. Von 1965 bis 1972 strahlte das ZDF die Konkurrenz-Sendung »Mainz bleibt Mainz« aus. 1973 kam die große Fusion. Seitdem wird »Mainz bleibt Mainz, wie es singt und lacht« im Wechsel von der ARD und dem in Mainz beheimateten ZDF übertragen. Fernseh-Sitzungen, die die Mainzer Fastnacht mit irren Einschaltquoten (20 Millionen waren keine Seltenheit) zum nationalen Ereignis machten. Mühl hat »Mainz bleibt Mainz« einige Male moderiert.

Eine Geschichte ist ihm besonders in Erinnerung geblieben. »Ein Büttenredner imitierte Blüm sehr gut. Der ehemalige Arbeitsminister saß im Publikum und wollte (ganz alte Politikerschule) in die Bütt, um zu antworten. Ich als Sitzungspräsident ermahnte ihn: ›Herr Blüm, sie kennen doch Mikrofone. Ihr Mikrofon steht in Bonn, das sind aber unsere Fastnachts-Mikrofone, nehmen Sie wieder Platz.‹ Riiiiesen-Applaus, und Blüm setzte sich wieder.«

Ich frage Herrn Mühl, ob er ein Karnevalsgen habe. Interessanterweise nicht, die Mutter stammt aus dem Baltikum, die wusste lange gar nicht, was Fastnacht ist. Mit der Muttermilch hat er die Fastnacht also nicht aufgesogen. Und der Vater war zwar Mainzer, aber kein Fastnachts-Fan. In der Schule hat ihn der evangelische Religionslehrer (der danach Ärger mit der Amtskirche bekam, denn die Fastnacht ist doch eher ein Fest, das mit der katholischen Fastenzeit verknüpft ist) animiert, 1961 Schul-Sitzungspräsident zu werden. Mühl machte seine Sache anscheinend sehr gut. »Spione« des MCC und MCV waren im Publikum, und so wurde der junge Mann gefragt, ob er Sitzungspräsident des MCC werden wolle. Eine weitere biografische Besonderheit kam Mühl bei der Jumelage des MCC mit den »Seegockeln« in Friedrichshafen am Bodensee zugute. Die »Friedrichshafener Seegockel« hatten Probleme, ihre Sitzung professionell durchzuführen, und baten die Mainzer Fastnachts-Profis um Hilfe. Zwei Redner vom Rhein wurden als Fastnachts-Missionare an den Bodensee geschickt, Bernd Mühl war dabei. Erst vor Ort in der Bütt ließ er die Katze aus dem Sack und begeisterte mit reinem Schwäbisch das Publikum, schließlich war er in Freudenstadt im Schwarzwald aufgewachsen. Der Saal tobte, wenn ich seinen Erzählungen vertrauen kann. Er hat von den »Seegockeln« sogar eine originale Hexenmaske geschenkt bekommen, musste allerdings unterschreiben, diese nie in der Öffentlichkeit zu tragen. Nur zu Hause vor dem Spiegel – wenn überhaupt.

Wir haben unseren Rundgang durch das Mainzer Fastnachtsmuseum beendet und stehen wieder vor dem Bild mit dem Mehlauf-den-Redner-Motiv. Von der Seite lästert der ältere Mann an der Museumskasse: »Das könnte man heute eigentlich wieder einführen!« Fastnachts-Urgestein Bernd Mühl antwortet trocken: »Dann hätten wir ja gar kein Programm mehr.« Tusch und endloses *Uiuiui – Aiaiai.*

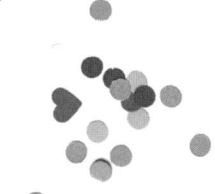

Kapitel 5

BEIM KNUBBELABEND DER ROTEN FUNKEN

**Die bayerischsten Funken aller Zeiten –
Über Strickstrümpfe und Zwiebeln –
Entweder Prinz oder Fußvolk**

Köln, Mitte Juni. Es ist Hochsommer, der Beginn der Karnevals-Session ist in weiter Ferne. Aber trotzdem muss ich mich verkleiden. In der hintersten Ecke meines Kleiderschranks habe ich noch die Krawatte gefunden, die ich an meiner Hochzeit trug. Im Kölner Hotel bindet mir ein Hotel-Angestellter freundlicherweise den Schlips, sodass ich nur noch wie in einen Galgenstrick hindurchschlüpfen muss – fertig zur Exekution. Mit Anzug und Krawatte bin ich angemessen verkleidet, um der Etikette beim Knubbelabend der »Roten Funken« zu genügen.

Ich fahre zur Ulrepforte, einem der wenigen noch erhaltenen Reste der mittelalterlichen Stadtmauer. Seit dem 16. Jahrhundert wurde der Turm von einem Müller bewirtschaftet, mit etwas Fantasie kann man sich eine Mühle mit trutzigem Unterbau vorstellen. Ab 1681 bewachten die Kölner Stadtsoldaten in ihren rot-weißen Uniformen (entsprechend den Farben der freien Reichsstadt) die Stadtmauer rund um Köln. Diese Karikatur einer Militäreinheit bestand aus schlecht geführten, schlecht bezahlten, unmotivierten und faulen Soldaten. Die Kölner Stadtsoldaten standen 1757 im Siebenjährigen Krieg in den Reihen der Reichsarmee (all-

gemein »Reißausarmee« genannt) bei Halle an der Saale den
Preußen gegenüber und riefen ihnen zu:»Hürt op zu scheeße, sit-
ter nit, dat he Lück stonn!«–»Wie könnt ihr denn schießen, seht
ihr denn nicht, dass hier Leute stehen!« Ein Satz voll perlendem
Pazifismus, den man allen Soldaten der Gegenwart und Zukunft
ans Herz legen sollte. Der Legende nach sollen die Roten Funken
das auch den anrückenden Truppen der Franzosen 1794 ent-
gegengerufen haben. Das ist aber historisch falsch, weil den
Franzmännern kampflos die Stadtschlüssel überreicht wurden –
die Stadtsoldaten waren längst auf die Schäl Sick getürmt.

Als die Pläne für die Kölner Karnevals-Revolution reiften,
war den bürgerlichen Organisatoren klar: Wir wollen beim ersten
Rosenmontagszug der Welt 1823 die liederlichen Roten Funken
zeigen. Die kölsche Franzosenzeit war noch sehr präsent, erst acht
Jahre zuvor waren die einen Usurpatoren aus dem Westen ab-
gezogen, nun hatten die Fremdherrscher aus dem Osten in Köln
das Sagen – die Preußen. Die Roten Funken als Persiflage auf den
Militarismus im Karneval zu inszenieren, war auch als Spitze
gegen die preußischen Machthaber zu verstehen.

Die Roten Funken erfüllten und erfüllen das Klischee der trotteligen Stadtsoldaten. Wenn das Gewehr präsentiert werden soll,
rennen alle wild mit dem Holzgewehr herum, die Liebe gilt nicht
dem Vorgesetzten, sondern den kölschen Mädchen und Frauen.
Und der liebste Zeitvertreib ist ein merkwürdiger Tanz, bei dem
jeweils zwei Funken im Takt der Musik ihre Hinterteile aneinan-
derreiben, man nennt das *Stippeföttche*. Frei übersetzt: zwei
Ärschlein, die gemeinsam schunkeln – eine ganz spezielle Form
der Liebe unter Männern, lange vor Erfindung des Christopher
Street Day.

Ich sitze in meinem schicken Anzugs-Kostüm zwischen
80 Funken des ersten Knubbels. Ungefähr 400 aktive Männer
(lustigerweise fast genauso viele wie die originale Anzahl der 383
historischen Fußsoldaten der freien Reichsstadt Cölln) gehören

zu den Funken, aufgeteilt in vier Knubbel, was so viel heißt wie
»Haufen«. Ein Funk ist die Einzahl von Funken. Ein Funk aber
würde sich selber niemals Roter Funk nennen. Denn von der
Existenz andersfarbiger Funken, zum Beispiel der Blauen Funken, hat man noch nie etwas gehört. Unter niedrigen Tonnen-
gewölben sind lange Tische in E-Form aufgebaut, im Zentrum
sitzt der Vorstand des Knubbels. Bei dieser Tischanordnung bleibt
es nicht aus, dass die mächtigen Stützmauern für jede Menge
Plätze mit Sichtbehinderung sorgen. Die Glocke aber, die Knubbelführer Konstantin schlägt, ist von allen Plätzen aus zu hören.
Die würde auch Tote zum Leben erwecken. In einer launigen Ansprache begrüßt er alle anwesenden Funken, danach einige Gäste,
unter anderem »den lieben Manuel«. Die Wahrheit ist, dass ich
Konstantin seit fast 40 Jahren kenne, genauso wie Ingo und Lutz,
zwischen denen ich sitze. Letztere sind altgediente Funken. Sie
werden erst später ausdrücklich gewürdigt, und das hat einen besonderen Grund.

Extrem altgediente Funken sind auch im Raum, so wie der
legendäre Karnevals-Sänger Ludwig Sebus mit seinen 93 Jahren.
Ingo erklärt mir, wer neben dem Sebus sitzt. Ein greiser Karne-
vals-Literat, der Ludwig Sebus nach dem Krieg entdeckt hat. Du
lieber Himmel, der alte Herr muss ja mindestens 100 Jahre alt
sein, der hat die Stadtsoldaten fast noch persönlich gekannt! Mir
gegenüber sitzt Hubert, der mir verrät, dass er auch im Stadion
bei den Spielen des Effzeh (unseren kickenden Stadtsoldaten) in
meiner Nähe sitzt, direkt hinter mir, und das seit Jahren. Man
sollte sich eben auch mal umschauen und nicht nur auf den Rasen,
das lohnt ja bekanntlich auch nicht immer.

Neben Hubert sitzt Gerhard und neben Gerhard der Gschmei.
Den Spitznamen Gschmei hat er seinen Vorfahren zu verdanken,
die waren Geschmeidemacher. Der monatliche Knubbelabend ist
eine Pflichtveranstaltung für Gerhard und Gschmei, denn die beiden wollen ordentliche Funken werden. Aber wenn man zu dem

Traditionskorps gehören will, muss man zwei Bürgen aus den Reihen der Funken vorweisen und zwei Jahre lang hospitieren. Wer während der Hospitation zu oft die Knubbelabende schwänzt, kann das Funk werden mal schön vergessen. So weit, so gut. Aber Gerhard und der Gschmei sind keine kölschen Jungs, die beiden kommen aus Erding. Dieser Ort ist nicht nur für das Weißbier, den Flughafen und das Moos bekannt, sondern gilt auch als bayerische Faschingshochburg. Zwei Bälle veranstaltet man dort und eine Sitzung. Seit Anfang des Jahres fliegen die beiden Azubi-Funken jeden Monat ins Rheinland, um die Geselligkeit bei den Knubbelabenden zu genießen. Aber vor allem wollen sie irgendwann nach ihrer Hospitanz, nachdem sie als Funk vereidigt wurden, nachdem auf vielen Karnevalssitzungen das Stippeföttche absolviert und viel kaltes Kölsch getrunken wurde, endlich wieder das unvergleichliche Gefühl verspüren, als Funk im Rosenmontagszug mitzugehen.

Einmal durften sie schon mitmachen, Konstantin hatte eine Ausnahme möglich gemacht. »Der Gschmei schwebte noch drei Tage nach seinem ersten Rosenmontagszug über allen Wolken, der wusste gar nicht, wo er und wer er überhaupt war«, erzählt Gerhard. Der Gschmei erinnert sich: »Ich habe bestimmt ein Drittel meiner Kamellen an meinen Nachbarn gegeben, ich habe dem gesagt, schmeiß du, ich komme da nicht nach. Ich hatte viel zu sehr damit zu tun, die Leute anzuschauen, das ist fantastisch.« Gerhard ergänzt: »Wenn du auf dem Wagen bist, und du fährst durch die Severinstorburg, meinst du, eine Million Leute warten nur auf dich. Gigantisch!« Die Teilnahme am Rosenmontagszug scheint eine sehr heftige Droge zu sein, die monatlichen Treffen überbrücken die Zeit, bis es wieder so weit ist. Dass die Funken auch Nicht-Kölner in ihren Reihen haben, ist gar nicht so ungewöhnlich. Schon in den Funkenlisten des späten 19. Jahrhunderts sind 33 auswärtige Mitglieder verzeichnet. 24 davon aus der preußischen Rheinprovinz (Bonn, Trier, Düsseldorf etc.). Aber es gab auch Mitglieder aus Magdeburg, Hamburg, Hof in Bayern und Berlin. Ich kann sehr gut verstehen, dass die beiden Erdinger die Knubbelabende nicht nur als Last empfinden. Ich fühle mich äußerst wohl bei Kölsch, Musik (ein Alleinunterhalter mit Akkordeon sorgt für musikalische Beschallung) und lustigen Anekdoten. Karneval, Fastnacht, Fasching oder Fastelovend soll ja die Menschen fröhlich und glücklich machen, eine Flucht aus dem Alltag ermöglichen. Und alles das gibt es auch beim Knubbelabend, da stört mich sogar die Krawatte nicht. Das alte Mauerwerk der Ülepooz legt sich wie eine kuschelige Decke um mich, ich fühle mich einfach wohl.

Es wird Zeit für »jet ze müffele«. Ich habe nie verstanden, warum im Kölschen das leckere Essen so heißt, wie schlecht gelüftete Bettwäsche riecht. Ein Teller Hühnerfrikassee mit Reis und Gemüse wird gereicht, für ein Buffet ist der Platz zu knapp. Aber die Teller werden nicht von den jungen Service-Kräften gebracht, die immer für den Biernachschub sorgen. Dafür sind vielmehr die Hospitanten zuständig, jeder muss sich eben vom Tellerbringer zum Funk hocharbeiten.

Konstantin läutet die Glocke, Zeit für seine zweite Rede. Jeder Knubbelabend wird von drei Funken ausgerichtet, die aus unterschiedlichen Gründen (gerade Geburtstag gehabt, zu viel Geld, man ist einfach mal wieder an der Reihe) einladen und (fast) alle Kosten tragen. Grund genug für Konstantin, die drei Wohltäter zu würdigen: »Ich kenne Ingo und Lutz schon seit 45 Jahren. Ingo und ich sind am 10. Januar 1989 als Funken vereidigt worden. Wir sind also schon 31 Jahren dabei, denn wenn man Funk geworden ist, ist man schon direkt im Jahr eins. Das ist so, als wenn du geboren wirst und bist direkt ein Jahr alt. Habt ihr nicht verstanden? Dann fragt noch mal nach, aber nicht jetzt. Ingo sind viele Dinge zu verdanken. Der Ingo hat die Wibbel-Dance-Party erfunden. Das Veranstaltungsformat für junge Menschen ist seit Jahrzehnten etabliert. Er organisiert die After-Show-Party im Gürzenich, völlig verdient ist er daher kürzlich Offizier geworden. Kommen wir zu Heinz-Peter. Ich denke, wir stehen ja für etwas, wir stellen ja etwas dar. Und wenn es nicht so viele helfende Hände gäbe, wie die von Heinz-Peter, wären wir nicht das, was wir sind. Der Heinz-Peter ist Mister Kamelle und kümmert sich um das Wurfmaterial. Und, lieber Lutz, dein Kommunikationstalent war schon vor 45 Jahren ausgeprägt, du hast schon damals wenige Worte gebraucht, um wichtige Dinge zum Ausdruck zu bringen. Du bist ein herzensguter Mensch. Du bist der Freund, der da ist, wenn man ihn braucht. Manchmal habe ich das Gefühl, du bist zu lieb für diese Welt. Schön, dass es dich gibt.«

Tolle Rede von Konstantin, die vor allem zeigt: Männerfreundschaften werden bei den Funken nicht vorgetäuscht, sondern gelebt. Dann erzählt Konstantin im Stile eines Mannes, der Pointen zu setzen weiß, die Story mit der Überschrift:»Der Lutz verliert das Mofa vom Ingo.« Ich kriege die Anekdote nicht mehr ganz zusammen, sie war auf jeden Fall sehr lustig und endete mit dem verdutzten Ingo, der bei der Polizei sein von Lutz verlorenes und wiedergefundenes Mofa nicht mehr wiedererkennt, weil nur noch der Rahmen übrig geblieben ist. Konstantins Rede wird durch ein dreifaches»Streckstrump – Alaaf, Kölle – Alaaf, Streckstrump – Alaaf« abgeschlossen, das mit einem»Seeehr zum Wohle!« abgerundet wird.

Die Sache mit dem Strickstrumpf erklärt sich historisch. Da die knapp besoldeten Stadtsoldaten sich etwas zuverdienen mussten, haben sie unter anderem Strümpfe geflickt. Daher leitet sich der Name des ersten Knubbels ab. Die anderen Knubbel heißen »Öllig« (für die Zwiebel, das Hauptnahrungsmittel der Stadtsoldaten),»Dopp« (der Springkreisel, mit dem sich die Stadtsoldaten als Babysitter verdingten) und»Stoppe« (der Sektkorken, mit dem das Lieblingsgetränk der Stadtsoldaten verschlossen wurde, Kölsch als Biersorte war noch nicht erfunden). Wie auf ein Stich-

wort wird ein überdimensionierter Strickstrumpf vor meinem
Gesicht gewedelt. In der Kirche heißt das Klingelbeutel. Bei den
Funken sollte man ordentlich etwas hineingeben, vor allem
Scheine, die nicht klingeln, um die einladenden Ingo, Lutz und
Heinz-Peter zu entlasten.

Die monatlichen Knubbelabende kann man mit den regel-
mäßigen Treffen von Rotary Clubs vergleichen. Die Honoratioren
der Stadt kommen zusammen, verwalten die Vergangenheit, planen die Zukunft und haben eine gute Zeit miteinander. Der entscheidende Unterschied: Bei den Rotariern sind schon seit geraumer Zeit Frauen dabei. Die einzige Frau dagegen, die die
rot-weiße Uniform der Funken tragen darf, ist das Funkemarie-
chen. Und sie hat lediglich bei den Tanzeinlagen auf den Sitzungen ihren großen Auftritt.

Die Ehefrauen der Funken sind willkommene Gäste beim letzten Knubbelabend des Jahres im Dezember. Das ist sehr sinnvoll,
denn so können die Damen ihre Funken-Göttergatten noch einmal sehen, bevor diese ab Anfang Januar bis Aschermittwoch nur
noch auf Achse sind. Die Ehefrauen sind natürlich auch beim
Sommerfest eingeladen. Und bei den Funken-Sitzungen. Und auf
der Funken-Tribüne. Und auf der After-Show-Party nach dem
Rosenmontagszug. Der bayerische Gschmei muss nicht auf seine
Ehefrau Rücksicht nehmen, er hat keine, er ist Single:»Ich bin
frei.« Er ist nicht nur frei, er singt auch völlig akzentfrei, der
Gschmei ist ein großer Kenner des kölschen Liedguts, ein Beispiel
für gelungene Integration.

Und was sagt Gerhards Frau zu seinem Fastnachts-Funken-
Fimmel? Seine Frau, versichert Gerhard, sei genauso verrückt wie
er:»Sie ist die Fahnenmutter von unserer Standarte.« Ich bin
etwas irritiert.»Fahnen-was?« Aber ich habe mich nicht verhört,
Gerhards Frau ist Fahnenmutter der Erdinger Faschingsstan-
darte!»Pflegen, reinigen, instandhalten, das ist ihre Aufgabe. Bei
uns braucht jede Fahne eine Fahnenmutter.« Das wäre die revolu-

tionäre Möglichkeit für die Funken, eine zweite Frau im Korps zu installieren: eine Fahnenmutter, meinetwegen auch Fahnengroßtante oder Fahnencousine. Gerhard vermietet Busse, wenn er nicht gerade in Köln Karneval feiert. Ein Busunternehmer. Stolz erzählt er, er sei in der Lage, eine voll funktionsfähige Zapfanlage in seine Busse einzubauen. Die könnte man auch bei den vielen Fahrten der Funken gut gebrauchen. Die Kölsche Funke rut-wieß vun 1823 e. V. sehen sich nämlich als eine Art Kulturbotschafter kölschen und deutschen Brauchtums und reisen sehr gerne. Die Funken waren zum Beispiel mit 70 Mann in Paris und haben in vollem Ornat die Bevölkerung mehr begeistert als alle Gelbwesten zusammen. Noch spektakulärer war die Reise nach Havanna, wo sie bei einem kleinen Umzug dabei waren, die kölsche Band *Die Höhner* ein Exklusiv-Konzert gaben und vom deutschen Botschafter in Kuba mit allen protokollarischen Ehren empfangen wurden. In der WDR-Mediathek fand ich eine Film-Doku über den Kuba-Trip. Meine Lieblingsszene: Auf der Dachterrasse eines Luxus-Hotels in Havanna schwimmt ein Funk im Hotel-Pool, auf dem Kopf die Narrenkappe, das Krätzchen. Ein Funk ist eben immer im Dienst. Noch vor der Session, im Herbst, sind die Funken wieder auf Kulturreise, diesmal wird Sachsen erobert.

Die meisten Funken haben mittlerweile Jackett und Krawatte ausgezogen, die oberen Hemdknöpfe sind offen. Es ist aber auch wirklich sehr heiß. Ingo schaut mich komisch an:»Du ziehst das jetzt durch, oder?«Klar, ich habe das Sakko noch an, der Krawattenknoten sitzt. Knubbelführer Konstantin sieht trotz der stickigen Luft und der Hitze wie aus dem Ei gepellt aus – auch er trägt noch Jacke und Schlips. Wir kommen ins Gespräch. Konstantin entstammt einer karnevalistischen Familie, sein Vater Gisbert (natürlich auch ein Funk) hat sich als Präsident des Festkomitees des Kölner Karnevals verdient gemacht. Und er war Prinz Karneval 1969! Konstantin hatte in diesem Jahr Mumps und musste bei den Nachbarn bleiben, während seine Geschwister als Pagen des Prinzen auf dem Wagen mitfuhren. Man merkt ihm immer noch die Fassungslosigkeit an, bei diesem Ereignis nicht dabei gewesen zu sein. Der eigene Vater ist Prinz Karneval, das Höchste im Leben eines jeden kölschen Jecken, und der kleine Konstantin langweilt sich bei den Nachbarn im Kölner Vorort. Möglicherweise, meint Konstantin, habe er sich damals geschworen: »Ich will selber Prinz werden, wenn ich groß bin.« Mit 24 Jahren wurde Konstantin als Funk vereidigt und hat sich direkt als Prinz beworben. Wie funktioniert denn so was? Nun, man muss schon eine Vision haben, es ist schlichtweg unmöglich, sich von einem Jahr auf das andere zu bewerben.

Zunächst musste er zwei Mitstreiter finden, die mit ihm zusammen das Dreigestirn bilden. Er fand zwei Freunde, wie er aus dem ersten Knubbel, beide heute Abend anwesend. Sie planten also bereits im Jahr 1989, 1998 das Dreigestirn zu bilden. Ein ganz besonderes Jahr, feierten doch 1998 die Funken und der Kölner Karneval das 175-jährige Jubiläum. Die Jungs bewarben sich zunächst innerhalb des Korps beim Knubbelführer, als der den Plan durchwinkte, beim Präsidenten. Im Nachhinein wundert sich Konstantin über seine Chuzpe: »In dem Moment, wo ich mich beworben habe, hatte ich gar nicht so viel Kohle, wie man sie als Prinz braucht. Für mich war aber schon früh ganz klar: In zehn Jahren werde ich das Geld haben.«

Prinz Karneval in Köln zu sein ist ein teures Vergnügen, kein Sponsor finanziert die Ausgaben in sechsstelliger Euro-Höhe. Schon merkwürdig, in Mainz spielt der Prinz nur eine marginale Rolle, aber in Köln nimmt Prinz Karneval eine gottgleiche Funktion ein. Ist das blasphemisch? Keineswegs, denn es fällt doch auf, dass der kölsche Prinz einem Dreigestirn vorsteht, während Gott Chef der Dreifaltigkeit ist. Und immerhin ist Köln die Stadt, die drei Kronen in ihrem Wappen trägt, zu Ehren der Heiligen Drei Könige, deren Gebeine im Kölner Dom in einem goldenen

Schrein ruhen sollen. Vielleicht liegt es genau daran, dass im erz-katholischen Köln die unerfüllte Sehnsucht nach etwas monar-chischem Glanz immer sehr groß war. Daher ist es nicht verwun-derlich, dass es viele Menschen gibt, die bereit sind, eine Menge Geld auszugeben, um einmal in ihrem Leben als närrische Hoheit über die Stadt zu regieren.

Konstantin dachte, es sei ein Selbstläufer, wenn drei Funken beim Funken-Jubiläum das Dreigestirn machen. Aber jedes Jahr wurde die Entscheidung verschoben, das Dreigestirn in spe wurde nervös. 1997 kam dann die Aufforderung vom Festkomitee des Kölner Karnevals, einen Lebenslauf zu schreiben und ein polizei-liches Führungszeugnis vorzulegen. Das leuchtet ein, denn Prinz mit Vorstrafen, das kommt wahrscheinlich bei den Jecken nicht so gut an. Heutzutage müssen die potenziellen Dreigestirne keine Lebensläufe verfassen, produzieren aber dafür hochprofessionelle Bewerbungsvideos. Konstantin erzählt lachend: »Und dann soll-ten wir uns vorstellen. Wir haben uns gefragt, wieso sollen wir uns denn vorstellen, die kennen uns doch schon seit zehn Jahren. Gut, dann sind wir eben hingegangen, wir haben allerdings wahr-scheinlich einen äußerst selbstbewussten Eindruck gemacht.«

Nebenbei bemerkt, finde ich ja, dass ein ausgeprägtes Selbst-bewusstsein zum fundamentalen Anforderungsprofil eines jeden Dreigestirns gehört. »Auf jeden Fall«, fährt Konstantin fort, »bekamen wir zu hören, welche Traditionskorps außerdem im Rennen wären.« Das war aber wohl nur Hinhaltetaktik des Fest-komitees, immerhin gelten die Roten Funken in Sachen Außen-darstellung und Sendungsbewusstsein als das Bayern München des Kölner Karnevals. *Mia san mia* könnte durchaus ihr Wahl-spruch sein. Und die drei Funken ließ man eben ein wenig zap-peln. Aber es gab ein Happy End, die Freunde wurden Dreigestirn.

Konstantin resümiert: »Es gibt für mich nur zwei Zustände: Entweder bist du Prinz Karneval, oder du gehst zu Fuß bei den Roten Funken. Alles dazwischen ist nichts. Du glaubst gar nicht,

was du am Straßenrand erlebst. Das kannst du nur toppen, wenn
du Prinz bist. Prinz zu sein, das ist der Höhepunkt!« Konstantin
hat noch eine Idee. »Wäre es nicht für die Recherche an deinem
Buch hilfreich, selber beim Rosenmontagszug mitzugehen?« Ich
bin erst einmal sprachlos, denn das ist ja wohl eine rhetorische
Frage, die keiner Antwort bedarf. Konstantin verspricht, bei Gelegenheit mit dem Präsidenten der Funken darüber zu reden, versprechen könne er nichts.

Zum Abschluss des Abends besuche ich mit Ingo den Gedenkraum. Ein enger Turmraum, ein würdiger Ort für hunderte Por-
träts mit Namen, Spitznamen, Lebensdaten. »Unsere Funken-
Freunde«, sagt Ingo. Unter der Decke eine Tafel mit dem Gedicht:

Wer treu gedient als Funk auf Erden
Und mit uns ging in Freud und Leid
Der wird niemals vergessen werden
Gott grüß' ihn in der Ewigkeit

Viele Männer haben den Funken ihr Leben gewidmet, so wie
Theo Schaufuß, Präsident der Funken bis zum Ende des Ersten
Weltkriegs. Schaufuß, Spitzname »Theo de Pläät«, hat den Fun-
ken 15 000 Feldpostkarten vermacht, die ihm von den Funken im
Feld geschickt wurden. Er ist verarmt gestorben, weil er alles, was
er hatte, in Geschenke für die Funken an der Front investierte.
Die Funken sorgten dafür, dass er ehrenhaft begraben wurde.
Denn Funk, das wird mir im Gedenkraum klar, Funk ist man
nicht nur ein Leben lang, sondern auch über den Tod hinaus.
Deswegen ist Allerheiligen ein besonderes Datum im Termin-
kalender eines jeden Funks. Ingo lädt mich ein, am 1. November
am Trauerzug zur Gedenkstätte der Roten Funken teilzunehmen.

Die Knubbelabende müssen übrigens in Zukunft erst mal im
Exil stattfinden. Wegen Brandschutzauflagen muss die Ulrepforte
nämlich renoviert werden. Im Mittelalter konnte das Tor als Teil
der Stadtbefestigung 18 Monate einer Belagerung standhalten.

Brandschutzauflagen allerdings kann man nicht standhalten. Aber das ist auch nicht entscheidend, denn Funk ist man nicht nur in der Ülepooz. Die Funken sind gelebte Stadt- und Karnevalsgeschichte. Man kann sich über ihre Rituale amüsieren, aber sie leben diese Historie mit Freude und mit Freundlichkeit. Und das ganzjährig, auch außerhalb der Session. Entweder in Uniform oder in Anzug und Krawatte.

Kapitel 6

DER LARVENSCHNITZER
VON ROTTWEIL

**Was die Narrenmutter in der Kirche zu suchen hat –
Über die Kunst des Larvenschnitzens – Warum die
Rottweiler eitel sind – Ist Schwäbisch-Alemannische
Fastnacht wirklich langweilig?**

Rottweil, Ende Juli. Die Maske ist störrisch, sie will nicht, auch
nicht mit Gewalt. Eigentlich darf ich die Maske gar nicht Maske
nennen, aber das weiß ich zu diesem Zeitpunkt noch nicht. Halb
verrutscht sitzt sie auf meiner Stirn, ich kann nicht richtig durch
die Augenlöcher schauen, das Mundloch sitzt auf Höhe der
Nasenlöcher, schnäuzen ginge also zur Not. Und unten hängt
mein Kinn raus, das ergibt ein attraktives Doppelkinn aus hölzer-
nem Maskenkinn und fleischigem Menschenkinn. Ist das noch
närrisch? Nach den Regeln der Schwäbisch-Alemannischen Fastnacht ist das höchst unnärrisch. Sechs, setzen.

Aber irgendwie ist es ein Sinnbild: Einem Rheinländer kann
man die Gebräuche der Schwäbisch-Alemannischen Fastnacht
sehr schwer vermitteln, und die Larve verweigert den passge-
nauen Sitz. Pluspol und Pluspol eines Magnets stoßen sich ja auch
ab. Schon die Unterschiede im rheinischen Karneval zwischen
Köln und Düsseldorf und der Fastnacht in Mainz sind riesengroß.
Aber zwischen den närrischen Hochburgen des Rheinlands mit
seinen Sitzungen und Umzügen und dem Narrentreiben im

schwäbischen Raum scheinen Universen zu liegen. Werner Mezger, der größte Kenner der südwestdeutschen Fastnacht, hat es
sehr schön auf den Punkt gebracht:»Der eigene Mummenschanz
gilt den südwestdeutschen Narren geradezu als etwas Geheiligtes,
Karneval rheinischer Prägung dagegen erscheint vielen von ihnen wie eine Art Sündenfall der alten Fastnachtsidee. Es ist eine
Art Glaubenskrieg: Karneval kontra Fastnacht, Kostümierung
kontra Vermummung, Pappnase kontra Holzlarve, Spontaneität
kontra Ritual, Leichtsinn kontra Schwermut.«
    In meinem Jahr als Narr möchte ich mich diesen fremd an-
mutenden Gebräuchen, dieser (zumindest aus rheinischer Sicht)
terra incognita des Frohsinns annähern. Und ob es sich überhaupt
um Frohsinn handelt, was die Narren so treiben, das ist auf den
ersten Blick sowieso zweifelhaft. Aber wo soll man anfangen? Das
Verbreitungsgebiet der Schwäbisch-Alemannischen Fastnacht ist
groß. In knapp hundert Orten im Südwesten treiben die Narren
ihr Unwesen. In bekannten Städten wie Freiburg, Lindau, Ravens-
burg, Konstanz oder Offenburg. In unbekannteren Orten wie Zizenhausen, Gailingen und Krauchenwies. Das Gebiet ist im Westen begrenzt durch den Rhein, im Süden grob gesagt durch die
Grenze zur Schweiz (obwohl es auch alemannische Fastnachts-
Orte in der Schweiz gibt), im Osten durch die Grenze zu Ober-
bayern, im Norden durch eine gedachte Linie von Straßburg über
Stuttgart bis Ulm. Eine Art Zentrum des schwäbischen Narrentums ist Rottweil. Entschuldigung schon mal nach Villingen, Bad
Cannstatt und Zizenhausen. Über die Landesgrenzen ist der Rottweiler Narrensprung – auch durch die mediale Berichterstat-
tung – ein echtes Markenzeichen geworden.
    Am Bahnhof von Rottweil treffe ich Mathias Aiple, einen jun-
gen Architekten Anfang 30. Aiple ist einer von sieben aktiven Lar-
venschnitzern in Rottweil, *Larve* heißt die Maske also. Die Maske
ist in Rottweil eben keine *Maske*, sondern eine *Larve*. In Villingen
sagt man *Schemme*, andernorts tatsächlich *Maske*. Wenige Kilo-

meter trennen genauso das *Helau* vom *Alaaf* wie die *Maske* von der *Larve*. In Rottweil befinde ich mich im Larvenland. Als Larvenschnitzer scheint mir Mathias ein Mann der Praxis zu sein, der mir die Geheimnisse der Schwäbisch-Alemannischen Fastnacht erklären kann. Stimmt das denn, dass Rottweil, die älteste Stadt Baden-Württembergs, eine Ausnahmestellung im närrischen Südwestdeutschland einnimmt? »Tatsache ist«, sagt Mathias, »dass wir Rottweiler bei den anderen Narrenzünften als ziemlich eitel gelten.« Aber ist denn an diesem Vorurteil etwas dran, hake ich nach. Der Larvenschnitzer grinst: »Klar!«

Aiple hat ein umfassendes Narren-Besuchs-Programm zusammengestellt. Unsere erste Station, inmitten der Hauptstraße von Rottweil, ist das Stadtmuseum, in dem naturgemäß auch der närrische Aspekt der Stadt eine große Rolle spielt. Sehr beeindruckend ist ein liebevoll gestalteter perspektivischer Prospekt eines Narrensprungs, angefertigt von einem Tapeziermeister in den 1920er-Jahren. Neben uns stehen zwei ältere Frauen, schauen sich den Narrensprung aus Pappe skeptisch an. »Ich werd nie kapieren, was daran toll sein soll«, sagt die eine Frau zur anderen. »Das ist sooo langweilig«, bestätigt die andere. Mathias lächelt und flüstert mir zu: »Das denkst du auch, oder? Aber vielleicht findest du unsere Fasent spätestens am Fastnachtsdienstag nicht mehr so langweilig.«

Die Narren des Tapeziermeisters mit ihren Larven nähern sich dem Betrachter als Pappfiguren, auch die Zuschauer am Straßenrand sind zu sehen: originale Honoratioren der Stadt mit Zylindern, einige tragen aber merkwürdigerweise einen rot kolorierten türkischen Fes. Das ist kein Kostüm, es sind auch keine frühen Gastarbeiter, der Fes ist die originell-närrische Kopfbedeckung der Rottweiler Zuschauer. Der Fes galt als Verbeugung vor der Türkei, die zum Wohlstand der schwäbischen Stadt am Neckar beigetragen hatte. Denn türkische Gesandte versorgten während des Türkisch-Russischen Kriegs (1877/1878) die Rottweiler Pulver- und Patronenfabrik mit Aufträgen. Rüstungsexporte wurden damals ausschließlich positiv gesehen. Die Osmanen überbrachten bei ihren Besuchen am Neckar Fes, Kaffee und Orangen als Gastgeschenke. Der Fes blieb, die Türken nahmen die Waffen mit, um Russen zu erschießen. Kurioses historisches Detail: Die Rottweiler Waffenproduzenten taten sich mit Kölner Waffenbossen zusammen und gründeten die Köln-Rottweil AG. Ein Schulterschluss zwischen zwei närrischen Hochburgen, aber auf dem Gebiet des Schießpulvers. Das Schießpulver haben allerdings beide Orte nicht erfunden, genauso wenig wie den Karneval oder die Fastnacht.

Und der Hammer ist: Auch Rottweil war mal eine karnevalistische Hochburg! Mathias zeigt mir einen kleinen kolorierten länglichen Stich eines Karnevalsumzugs in Rottweil. Kein Narrensprung, sondern ein Umzug mit Prinz und Prunkwagen. Im 19. Jahrhundert wurde auch im schwäbisch-alemannischen Raum »Carneval« gefeiert, inklusive Sitzungs- und Straßenkarneval. Die Neuerfindung des Karnevals 1823 in Köln war ein derartiger Erfolg im deutschsprachigen Raum, dass auch in Rottweil, Villingen und Elzach die Larven und Narrenkleider in der Mottenkiste verschwanden.

Jeder Umzug stand wie im Rheinland unter einem Motto. Einige Themen der Karnevalsumzüge in Villingen verdeutlichen, wie sehr der Zeitgeist durch den schwäbischen Carneval wehte: »Festlicher Einzug von Vater Bacchus« hieß es 1843. Der »Große militärische Durchzug aller am Kriege 1870/71 beteiligten Waffengattungen beider Nationen« war keine Militärparade, sondern das karnevalistische Umzugsmotto 1872. »Die deutsche Expedition in Ostafrika« sorgte 1890 und der »Japanisch-Chinesische Krieg« 1896 für glänzende Laune im Villinger Carneval.

Während sich die schwäbische High Society bei den karnevalistischen Sitzungen und Umzügen amüsierte, bereiteten vor allem Handwerkerburschen eine närrische Konterrevolution vor.

Es gab Vorbehalte gegen die Karneval feiernde Oberschicht, man wollte wieder die traditionelle Fastnacht feiern, und so entstanden im Zeitraum von 1880 bis 1900 zahlreiche Narrenzünfte im schwäbisch-alemannischen Raum. Wer noch eine Mottenkiste hatte, holte die alten Holzlarven und Narrenkleider hervor. Wer keine Mottenkiste mehr hatte, musste zum Larvenschnitzer gehen und sich eine neue Holzmaske fertigen lassen. Und wer aktuell eine neue Larve braucht, geht vielleicht zu Mathias oder einem anderen der Rottweiler Larvenmacher.

Unsere nächste Station auf unserem närrischen Stadtrundgang ist das Münster von Rottweil, sozusagen der Kölner Dom des Städtchens, die Hauptkirche des Ortes. Man erwartet in einem altehrwürdigen katholischen Gotteshaus das übliche Figurenprogramm aus dem christlichen Kanon. Jesu Geburt, Baby Jesus sitzend und huldvoll winkend auf dem Schoß seiner Mutter Maria, die zwölf Apostel sollten auch nicht fehlen, diverse Highlights aus Christi Leben bis zum Kreuzweg und dem Ende auf Golgatha. Im Münster von Rottweil dagegen finden sich an den Kirchenbänken eher weltliche Schnitzereien: keine Bibelgeschichten, sondern Ornamente, eine Weinkelter, aber auch Schnitzereien mit Narrenbezug. Sehr beeindruckend ist die Narrenmutter mit Baby. Die Mama trägt eine Schellenkappe und einen Spiegel in der Hand, auf ihrem Arm ein fröhliches Narrenkind.

Die Kombination Mutter mit Kind kennt man im kirchlichen Zusammenhang eigentlich nur aus der Marienverehrung: die Mutter Gottes mit dem kleinen Jesus. Die mittelalterlichen Kirchgänger werden diesen Bezug sofort erkannt haben. War der schwäbische Katholik darüber entrüstet, oder hat er schelmisch gelächelt? An einer anderen Stuhlwange einer Kirchenbank sehen wir eine kostümierte Figur auf einem Hahn. Das ist die auch heute noch gebräuchliche Figur des *Gullers*, eines Narren, der auf einem Federvieh sitzt. Ein hoch erotisch aufgeladenes Motiv, ist der Hahn doch ein Symbol der Geilheit. Außerdem trägt der Narr einen phallischen Stab in der Hand. In Rottweil ist es möglich, dieses Motiv mitten im Kirchenschiff unterzubringen, sehr erstaunlich. Eine wirklich närrische Stadt. Mathias Aiple weist mich darauf hin, dass die gleichen Männer, die den Altar und die Kirchenbänke kunstvoll verzierten, im Nebenerwerb Larven geschnitzt haben.

Allerdings tragen interessanterweise die Narren in der Kirche keine Larven, hinter denen sie sich verstecken. Das Närrische lässt sich in Rottweil auf (kirchliche) Ursprünge bis ins Mittelalter zurückführen. Aber die Holzlarven scheinen nicht so traditionell zu sein, wie man auf den ersten Blick denken könnte. Auf jeden Fall ist es höchst erstaunlich, dass die Narren im Münster von Rottweil mit offenem Visier, ohne Maske ihren Schabernack treiben. Schon der Dichter Sebastian Brant schrieb in einem der größten spätmittelalterlichen Bestseller, dem *Narrenschiff* von 1494: »der tüfel hat das spil erdacht«, die Fastnacht wurde von der »civitas diaboli«, dem teuflischen Volk gefeiert. In Rottweil schafften die diabolischen Spiele es bis ins Münster.

Wir verlassen die Kirche und schlendern durch die Altstadt. Ich möchte von Mathias wissen, wie man in Rottweil Narr wird. Einfach kann es nicht sein, denn ich las bei meiner Recherche über einen Gerichtsprozess vor einigen Jahren, bei dem es um eine von der Rottweiler Narrenzunft abgelehnte Larve ging. Der Richter gab zu Protokoll, dass in Rottweil an 359 Tagen im Jahr Meinungsfreiheit herrsche, nur nicht an den sechs Tagen der Fastnacht. An den tollen Tagen bestimme die Narrenzunft, was Gesetz ist. Wenn man also Rottweiler Narr werden will, geht das so: Zunächst bewirbt man sich bei der Narrenzunft um eine Plakette, Voraussetzung ist, man kommt aus Rottweil oder Umgebung. Wenn man die Plakette hat, kommt man zu Mathias, der dann die gewünschte Larve macht. Mit der Larve und der Plakette meldet man sich – das ist die wichtigste »närrische« Tätigkeit zwischen Aschermittwoch und Beginn der Fastnacht am 6. Januar –

bei der Narrenzunft an. Bei dieser Anmeldung muss man die Larve und das Narrenkleid (in Rottweil *Kleidle* genannt) bei der Narrenzunft vorführen.

Anlässlich der Kostümabnahme gibt es bei der Narrenzunft ein Problemzimmer, da sitzen die historisch geschulten Experten und müssen die Zweifelsfälle begutachten. Wenn man da reinmuss, hat man schon ein ziemliches Problem, das ist nicht lustig. Denn zu den Aufgaben der Narrenzunft gehört nun mal die »Ausscheidung von Narrenkleidern aus dem Narrensprung, die als Ganzes oder in wesentlichen Teilen nicht den Rottweiler Originalen entsprechen«. Es gibt in Rottweil – wie in anderen schwäbisch-alemannischen Fastnachtshochburgen auch – nur eine Narrenzunft. *Die* Narrenzunft. Es hat also keinen Sinn, nach einer eventuellen Ablehnung einer Larve zu einer anderen Narren-Institution zu gehen. Der Fastnachts-Guru Werner Mezger resümiert: »Von einem wirklichen Ausbruch aus den Zwängen des Alltags, wie er im rheinischen Karneval möglich ist, kann in der schwäbisch-alemannischen Fasnacht nicht die Rede sein. Im Gegenteil, wer dort in Kleidle und Holzmaske schlüpft, unterwirft sich automatisch Ordnungen, die noch um vieles rigider sind als diejenigen im normalen Leben.«

Wenige Schritte vom Münster entfernt (alles in Rottweil scheint nur wenige Schritte entfernt), betreten wir ein 1717 erbautes Haus, das Elternhaus von Mathias, in dem er seine Werkstatt eingerichtet hat. Über der Werkbank hängen einige Larven, ältere seiner Arbeiten. Um mir ein erstes Gefühl für so eine Holzmaske zu geben, versuchen wir gemeinsam, eine von Mathias' Larven über meinen Kopf zu zwängen. Davon war ja zu Beginn des Kapitels schon die Rede, der Versuch verlief wenig erfolgreich. Also müsste man mir, wäre ich denn Rottweiler, eine passgenaue Larve anfertigen.

Der Larvenschnitzer vermisst meinen Kopf mit einem Zollstock, die Breite von Mitte der Nase bis zum Ende des Ohrs, dann die Tiefe von der Nasenspitze bis zur Rückseite meines Schädels. Mathias stöhnt: »Herrje, du hast aber einen großen Kopf.« Mathias kann ja mal bei meiner Mutter nachfragen, was die bei meiner Geburt gelitten hat. Ich kann mich nicht mehr so gut erinnern, obwohl ich dabei gewesen sein soll. Nach der Vermessung könnte er theoretisch loslegen, sagt Mathias. Aber müssen nicht erst die Honorarverhandlungen geführt werden? »Das machen wir bei der Fasent.« Nun gut, das lassen wir im Moment mal so stehen, obwohl ich ihm nicht so ganz abnehme, dass er das bei »echten« Kunden auch so macht. Ich werde beim Narrensprung sowieso nur Zuschauer in Zivil sein. Zur echten Larve fehlt mir das Rottweiler-Sein und sowieso das Zertifikat und die Erlaubnis der Narrenzunft.

Mathias spannt mit geübten Handgriffen einen Holzblock in die Werkbank ein, das ist der erste Schritt der Larvenfertigung. Der Larvenschnitzer entspricht vom Typ her eigentlich überhaupt nicht dem Bild vom gemütlichen, beleibten Holzhandwerker. Mathias ist vielmehr schlank und wahnsinnig geschickt, in allem, was er tut. Der massive Holzblock ist aus Schwarzwälder Lindenholz, wäre aber vom Umfang für meinen Kopf eindeutig zu klein. Auf der Werkbank liegen jede Menge Stemmeisen in allen Größen, Werkzeug im Wert von mehr als 1000 Euro. »Hier bitte«, Mathias reicht mir einen großen Beitel. Ich bin total überfordert, ich kann doch nicht einfach in den wertvollen Holzklotz reinhacken. Nachher hat die Larve keine Nase oder kein Kinn oder eine riesige Narbe quer durch das Gesicht. Wo ist denn überhaupt die Stirn? Mathias zeichnet mir das Gesicht auf den Block auf – im Profil liegend. Da erkenne ich die Larve im Holz. Mathias sagt: »Die Larve schlummert schon im Holz, man muss sie nur suchen.«

Das ist sehr schön gesagt, aber man muss eben auch ein Larvenflüsterer und Larvenerkenner sein, um sie zu erwecken. Ich versuche, ein wenig die großen Konturen wegzuschlagen. Die Be-

tonung liegt auf »versuchen«. Mathias übernimmt das Stemmeisen, und wie bei einem Funkenregen fliegen die Holzspäne bis
zur niedrigen Decke der Werkstatt meterhoch. Über der Werkbank hat der Larvenschnitzer in einem Rahmen unter Glas sämtliche Späne einer fertigen Larve gesammelt, sozusagen das Nega-
tiv-Material. Da kommt natürlich einiges zusammen. Ich frage
ihn, ob er denn schon mal so richtig danebengehauen hat. Aber er
hat wohl erst drei Holzblöcke so richtig verhunzt, das finde ich
echt wenig.

Mathias muss nicht nur auf die Außenansicht der Larve achten, sondern auch auf das Innere. Die Kunst ist es, beim Weg-
schnitzen des Innenteils die Larve schön dünn werden zu lassen,
damit sie wie eine zweite Haut anliegt – und genug Platz zum
Sprechen sollte auch sein. Seine leichteste Larve wog 210 Gramm.
Das ist der absolute Hammer, so leicht, aber trotzdem stabil und
unverwüstlich. Wenn er fertig ist mit einer Maske, ritzt er als
Signatur seine Initialen hinein, damit ist sie unverkennbar seine
Schöpfung – ein M mit darin verschränktem A. Die Sprayer würden so etwas einen Tag nennen. Traditionell müsste Mathias nach
dem Beenden der Schnitzarbeiten die unbemalte Maske zum sogenannten Fassmaler geben, der für die kunstvolle Bemalung
nach den Richtlinien der Narrenzunft verantwortlich ist. Sein
Lehrmeister, der ihm das Larvenschnitzen beigebracht hat, stellte
Mathias vor die Wahl: entweder schnitzen oder fassmalen, beides
würde nicht gehen. Ein Unding, wie Karneval und Fastnacht am
gleichen Ort. Aber Aiple hat sich nicht beirren lassen und ist
heute ein Meister beider Disziplinen, er fassmalt auch Larven,
die von Kollegen geschnitzt wurden. Der Arbeitsaufwand für jede
Larve ist dabei ungleich verteilt: drei Teile Schnitzen, ein Teil
Fassmalen.

Ab Oktober steht er jeden Abend an der Werkbank, nach der
Arbeit im Architekturbüro geht er kurz nach Hause, Familienpro-
gramm, dann in die Werkstatt, bis nach Mitternacht schnitzen,

schließlich nach Haus. Am schönsten ist es, sagt der Larvenschnitzer, wenn Schnee gefallen ist. Dann ist alles um ihn herum
ganz still, eine zauberhafte Atmosphäre. »Das ist sehr schön«,
schwärmt Mathias, »das hat etwas Archaisches, Altertümliches,
Ursprüngliches.« In so einem Moment fühlt er sich dem Altar-
und Larvenschnitzer sehr verbunden, der um 1850 in der gleichen
Werkstatt wie er geschnitzt hat.

Mathias erzählt, dass er mitunter totalen Stress hat, eine Larve
fertigzustellen. Einmal habe er eine Larve erst am Samstag vor
dem Narrensprung abgeliefert. Umso größer die Enttäuschung
am Aschermittwoch, als der Last-Minute-Larventräger bekannte:
»Mir ware't nicht da.« Na toll, und dafür die ganze Mühe und der
Stress. Aber die Larve hält ja im Bestfall 250 Jahre, mit der können
noch künftige Generationen narrenspringen. Aiple schafft fünf
bis maximal sieben Larven pro Jahr. Merkwürdigerweise ist der
Markt anscheinend nie gesättigt – obwohl jeder der registrierten
10 000 närrischen Rottweiler eine Maske besitzen müsste. Aber
einige Larvenbesitzer hängen ihre Schätze auch einfach in die
Wohnung.

Inzwischen hat Mathias von dem armen Holzblock abgelassen
und zwei kalte Bier gebracht. Er zeigt mir einige Bleistiftskizzen
seiner Fein-Entwürfe. Die einzelnen Figuren sind frontal und im
Profil gezeichnet, das ist hohe Kunst im Stil der alten Meister, das
hätte Dürer nicht besser hinbekommen. Es gibt unzählige Figuren, die seit Jahrhunderten fester Bestandteil der Rottweiler Fastnacht sind. Mir scheint, dass Mathias den *Federehannes* mag, eine
Version des Teufels. Allerdings hat die Larve des Federehannes
keine Hörner auf dem Kopf, sondern Hauer im Mund, ein bisschen wie ein Wildschwein. Wenn Mathias selber auf dem Narrensprung mitmacht (was die Regel ist), zieht er die Larve und das
Kleidle des Federehannes an. »Aber mein Narrenkleid schaust du
dir am besten an, wenn der *Abstauber* kommt.«

Was ist denn bitte schön der Abstauber? Okay, muss ich später nachfragen, denn Mathias erzählt begeistert von der Figur des *Schantle* mit seinem derben Männergesicht. Der Schantle war ein Rottweiler Original, eine unangenehme Person, der in zahlreiche Wirtshausschlägereien geriet und daher oft mit einer Kopfwunde dargestellt wird. Aber macht das überhaupt Spaß, so eine Figur nach total strengen Vorgaben zu gestalten? Denn wir sind in Rottweil und die Narrenzunft kennt kein Pardon. Mathias sagt: »Es gibt kein Richtig und kein Falsch, aber es gibt ein mehr Falsch.« Aiple hat noch nie eine Larve gemacht, die nicht abgenommen wurde – zum Glück. Mal ein Gedankenspiel: Wenn der Schantle es als Rottweiler Original zur Fastnachtsfigur geschafft hat, könnte man doch auch aktuelle, sogar lebende Persönlichkeiten als Maske zu neuen Figuren formen? Mathias gibt zu, dass er schon – real existierende – Charaktergesichter als Schantle geschnitzt hat. Und das ist erlaubt? »Das mache ich einfach.« Respekt, so etwas wie Fastnachts-Anarchie in Rottweil!

Viele Außenstehende verbinden mit der Schwäbisch-Alemannischen Fastnacht die Figur der Hexe. Es gibt traditionelle Hexen-Bräuche zum Beispiel in Bräunlingen auf der Baar. Am Sonntag vor der Fasnet springen und tanzen die Hexen mit ihren langen Röcken und knallroten Kopftüchern, der Maske mit der großen Höckernase und der fetten Warze durch die Stadt. Unter der Verkleidung stecken übrigens ausschließlich Männer. Und interessanterweise darf man danach in Bräunlingen – so schreibt es die Narrenzunft des Ortes vor – nicht mehr die Hexenmaske aufsetzen. Aber generell reagieren viele Traditionalisten der Schwäbisch-Alemannischen Fastnacht, auch Mathias, sehr allergisch auf Hexen. Denn die aktuellen Hexenzünfte im schwäbisch-alemannischen Gebiet haben keine lange Tradition, die meisten wurden vor ungefähr drei Jahrzehnten gegründet.

Mathias findet diese Hexenzünfte schlimm, weil der regionale Bezug nicht gepflegt wird. Auch Fastnachts-Versteher Werner Mezger sieht das so: »Seit den 1980er-Jahren beklagen die Brauchpfleger in den Dachorganisationen das Überhandnehmen der Hexen, vorzugsweise bei neu entstehenden Zünften, immer nachdrücklicher als Fehlentwicklung. Die Vereinigung Schwäbisch-Alemannischer Narrenzünfte hat mittlerweile sogar einen rigorosen ›Hexen-Stopp‹ ausgerufen.« Ein »Hexen-Stopp« ist natürlich auch nicht sehr schön, das ist ja eine Art Diskriminierung. Warum mögen die traditionellen Zünfte die Hexen nicht? Zum einen hat man die bestimmt berechtigte Sorge, dass durch eine Hexenschwemme die traditionelle Figurenvielfalt verloren geht. Zum anderen sind die meisten Hexenzünfte, wie gesagt, jüngeren Datums und stehen daher im Verdacht, einer reinen Party-, Spaß- und Sauf-Fastnacht Vorschub zu leisten. Nicht gut wäre es, wenn hinter der Ablehnung eine bewusste oder unbewusste Abneigung gegen die Mitwirkung von Frauen bei der Fastnacht stehen würde. Denn in den modernen Hexenzünften stecken zumeist »Weiber« unter den Hexenmasken. Wollen wir nicht hoffen, dass die Antipathie gegen zu selbstbewusste Frauen, die sich keinem närrischen Rollenbild fügen wollen, in eine moderne Hexenverfolgung mündet.

Es ist sehr schön, mit Mathias in seiner traditionellen Schnitzwerkstatt zu sitzen und Bier zu trinken. Der Raum atmet Historie, und Mathias vermittelt die Befriedigung, die sein Holzhandwerk ihm verschafft. Er hat zwar schon von Narrenzünften in anderen Orten gehört, die ihre Larven am 3-D-Drucker fertigen. Ihm ist aber nicht bange, dass seine Kunstfertigkeit ein Auslaufmodell ist: »Das mit dem 3-D-Drucker wird sich nicht durchsetzen, weil man unter dem Plastik schwitzt.« Klar, das Naturmaterial dagegen atmet, die im Holz schlummernde Larve wird zum zweiten Gesicht des Narren. Am Ende meines Treffens mit dem Larvenmacher von Rottweil stehen zwei Einladungen. Natürlich soll ich mir den Narrensprung anschauen. Am Fastnachtsdienstag werde ich als Zuschauer an der Hauptstraße versuchen, das Geheimnis des Narrensprungs zu ergründen. Mathias gibt mir das Versprechen, dass ich nach diesem Erlebnis den älteren Frauen im Museum nicht recht geben werde – die Rottweiler Fasent ist nicht langweilig. Zuerst aber werde ich am Dreikönigstag, Anfang nächsten Jahres, Gast bei Mathias und seiner Familie sein. Am Ehrentag der Heiligen Drei Könige ziehen die besagten Abstauber durch die Häuser – ich rätsele noch immer, was ich mir darunter vorzustellen habe. An diesem Tag beginnt die Fastnacht in Rottweil. Dann wird der rheinische Karnevalist die Schwäbisch-Alemannische Fastnacht ein wenig mehr verstehen. Und wahrscheinlich sogar Spaß daran haben.

Kapitel 7

FARK! – DIE MEERJUNGFRAUEN KOMMEN WIEDER

**Das bayerische Garderegiment nach der Apokalypse –
Ein Kostüm aus Hunderten Zahnrädern –
Die Power Rangers sind gar keine Power Rangers,
hätten mich aber fast eliminiert**

Saarland, im August. Ich lese in meiner regionalen Zeitung sehr merkwürdige Sätze:»Es gibt mehr Japan, und die Meerjungfrauen kommen wieder. Neu hinzugekommen ist das Heidiland.« Hallo? Mehr Japan? Reicht den Asiaten ihre Insel nicht mehr? Das Heidiland ist neu? So, so. Und die Meerjungfrauen kommen auch wieder? Ist das so eine Art Invasion der Undinen? Ich habe zunächst Zweifel, ob der Autor dieser Sätze noch sauber aufgeräumt ist im Oberstübchen. Wahrscheinlich ist aber alles in Ordnung – es geht einfach um die FARK, die Fantasy- und Rollenspieler-Konvention im Saarland.

Auf den ersten Blick gehören Kostüme zwingend zu Karneval und Fastnacht. Auf den zweiten Blick ist das allerdings mehr als fraglich. Immerhin war es bis in die Mitte des letzten Jahrhunderts üblich, die närrischen Umzüge am Rhein in ziviler Kleidung am Straßenrand zu verfolgen. So ist es bei der Schwäbisch-Alemannischen Fastnacht oder beim Morgestraich in Basel auch heute noch. Und es ist auch noch nicht so lange her, dass der Dresscode bei Fastnachtsitzungen in schicker Abendgarderobe bestand. Das Kostüm war eher eine Sache für Kinder. Aber während in den letzten Jahren die Kostümierung der Narren extrem fortschreitet, haben sich auch in Nischen der populären Kultur Parallelwelten entwickelt, die aus Kostümen ein ganzes Lebensgefühl entwickeln.

Ich stelle meinen Wagen auf dem staubigen Parkplatz des ehemaligen Industrie-Standorts Landsweiler-Reden in der Nähe von Neunkirchen ab. Ein ehemaliges Grubengelände mitten im Saarland. Neben mir steigen vier Aliens mit gruseligen Masken aus einem Kleinwagen aus, Autokennzeichen PS – Pirmasens in der Westpfalz. Aus Sicht eines Saarländers sind alle Pfälzer Außerirdische.

Das Festivalgelände der FARK sieht aus wie ein überdimensioniertes Zeltlager. Eintritt muss man nicht zahlen, eine Spende für einen guten Zweck ist möglich und erwünscht. Ich komme auf den ersten Metern aus dem Lachen und Staunen nicht mehr raus. Ich sehe Elfen und Wikinger. Eine Frau ist am ganzen Körper schlumpfblau angemalt, ein Wesen von einem anderen Stern. Zwei Ghostbusters, ältere Herren weit jenseits der 60, müssen ihre Gerätschaften einchecken, jede Waffe bekommt wie beim Handgepäck am Flughafen ein Erkennungs-Bändchen. Viele kostümierte Menschen sind umringt von Hobbyfotografen mit riesigen Objektiven, andere Zuschauer machen Fotos mit ihren Smartphones. Das Festivalgelände ist ein riesiger Laufsteg, die Kostümierten wollen ihr Outfit präsentieren, sie wollen gesehen werden, sie wollen fotografiert werden. Die Aliens, Elfen und Wikinger sind ja auch auf der sicheren Seite – die Google-Gesichtserkennung funktioniert nicht, das ganze Theater um die Persönlichkeitsrechte entfällt, man ist ja Ghostbuster oder Endzeit-Mensch oder Steampunk.

Um etwas Ordnung in das Chaos in meinem Kopf zu bringen, besuche ich den Chef der Veranstaltung in einem umgebauten Schulbus mitten auf dem FARK-Gelände. Benjamin stellt die Fantasie- und Rollenspiel-Konvention in Landsweiler-Reden schon zum fünften Mal auf die Beine. Die FARK ist ein Event, zu dem ein Drittel der Besucher in teilweise extrem aufwändigen Kostümen anreist. Auch auf der Kölner Games Com und der Leipziger Buchmesse treffen sich regelmäßig verstärkt jüngere, aber auch ältere Menschen, die in andere Rollen schlüpfen. Ist das jetzt Fastnacht im Sommer, Kostümparty im August? Benjamin lacht. Bei der Fastnacht gehe es doch vor allem darum, über die Stränge zu schlagen. Viel Alkohol trinken und sich danebenbenehmen, Urlaub vom Ich. Der Fokus beim Costuming, so nennt Benjamin neudeutsch den Verkleidungsirrsinn auf seinem Festival, liege auf dem Kostüm. »Man will etwas erleben. Schau mal aus dem Fenster!« Wie auf einem Hochsitz können wir den zentralen Platz des Konvents überblicken – Jäger auf der Pirsch sozusagen. »Da drüben rennen gerade zwei Apokalypse-Überlebende mit Kettensägen über den Platz.« Das ist weder zu übersehen noch zu überhören. Zwei Typen in zerfetzter Kleidung duellieren sich, der Lärm ist unfassbar. Alles etwas bedrohlich, bis ich kapiere, dass es sich um Fake-Maschinen handelt, die aber sehr real dampfen und kreischen. Eigentlich beruhigend, dass diese Randale nicht am Rande eines Rosenmontagszugs stattfindet. »Die Leute beim Fasching haben keinen Respekt mehr vor der Kostümkunst«, sagt Benjamin.

Na ja, das darf er allerdings den Narren in Rottweil und Villingen nicht sagen, die sich sehr viel Mühe mit ihren Masken und Narrenkleidern geben. Aber Benjamin meint wohl eher die Mainstream-Fastnacht der feucht-fröhlichen Partys, für die vor ein paar Jahrzehnten noch aufwändig Kostüme gebastelt wurden. Heute, sagt Benjamin, geht man zu Helga Schikofsky nach Köllerbach (da muss ich im nächsten Kapitel dringend hin), man leiht sich auf die Schnelle etwas oder kauft sich einen Fummel bei *Deiters*.

Bevor ich zur FARK kam, hatte ich schon von Cosplay gehört.

Ist das denn nun das gleiche wie Costuming? Ich spreche Costuming aus wie Kostüming, aber Benjamin korrigiert mich. Es heißt: Kastjuming. Und nein, Cosplay sei eine Spielart des Costuming, insgesamt sind (nach Benjamins Schätzung) ungefähr zwischen 2,5 und 3 Millionen Menschen in Deutschland in der Costuming-Szene aktiv. Diese Schätzung finde ich, ehrlich gesagt, äußerst gewagt, und das sage ich auch. Aber da nimmt Benjamin Fahrt auf:»Aalso: Es gibt 200 000 Cosplayer, 20 000 Steampunker, 100 000 Larper (Fans von Live-Action-Role-Players), 1,2 Millionen Mittelalterfans mit Gewandung, 5000 Endzeit-Leute, 5000 Menschen aus dem Bereich Sci-Fi ...«, er überlegt kurz und fährt dann fort:»3000 Piratenlarper, 6000 Western-Indiana-Darsteller, 4000 Militaria-Fans, 4000 Victorians, 3000 Vampire. Das sind schon mal zusammen 1,55 Millionen Fans, die regelmäßig eine Gewandung beziehungsweise ein Kostüm tragen. Dazu kommen im Costuming noch all die Bereiche hinzu, die wir dem Folkloristischen zuordnen, und die Gelegenheitsgewandeten. Und überleg mal, dass zu den größten 20 Costuming-Veranstaltungen ungefähr zusammen 1,2 Millionen gewandete Besucher kommen.« Puh, was für ein gigantisches Paralleluniversum. Aber Gott sei Dank leben nur 3000 Vampire unter uns.

Es folgt ein kurzes, aber intensives Proseminar über einige Spielarten des Costuming. Beim Cosplay übernimmt man einen Charakter aus einem Comic, einem Buch, einem asiatischen Anime. Reenactment bezeichnet die Menschen, die historisch sehr korrekte Kostüme zum Beispiel aus dem Mittelalter tragen. Die Reenactment-Leute stellen außerdem Hunnen, Wikinger, preußische Soldaten oder römische Legionäre dar. Für ein historisches Buchprojekt bin ich vor ein paar Jahren als römischer Legionär mit einer 32 Kilogramm schweren Ausrüstung durch den Hunsrück marschiert. Ich habe festgestellt, beim Reenactment nimmt man die historische Glaubwürdigkeit sehr ernst. Auch Live-Rollenspiele gehören zum Costuming. Bei dieser kos-

tümierten Spielart treffen sich in Felle und Leinen gekleidete
Menschen im Wald und dengeln mit Äxten und Schwertern (aus
Plaste und Elaste) aufeinander ein. So eine Art Hooligan-Treffen
ohne Verletzte und mit Spielregeln. Die Endzeit-Menschen und
die Steampunks gehören sowieso zum Costuming, natürlich auch
die Meerjungfrauen. Ich freue mich schon auf meinen Rundgang
über das Gelände. Vor dem Veranstalter-Bus treffe ich meine Tochter Nora,
19 Jahre alt. Sie ist heute mit einer rosafarbenen Perücke als Ruby
und einem Riesen-Dings, wahrscheinlich einer Waffe, auf der
FARK unterwegs. Was ist der Reiz am Cosplay?»Ich sehe das eher
als handwerkliche Herausforderung«, sagt Nora,»aber oft ist es
auch eine Flucht aus der Realität. Man verkleidet sich – meist zusammen – als der- oder diejenige, deren Eigenschaften, Fähigkei-
ten oder Aussehen man gerne hätte. Ich habe mal einen getroffen,
der war krass, der ist Dante aus Devil May Cry (ach der, na klar,
der alte Dante, Fegefeuer und so, nicht verwandt mit der Alti
Dante aus Basel). Der Dante-Darsteller ist jeden Tag im wirklichen Leben so rumgelaufen, der war einfach so.« Es gibt keine
Kostümpause beim Cosplay, keinen Aschermittwoch. Cosplay ist
für viele junge Menschen eher eine Lebensphilosophie. Womöglich fühlen sie sich eher im»normalen« Leben verkleidet und gefangen in den Zwängen des Alltags.

Für Nora wie für die meisten Cosplayer ist ein entscheidender
Spaß an der Sache das Nähen der Kostüme und das Konstruieren
der Accessoires wie Flügel oder Waffen. Die Arbeit an einem Kostüm kann unter Umständen ein ganzes Jahr dauern. Da es Tausende von potenziellen Charakteren gibt, bekommt man ein
Cosplay-Kostüm nicht von der Stange. Nora erzählt:»Man trifft
sich mit Freunden, näht und bastelt zusammen. Es gibt meist
keine Pläne oder Schnittmuster, niemand sagt einem, wie man
den Suit von Ironman baut. Als ich angefangen habe, die *Crescent
Rose* zu bauen, die Waffe von Ruby, musste ich alles zeichnen und

neu konstruieren. Mittlerweile gibt es da auch Anleitungen auf YouTube.« Das Ding, das Nora unter dem Arm trägt, ist eine Sense, die gleichzeitig auch ein Sniper, ein Scharfschützengewehr, ist. Und der Name dieser tödlichen Sensenmann-Waffe ist Crescent Rose.

Verträgt sich eigentlich das Tragen einer tödlichen Cosplay-Waffe mit den Idealen von *Fridays for Future*? Auf den ersten Blick ist die Generation Cosplay ziemlich deckungsgleich mit der *Fridays-for-Future*-Generation. Und eine Crescent Rose kann man auch prima gegen Klimaleugner einsetzen. Auf den zweiten Blick scheinen mir aber beide Interessengruppen über eine sehr geringe Schnittmenge zu verfügen, da die Ideale, Ängste und Motivationen doch ziemlich weit auseinandergehen.

Nora verabschiedet sich und zieht mit ihren Cosplay-Freunden über das Gelände. Jetzt bin ich ja schon fast Profi für Costuming und speziell für Cosplay. Immerhin kenne ich schon Dante und Crescent Rose. Also spreche ich beherzt zwei junge Männer in rot-weißen und blau-weißen Ganzkörperkostümen an, die Gesichter sind unter einem glatt polierten Helm nicht sichtbar.»Ihr seid doch die Power Rangers?«, vermute ich, froh, ein Kostüm Charakteren zuordnen zu können, die ich noch aus früheren Zeiten kenne. Die beiden Superhelden zucken zusammen, sie sind tödlich beleidigt.»Wir sind Schaber Rider«, höre ich nach dreimaligem Nachfragen heraus. Der Helm und der schwäbische Dialekt verhindern, dass ich die beiden ausreichend verstehe. Also wohl doch keine Power Rangers. Gut, dass die beiden keine Sensen-Waffe oder Kettensäge dabeihaben, aber auch ihre Blicke können töten.

Ich verziehe mich in die Steampunk-Halle. Dort gibt es alles für Fans des gepflegten viktorianischen Kostüms des 19. Jahrhunderts mit Hang zu obskuren Brillen und Technik-Kram. Bauschige Röcke für die Damen, Zylinder und verdunkelte Schweißerbrillen für die Herren, dazu Schmuck, Pistolen, Stiefel, Lederhandschuhe, Lupen, Fernrohre, Gehstöcke. Alles von Steampunk-Händlern zu erwerben, die ebenfalls in Steampunk-Klamotten an ihrem Stand sitzen. Ich sehe viele Steampunks im Seniorenalter, die haben die Welt von Jules Verne, um die es mehr oder weniger geht, ja fast noch live erlebt. Der normale Steampunker kauft sich also sein Outfit individuell zusammen, man schlüpft nicht in einen bestimmten Charakter, sondern feiert das Spezielle. Man muss sich eine Steampunk-Ausstattung leisten können, das teuerste Kostüm auf der FARK ist eine Spezialanfertigung für 9000 Euro. Winzige Zahnräder verdrehen sich, wenn der vollautomatische Rock in Bewegung kommt. Die Mechanik sieht aus wie Stoff, ist aber feinste Technik. Viele Kostüme beim Costuming, egal ob gekauft oder liebevoll selbst gestaltet, sind genau so viel wert wie die Uniform der Roten Funken oder das Kleidle inklusive Maske in Rottweil.

Von der Steampunk-Halle gehe ich der Apokalypse entgegen, vorbei am Wrestling-Kampfplatz und dem Schwimmbecken für die Meerjungfrauen. In einer dunklen Unterführung muss ich mich an fünf Aliens mit Dreadlocks und gleißenden Augen vorbeiquetschen, die Sabbergeräusche von sich geben. Die Menschen hinter diesem Kostüm sind nicht mehr zu erkennen, vielleicht ist das ja besser so. Auf diese Weise können sie nicht von Arbeitskollegen oder Freunden erkannt werden, und müssen nicht erklären, warum sie in ihrer Freizeit sabbernde, knarzende, glutäugige Aliens mit Dreadlocks sind.

An den hoch aufragenden Röhren des Industriegeländes stehen verrostete Motorräder, Jeeps und Fahrzeuge, die fantasievoll bemalt und ausgestattet sind. Ich befinde mich auf dem Areal der postapokalyptischen Endzeit-Leute im *Mad-Max*-Ambiente. Zu Beginn und zum Abschluss des Konvents gibt es einen Corso, eine Art Umzug dieser dystopischen Gefährte. Alle Fahrzeuge sind erstaunlicherweise fahrtüchtig, wobei der TÜV wahrscheinlich erhebliche Probleme hätte, sie für den Straßenverkehr freizu-

geben – es sei denn, die Apokalypse stünde wirklich unmittelbar
bevor. Die endzeitlichen Menschen, die diese Vehikel steuern, haben in
unterschiedlichen Gruppen ihre Lager errichtet. Ich bin begeistert
vom BGR, dem Bayerischen Garderegiment. Das hört sich erst mal
gar nicht so weit entfernt an von den närrischen Mainzer Garden
oder der Kölner Bürgergarde. Aber wenn man die Outfits vergleicht, liegen Welten dazwischen. Geschmückt ist das Lager mit
bayerischen Devotionalien, volkstümlichen Gemälden, Kästchen
und Kistchen stehen auf einem Holztisch herum, die Kalaschnikow
an der Zeltwand zieren bayerische Rauten, und ein Porträt von König Ludwig darf auch nicht fehlen. Zwei Bayern haben die Apokalypse anscheinend überlebt, sie sitzen am Tisch mit Lederhose,
Karohemd und Militärhelm, einer zündet sich gerade eine lange
Pfeife an und muss dabei aufpassen, dass nicht sein kunstvoll ge-
zwirbelter Bart in Flammen aufgeht. Ich frage den bayerischen *Mad
Max*, ob er in diesem Outfit auch auf die Wiesn geht. Die Antwort:
»Ich bin ein echter Bayer, ich gehe gar nicht aufs Oktoberfest.«

Die Endzeit-Leute und Steampunks beherrschen die Kunst des
Freestyles. Beide Gruppen haben sich eine Welt gesucht, in der
sich jeder individuell austoben kann. Die Cosplayer dagegen sind
bis ins Detail einem ganz bestimmten und definierten Charakter
verpflichtet. Lustigerweise gibt es bei der FARK eine Schlacht, in
der die Endzeit gegen den Steampunk kämpft. Gegen die Cosplayer kämpft keiner, obwohl die auch Waffen haben. Auch Musik
spielt bei der FARK eine Rolle, auf zwei Bühnen spielen sehr unterschiedliche Bands. Zum Beispiel die Steampunk-Band *Aero-
nautica*, die Zombie-Band *Unknown* und die Mittelalter-Rock-
Band *Feuerschwanz*. Diese Mitteltalter-Bands haben generell die
originellsten Namen. Angefangen mit dem Klassiker aus den
1970er-Jahren: *Ougenweide*. Sehr beliebt ist der Buchstabe Ypsilon
bei den korrekt gewandeten Musikkapellen: *Schlamperey, Dreyer-
ley, Rabenschrey* und *Murkeley*. Nicht zu vergessen: *Die wilden*

Weyber. Schön auch: *Die Dudelzwerge, Zackenflanke, Fatzwerk* und *Liederlicher Unfug.* Die Musiker nehmen – wie die gesamte Mittelalterszene und eigentlich alle Costuming-Fans – auch ihre Kostümierung sehr ernst. Auf jeden Fall wesentlich ernster als die Verwaltungsangestellte, die sich an den tollen Tagen als Pippi Langstrumpf verkleidet.

Auf der FARK sieht man die bunte Vielfalt des Costuming, und man spürt, wie sehr Menschen es lieben, sich unter Gleichgesinnten aufzuhalten und auch zu zeigen, dass sie gleiche Interessen haben. Der Fußballfan geht gerne im Trikot ins Stadion, sehr viele machen das. Und der Heavy-Metal-Fan hat im Zweifelsfall ein Shirt seiner Lieblingsband an. Meine Tochter Nora sagt:»Das Cosplay-Kostüm ist im Grunde ein ausgestaltetes Fan-T-Shirt.« Vielleicht ist Costuming auch ein Zeichen der größeren gesellschaftlichen Ausdifferenzierung, die es heute in allen Bereichen gibt – in der Kultur, beim TV-Konsum, in der Politik, in der Arbeitswelt. Fastnacht und Karneval waren früher die einzigen Gelegenheiten, sich närrisch im Kostüm zu zeigen.

Diese Zeiten sind vorbei, es gibt unzählige weitere kostümierte Parallelwelten. Aber die Costuming-Leute sind im eigentlichen Sinne nicht närrisch. Im Karneval und auf dem Oktoberfest dienen die Kostüme oder die Trachten als Mittel zur Entgrenzung, so angetan, darf ich auf gut Deutsch die Sau rauslassen, ich darf etwas, was ich sonst nicht darf. Die Leute auf der FARK sind trotz ihrer irrwitzigen Verkleidungen sehr normal. Keine Alkoholexzesse, keine sexuellen Ausschweifungen wie an Weiberfastnacht in Köln. Auch die ausgelassene Fröhlichkeit des rheinischen Karnevals kommt nicht auf. Aber als Zuschauer hat man einen großen Spaß, und ich kann nur jedem Narren empfehlen, Events wie die FARK zu besuchen, um den eigenen Horizont der kostümierten Welten zu erweitern. Und wer weiß, vielleicht gehe ich ja bei der nächsten Fastnacht als Steampunk. Es muss ja nicht das Kostüm für 9000 Euro sein.

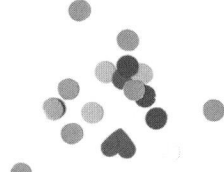

Kapitel 8

TRACHT KAUFEN?
KOSTÜM LEIHEN

**Warum ich in der Lederhose schwimmen soll –
Die Köllerbacher Kostüm-Koryphäe – Wie lange vor
dem Oktoberfest man ein Outfit bestellen sollte**

Ich gehe zum ersten Mal zum Oktoberfest. Vielleicht trinke ich
ein oder zwei Bier gegen den Durst, zur Not auch eins über den
Durst, aber vor allem werde ich als knallharter Narren-Recher-
cheur nach Bayern fahren. Denn die Lust an der Kostümierung ist
auf der Wiesn allgegenwärtig.

Wie bitte? Ein Dirndl oder eine Krachlederne, das sind doch
Trachten, das ist Tradition, das hat überhaupt nichts mit Fasching
und Karneval zu tun. Allerdings kommt die Mehrzahl der Okto-
berfest-Besucher nicht aus Bayern. Es handelt sich vielmehr um
»Zuagroaste«, Zugereiste also aus Oberhausen, Oslo oder Osaka.
Wenn diese auswärtigen Feierbiester sich »angemessen« für das
Maßbier-Ereignis kleiden wollen, kaufen sie entweder eine sünd-
haft teure Originaltracht, oder eine nicht ganz so teure aus chine-
sischer Fabrikation, oder sie gehen direkt zum größten Karne-
valshändler der Welt und statten sich bei *Deiters* aus. Und schon
wird die Tracht zum Kostüm.

Ich habe das erstaunliche Gerücht gehört, die Münchner seien
früher zu ihrem Bierfest in den ältesten Jeans und T-Shirts gegangen. Man weiß ja nie, ob nicht ein Maßkrug umfällt oder ein Bäu-

erchen auf der Hose landet. Auf die Idee, so heißt es, mit der feinen Sonntagstracht aufs Oktoberfest zu gehen, sei damals niemand gekommen. Wer wissen will, wie die Kleiderordnung auf dem Münchner Oktoberfest war, kann sich den Beginn des Walter-Matthau-Films *Agentenpoker* aus dem Jahr 1980 anschauen. Im Wiesn-Zelt spielt die Kapelle auf, es wird geschunkelt, die Maßkrüge werden gestemmt, aber nicht ein einziger Besucher ist mit einem Trachtenkostüm verkleidet. Anzug mit Krawatte, beigefarbene Kunstlederjacke auf Langkragenhemd, Trenchcoat (nun gut, auch eine Verkleidung, es ist ja ein Agentenfilm) sind die bevorzugte Mode. Und auch die Frauen tragen (außer der Bedienung) kein Dirndl.

Aber da heutzutage nun mal Karohemd und Krachlederne zum männlichen Wiesn-Standard gehören, werde ich mich passend in Schale werfen. Nichts wie hin also zum Kostümverleih in Köllerbach. Ich wohne seit elf Jahren der Liebe wegen im Saarland, die längste Zeit davon in Köllerbach zwischen Saarbrücken und Saarlouis. Der Ort ist nach dem Köllerbach benannt, der durch das Köllertal fließt. Seinen Namen hat der Köllerbach vom ehemaligen Dorf Kölln, irgendwann haben die saarländischen Ureinwohner sprachlich den Köllner Bach zu Köllerbach gemacht. Man muss nämlich auch wissen, dass vor gut 100 Jahren der Ortsteil Kölln noch mit einem »l« geschrieben wurde, damals gab es also tatsächlich ein Köln an der Saar.

Es ist also nicht weiter verwunderlich, dass Frau Schikofsky vor 45 Jahren in Kölln an der Saar begann, Kostüme zu verleihen. Es fing mit einem Schreib- und Spielwarengeschäft an, gegenüber dem Kindergarten. Frau Schikofsky verkaufte neben Lego und Playmobil auch Kinderkostüme, »richtig schöne, teure Kostüme«, sagt sie. »Als ich immer öfter gefragt wurde, ob man die auch leihen kann, habe ich die auch verliehen. Dann kamen die Erwachsenenkostüme, ich habe am Anfang 20 Kostüme gehabt. Von den Leihgebühren habe ich den Bestand ständig erweitert.« Mittlerweile hat sie einen Bestand von 8000 Kostümen auf zwei Etagen. Frau Schikofskys Geschäft läuft und wächst. Inzwischen ist sie neunmal umgezogen. In speziellen Räumen sind die Kostüme untergebracht, zum Beispiel im Barockzimmer oder im Mittelalterzimmer. Im Herrenzimmer bekommt man Fracks, Smokings und Stöcke. Auch der Bräutigam und der Brautvater können sich ihr Kostüm, Verzeihung: das Fest-Outfit, in Köllerbach leihen. Eine sehr sinnvolle Sache, denn ein Hochzeits-Outfit braucht man meistens nur einmal im Leben. Oder zweimal. Manchmal auch noch öfter, aber das ist ein anderes Thema.

Am meisten los ist bei Frau Schikofsky aber natürlich zur Fastnachtzeit. Fastnacht, das ist im Saarland die Faasent, die Narren sind nicht jeck, sondern verbootzt. Ab Dezember strömen die *Faasent-Bootze* in Frau Schikofskys Laden und werden von bis zu acht Mitarbeiterinnen bedient. Manchmal kommen größere Gruppen, die nach Köln oder Mainz fahren, um dort zu feiern. »Wir haben sehr viel Prominenz als Kundschaft«, betont Frau Schikofsky. Der Intendant des Saarländischen Rundfunks leihe sich sein Kostüm in Köllerbach aus, genauso wie ein mir persönlich bekannter Landrat, ein regelrechtes Feierbiest. Der ziehe alles an, was ihm Frau Schikofsky hinlege, sagt sie. Auch Klamotten, bei denen alle anderen Männer streiken würden, extrem hohe Plateau-Schuhe zum Beispiel. Halloween dagegen laufe nicht mehr so gut wie vor ein paar Jahren. Das liege daran, dass es die größte Party in Saarbrücken nicht mehr gebe, nur noch private Grusel-Partys, daher sei der Bedarf nicht mehr so groß.

Aber während des Oktoberfests boomt die Nachfrage immer mehr, daher sind insgesamt 200 Lederhosen im Angebot. Und eine davon muss ich auswählen.

Das ist gar nicht so einfach, wie ich dachte. Erste Entscheidung: kurze oder lange Bux? Die Mitarbeiterin von Frau Schikofsky rät: kurz, das sei im Trend. Ich finde kurze Hose auch besser, da man

so meine Knie besser sieht. Es ist tatsächlich wissenschaftlich erwiesen, dass das männliche Knie das Körperteil ist, welches
Frauen am meisten erotisiert. Unterbewusst. In Tanzstudien der
Northumbria University ist festgestellt worden, dass die Libido
von Frauen besonders auf das rechte Knie des Mannes anspricht.
Merkwürdig nur, dass das linke Knie nicht so sexy ist.
Die erste Hose, die ich anprobiere, ist riesig, der Bund steht
ab, da würde selbst Obelix doppelt reinpassen. Ich probiere eine
Nummer kleiner, aber zu eng solle es auch nicht sein, werde
ich beraten, denn der Bund muss schwimmend sitzen. Aber ich
will doch keine Badehose! Ich werde ermahnt, die Hosenträger
am Zwickel hinten immer über Kreuz zu legen, denn sonst rutschen die Träger runter, dann haben die keinen Halt. Ich merke,
dass ich ein echter Lederhosen-Anfänger bin. Dazu noch ein
Karohemd, fertig. Ich solle dann beim Oktoberfest die Ärmel
»hochkrempele, das sieht lässiger aus«. Werde ich machen, versprochen.
Die Reservierung gegen Vorkasse nimmt dann wieder die
Chefin persönlich vor. 43 Euro kostet der Spaß, 35 Euro alleine für
die Lederhose. Es ist gut, dass ich schon 40 Tage (eine Fastenzeit
lang!) vor meinem Oktoberfest-Trip hier bin. Denn die saarländischen Oktoberfeste in Merzig, Bous, St. Ingbert und Homburg
(immerhin waren die beiden letztgenannten Orte bis 1918 bayerisch) beginnen ebenfalls am letzten September-Wochenende, da
werden alle 200 Lederhosen ausgebucht sein.
Frau Schikofsky weist mich darauf hin, dass man alle Kostüme
nicht nur leihen, sondern auch kaufen könne. »Und wir haben
sehr viel Kunden aus Frankreich und Luxemburg, die haben da
keinen Kostümverleih. Die kaufen ganz viel.« So wird ein kleiner
Kostümverleih aus Köllerbach zum Verkleidungs-Großhändler
der gesamten Region. Wirklich schön finde ich, dass die saarländische Herrin der Kostüme auch schon eine Nachfolgerin hat.
Ihre Tochter wird das Geschäft weiterführen, auch die fünf Enkel

sind sehr interessiert. Ich bedanke mich für das Gespräch und die Reservierung des Oktoberfest-Outfits. Noch 40 Tage, dann werde ich mich auf den Weg nach München machen. Mal schauen, ob denen auffällt, dass meine Lederhose nicht bayerisch, sondern saarländisch ist.

Kapitel 9

KARNEVAL IM SOMMER –
JECK IM SUNNESCHING

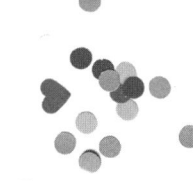

**Der einzige Narr am Bahnhof in Düsseldorf –
Das sieht ja toll aus! – Die kegelnden Matrosen vom
Niederrhein – Wer zum Teufel ist Planschemalöör?**

Rheinland, Anfang September. Ich sitze mit meinem Kostüm in
der Düsseldorfer Straßenbahn und muss an mein Gespräch mit
Wolfgang Oelsner denken. Oelsner ist der renommierteste Kar-
neval-Psychologe Deutschlands und hat beschrieben, wie es ist,
wenn man sich im Kostüm wie ein Alien fühlt, angestarrt von der
Außenwelt. Oelsner meint: »Jugendliche gehen zu einer Motto-
Party im Sommer verschämt mit einer großen Plastiktüte unter
dem Arm und ziehen sich hinter dem Gebüsch um. Die Spielregel
wie im Karneval – alle sind kostümiert, wird verletzt. Jeder kennt
dieses komische Scham-Gefühl, wenn man in Kostüm zu Karneval aus dem Haus geht: ›O Gott, ich blamiere mich total.‹ Kaum ist
man fünf Minuten draußen, ist diese Scham weg, alle machen das
ja. Und diese Kollektiverfahrung gehört dazu.«
 Allerdings kann von einer Kollektiverfahrung Anfang September in Düsseldorf nicht die Rede sein. Ich komme von einer Wan-
dermesse, habe mich im Hotel ins Kostüm geschmissen und bin
auf dem Weg zur Veranstaltung »Jeck im Sunnesching« in Köln.
Das rot-weiße Stadtsoldaten-Kostüm und den Dreispitz habe ich
im April bei *Deiters* im Karnevalskaufhaus gekauft. Ich scheine

seitdem einige Pfunde verloren zu haben – die Hose rutscht bedenklich. Ich überlege, ins Hotel zurückzugehen und einen Gürtel zu holen. Aber die weiße Hose ist eben Teil eines Kostüms und hat keine Schlaufen für einen Gürtel. Es wird schon gehen, muss ich eben die Buxe während des Gehens festhalten, damit sie mir nicht in die Kniekehlen rutscht.

Im Hauptbahnhof von Düsseldorf ist die Hölle los, aber erstaunlicherweise tun die meisten Menschen so, als wäre es das normalste der Welt, im Spätsommer kostümiert durch die Gegend zu marschieren. Ich höre nur ein leises »Ja, ist denn heut' schon Fasching?« hinter meinem Rücken. Und dann werde ich von einer Gruppe in Outdoor-Klamotten als Wanderpapst begrüßt. So richtig scheint die Verkleidung also nicht zu funktionieren, schließlich werde ich trotz Kostüm erkannt. Ich setze mich im ICE ins Zugrestaurant, am Tisch neben mir nimmt eine blonde Mittvierzigerin Platz und sagt: »Das sieht toll aus!« Ich gebe ihr zu verstehen, dass mir mein Outfit eher unangenehm ist, sogar äußerst unangenehm. Aber davon will sie gar nichts wissen. Beim Aussteigen in Köln-Deutz gehe ich an einem jungen Mann vorbei, auch er findet: »Sie sehen aber gut aus!« Ich bin überrascht: Vielleicht sollte ich ja öfter völlig anlasslos mit meinem Kostüm Zug fahren, wenn man da so schöne Komplimente bekommt.

In Deutz ist der Tunnel unter der Bahnstrecke überflutet, die Autos fahren im Schritttempo durch die riesigen Pfützen, kurz vor meiner Ankunft scheint ein gewaltiger Regenschauer über Köln niedergegangen zu sein. Ich gehe an der Messe vorbei zum Rhein, es sind ungefähr zwei Kilometer bis zum Veranstaltungsgelände. Ich halte meine Hose fest, es sieht aus, als hätte ich einen Hüftschaden und müsste mir daher immer in die Seite greifen.

Ich werde erstmals bei »Jeck im Sunnesching« sein, einem närrischen Musikfestival im Spätsommer. Von 11.00 bis 20.00 Uhr treten zwölf kölsche Bands auf, die bekanntesten in diesem Jahr sind *Cat Balou*, *Brings* und *Kasalla*. Das Publikum ist kostümiert, ein Horror für närrische Traditionalisten, denn »Jeck im Sunne-sching« reiht sich ein in eine Vielzahl von Veranstaltungen zwischen Aschermittwoch und dem Elften im Elften. Wie auch der sogenannte Jeckliner (Motto: »Helau, Alaaf & Ahoi«), der Ende April 2019 erstmals auf Mallorca ablegte. Ein Kreuzfahrtschiff, 2000 närrisch verkleidete Kostümierte, ein Haufen Bands, auch die *Bläck Fööss* waren dabei, vier Tage Stimmung mit Kurzaufenthalt in Barcelona. Dann zurück nach Mallorca, die teuerste Kabine bei Einzelbelegung für 4.500 Euro, der Flug nach Malle geht extra. Oder vor zwei Wochen, noch ein Beispiel, ebenfalls in Köln-Deutz, ein Konzert von Dieter Thomas Kuhn in der Lanxess Arena – alle Zuschauer in grellen, geschmacklosen Outfits der 1970er-Jahre.

Auch der »Karneval der Kulturen« in Berlin am langen Pfingstwochenende ist ein Kostüm-Event bei sommerlichen Temperaturen. Seit 1996 ziehen 70 Gruppen kreuz und quer durch Kreuzberg, inklusive Straßenfest mit Multikulti-Essen und -Aktionen von Samstag bis Montag. Fast alle Gruppen, die Pfingstsonntag am Umzug teilnehmen, kommen aus Berlin. Wer geht bei so einem Umzug mit? Das »Tamilische Tanz und Kunst Forum e. V.«. Die Gruppe »Nzuko Umuigbo Berlin-Brandenburg e. V.«. Eine weitere Fußtruppe nennt sich »Nicaragua – gemeinsam sind wir ein Vulkan«. Auf Plakaten wird ein demokratisches und freies Nicaragua gefordert, und damit kann ja eindeutig nicht das Nicaragua unter dem korrupten Regime Daniel Ortegas gemeint sein. Ein Hauch von Schwäbisch-Alemannische Fasnet verbreitet die »Freie Narrenzunft Wannweil«. Sechzehn Narren mit Horror-Masken, die teilweise lustlos (es kann zu Pfingsten schon ganz schön heiß unter den Masken werden), teilweise aber auch hyperaktiv, als wären sie auf Speed, über die Straßen Kreuzbergs ziehen.

Sehr schön, dass der Verein für »Suurbier-Kultur und Handwerk« dabei ist. Punk-Rock ist nicht totzukriegen. *Die Suurbiers* haben schon in den 1980er-Jahren mit *Die Ärzte* und *Die Toten*

Hosen musiziert. Und Punk ist ja auch irgendwie oder vielmehr irgendwo eine Art Folklore-Musik. Gruppe 53 sind die »Freien Schnappviecher« aus Recklinghausen. Da freut sich der Ethnologe, neben tamilischen und afrikanischen Tänzen auch die Ureinwohner des Ruhrgebiets bestaunen und erforschen zu dürfen. Das Publikum am Straßenrand versprüht eine gewisse interessierte Langeweile. Natürlich werden Fotos mit dem Smartphone gemacht, gelungene Tanzdarbietungen werden beklatscht, aber überschäumende Freude sieht definitiv anders aus. Großes Engagement wird ganz klar vor allem vonseiten der Teilnehmer des Umzugs an den Tag gelegt. Gruppe 18 sind die »Berlin Urban Balachi«, Frauen in weiten roten Gewändern, erinnert vage an die Outfits der Bhagwan-Jünger. Die Damen tanzen sehr energisch das Klimakterium weg.

Der Berliner Karneval der Kulturen ist eine eher biedere Folklore-Parade, ein Trachten- und Volkstanz-Umzug mit Kirchentag-Atmosphäre. Was der Umzug allerdings mit jenen im Rheinland oder bei der Schwäbisch-Alemannischen Fastnacht gemein hat: Er dauert viel zu lange.

Dass auch das kölsche Festival »Jeck im Sunnesching« zu lange dauert, finden viele durchnässte, jugendliche Zuschauer, die schon Feierabend gemacht haben, und genug vom Jecksein haben. Mit der Hand am Hosenbund gehe ich am Rhein entlang, es ist kurz nach 17 Uhr, und mir kommen Hundertschaften von kostümierten Menschen entgegen, die nicht mehr feiern wollen. Nicht wenige der jungen Leute sind übelst besoffen, die werden sich am nächsten Morgen an rein gar nichts mehr erinnern, auch nicht an den Regen. Die meisten Festival-Besucher sind nur minimal kostümiert. »Jeck-im-Sunnesching«-T-Shirt, gelbe Sonnenbrille, »lustiges« Hütchen, ein FC-Trikot oder FC-Schal, selbst ein glitzerndes Haarband gehen als Verkleidung durch.

Auf dem Festivalgelände hinter dem Eingangsbereich entdecke ich am Horizont die Bühne, leise weht die Musik heran. Ich gehe erst einmal endlos an Kölsch-Buden vorbei, dazwischen ein *Deiters*-Verkaufsstand für das Last-Minute-Kostüm, dann die Kassen für die Bons, anschließend reiht sich wieder eine Kölsch-Bude an die nächste. Ein klein wenig merkt man es schon, dass eine Kölsch-Brauerei Initiator und Veranstalter des Festivals ist. Zahlreiche Grüppchen stehen zusammen, meistens sind sie recht uniform gekleidet. Als Jet-Piloten, als Panzerknacker, eine Gruppe Mädchen hat Tüllkleider angezogen. Und die 15 Matrosen in blau-weiß-geringelten T-Shirts und Kappen. Die Seefahrer spreche ich mal an, die scheinen wenigstens ungefähr meine Altersklasse zu sein. Die Jungs gehören zu einem Kegelclub vom Niederrhein. »Wir stehen dazu, wir kegeln sogar«, sagt der dickste der Kegelbrüder. Sie sind das erste Mal bei »Jeck im Sunnesching«. Heiterkeit in der Runde, als ich sage, dass wir knapp über dem Altersschnitt liegen. Was ist denn daran so lustig, das ist doch einfach die Wahrheit. Die neun Seemänner kommen regelmäßig zum Elften im Elften nach Köln. Im letzten Jahr wurde bei dieser Gelegenheit der Plan gefasst, auch mal Anfang September närrisch nach Köln zu fahren. Allerdings, gibt der dicke Kegelbruder zu, habe man sich das Jeck-Festival ganz anders vorgestellt, mehr Leute, fröhlichere Atmosphäre, das Gelände sei einfach viel zu groß. Allerdings könne man sich vorstellen, dass eventuell – unter Umständen – vorne an der Bühne so etwas wie Stimmung zu finden sei.

Ich mache mich auf den langen Marsch zur Bühne, drei komplett unkostümierte junge Menschen identifizieren mich wegen meines Kostüms als Franzosen, ich grüße mit »Alaaf« zurück. Da geht ihnen ein Licht auf, aha, ich sei also Engländer. Wo bin ich denn hier gelandet? Verkaufen die Kölsch-Buden auch harte Drogen? Wie kann man denn aus einem »Alaaf« schließen, dass ich Engländer sei? Bloß weg hier. Kurze Zeit später hält man mich für einen Ööcher (also Aachener) Prinz. Wahrscheinlich, weil der Ööcher Prinz auch immer zu große Hosen anhat, die er festhalten muss, damit sie nicht rutschen, wer weiß. Ich bekomme den guten Ratschlag, die Hose doch auszuziehen, wenn sie rutscht. Sehr lustig.

Auf der Bühne spielt die Gruppe *Kempes Finest*. Die Frontsängerin – wahrscheinlich Frau Kempes – versucht verzweifelt, die Zuhörer in den Regencapes zu begeistern. Ich lerne Pascal aus Bergisch-Gladbach kennen, der ebenfalls das erste Mal bei »Jeck im Sunnesching« ist. Er findet es komisch, im Sommer kostümiert zu sein, »absolut ungewohnt, absolut«. Für die Mädchen habe es ja Vorteile, die könnten im Spätsommer luftigere Verkleidungen anlegen als im Februar. »Für die ist das deutlich angenehmer, die holen sich keine Blasenentzündung. Aber so richtig Karnevals-Feeling kommt nicht auf«, meint Pascal, »es fehlt irgendwie etwas, weil es eigentlich nur eine Party ist.«

Wenn man den Karnevals-Psychologen Oelsner fragt, ist es keine Überraschung, dass »etwas fehlt«. Oelsner sagt: »Die Beliebigkeit ist der Tod jedes Festes. Die reale Wirkung des Irrationalen geht kaputt, wenn es ständig verfügbar wird, wenn kein Spannungsbogen entsteht und kein Abgesang.« Der traditionelle Karneval mit seiner Begrenzung auf die sechs tollen Tage vor Aschermittwoch bedeutet eben auch Verknappung. »Diese Verknappung«, so der Jecken-Psychologe, »ist unsere Welt nicht mehr bereit zu akzeptieren.« Dabei sei es doch gerade das Schöne am Karneval, dass es auch ein definiertes Ende gebe. »Gehen Sie mal am Aschermittwoch den Zugweg ab. Alles ist so, als wenn nichts gewesen wäre. Eine Stadt hat sich verkleidet, und jetzt ist sie demaskiert. Das geht durch die ständige Verfügbarkeit kaputt. Wenn das okkupiert wird durch Kommerz, ganzjährige Verfügbarkeit, Events, dann geht die Substanz verloren – die Steigerung der Klimax von Neujahr bis Rosenmontag ist verwässert.«

Und »Jeck im Sunnesching« trägt ganz klar zu dieser Verwässerung bei. Und zwar im wahrsten Sinne des Wortes, denn es regnet wieder. Ein Skandal! Angekündigt war »Jeck im Sunnesching«, die Zuschauer müssen aber »Jeck im Starkregen« oder »Jeck im Hagelschauer« ertragen. Sonnenschein wurde versprochen, Sauwetter geliefert. Das ist ja wie Nutella, die nach Hering schmeckt.

Ich sammle weitere Stimmen und Stimmungen. Jennifer aus Nordhorn in Niedersachsen ist mit ihrem polnischen Freund Raffa zum Feucht-Event gekommen, verkleidet mit einem Regencape aus Plastik. Sie haben wie ich unter einem mächtigen Baum am Rheinufer Schutz vor dem Regen gefunden. Raffa kann es nicht fassen, dass ich alleine auf dem Festival bin. Unausgesprochen bin ich damit verdächtig, weil sonst nur Gruppen oder Pärchen auf dem Gelände zu sehen sind. Jennifer ist schon zum vierten Mal bei der Jeck-Veranstaltung, sie lässt ihr Expertentum ein wenig raushängen. Nicht nur das Wetter sei schlecht dieses Jahr, sondern auch das Line-Up. Die Band, die gerade spiele, bevor gleich *Kasalla* als Headliner komme, die sei ihr völlig unbekannt. Raffa nickt. Ich suche nach dem Programmzettel, die Truppe heißt *Planschemalöör*. Übersetzt *Badeunfall*. Der Name passt zum Wetter. Außerdem, so Jennifer, sei der Eintrittspreis zu hoch. Knapp 25 Euro, vor vier Jahren habe das nur 12 Euro gekostet. Eigentlich also ganz normale Meckereien von Rock-Festival-Besuchern: zu teuer, Musik gefällt nicht, Wetter scheiße.

Auch Thomas, den ich nach dem Schauerende inklusive Regenbogen vor der Bühne treffe, mäkelt an der Musik herum. Zu viel Mallorca sei das, schön wäre, wenn mehr alte Songs laufen würden. So wie der alte Gassenhauer, der beim Bühnenumbau zu hören ist: »Ach, wär ich doch ein einzig Mal, ein schmucker Prinz im Karneval, das wär so wunderwunderschön ...« Das seien kölsche Lieder, so Thomas, die auch bei den Beerdigungen im Familienkreis gespielt würden. Denn Karneval sei doch ständig, Karneval sei ein Jeföhl, 365 Tage im Jahr. Daher findet es Thomas auch nicht schlimm, im Spätsommer jeck zu sein, nächstes Jahr will er wiederkommen. Aber nur, wenn seine Mutter mitkäme.

»Mit meiner Mutter gehe ich auf alle diese Brauchtumssachen, nächsten Monat zu einem Konzert von Ludwig Sebus.«

Inzwischen stehen die kölschen Mega-Stars *Kasalla* auf der Bühne und fragen ins Publikum, wer denn nicht aus der Stadt mit K komme. Gefühlt alle Zuschauer heben den Arm. Auf diese Invasion von Auswärtigen war der Sänger der Combo anscheinend nicht vorbereitet, er hatte wohl eine deutlich andere Wohnortverteilung angenommen. Trotzdem spielen die *Kasalla*-Jungs ihren größten Hit *Stadt mit K*, und alle Nicht-Kölner tanzen und hüpfen im Takt dazu. Dann ist Schluss mit lustig, alle machen sich auf den Heimweg. Fazit: »Jeck im Sunnesching« hat nichts mit Karneval zu tun. Es ist einfach eine gigantische Motto-Party mit hauptsächlich eher lustlos verkleideten, alkohol-affinen jungen Menschen. Ich mache mich auf den Weg zurück nach Düsseldorf ins Hotel. Der Plan für die kommende Woche: Hosenträger kaufen.

Kapitel 10

DER HIMMEL ÜBER MÜNCHEN

Ein Trachten-Catwalk im Eurocity – Alles übers Noagerl-Zuzeln – Wenn der Münchener Siggi eine Woche zum Fasching nach Köln fährt – Der Cheflektor wird zum Feierbiest

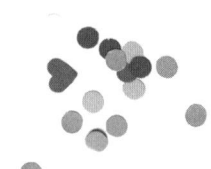

Jetzt mal ehrlich: Gehört ein Besuch auf dem Münchener Oktoberfest wirklich in dieses närrische Buch? Ist es nicht etwas sehr weit hergeholt, jeden, der schon mal in Lederhose oder Dirndl auf der Wiesn herumgetorkelt ist, mit Lappenclowns, Teufelsmasken und Funkenmariechen zu vergleichen? Ich war skeptisch, das gebe ich zu. Aber man sollte – alte Autorenregel – die Ideen eines Cheflektors immer extrem super finden. Also traf ich mich mit meinem Mann von *dtv* an der Bavaria, diesem 18 Meter hohen bayerischen Vollweib, das oberhalb der Theresienwiese über die Wiesn herrscht. Mein Lektor Stefan ist Wahlmünchner, er hat seit Jahrzehnten keine Wiesn verpasst. Genau der richtige Mann also, um unter sozusagen klinisch reinen Laborbedingungen zu testen, was dran ist an der These vom närrischen Oktoberfest. Werden hier – was es zu beweisen gilt – die wichtigsten Fastnachts-Kriterien erfüllt? Schau'n mer mal.

Erster Check: Kostüm

Im Augustinerzelt setzt sich ein kräftiger Bayer, Typ Meister Eder, zu uns an den Tisch, schon bald stößt er mit uns an:»Ein Bayer trinkt niemals allein«, sagt Meister Eder, der eigentlich Siggi

heißt. Er hat ein rot-weißes Hemd unter dem Lederhosenlatz,
genau wie ich. Viele Festzelt-Besucher haben in Anlehnung an
das bayerische Wappen auch blau-weiße Hemden angezogen,
und Siggi schwört, er hätte auch ein grün-weißes Exemplar zu
Hause im Schrank. Aber zu einer original-ländlichen Tracht gehören diese karierten Hemden nicht zwingend. Am Nebentisch
sitzen beispielsweise junge Männer mit weißem Hemd und kunstvoll verziertem Janker. Das sei eine volkstümliche, ländliche
Tracht, klärt mich Stefan auf, Schliersee vielleicht. Das karierte
Hemd sei eher eine Art Oktoberfest-Kostüm. Draußen vor dem
Zelt haben wir andere kostümierte Menschen gesehen, die einen
mit Schottenrock, die anderen mit einem Brathendl als Kopfschmuck. Für fünf Euro gibt es für Sparfüchse sogar braune
Stoffhosen, die man über die Jeans ziehen kann, das sieht dann
ganz entfernt einer Lederhose ähnlich.

Karnevalspsychologe Wolfgang Oelsner aus Köln hat mir bestätigt, dass eine Verkleidung, ein Kostüm, ein Narrenkleid, alles
also, das man eben nicht alltäglich trägt, eine enthemmende Wirkung entfalte: »Es ist gesellschaftlich mehr oder weniger aner-
kannt, sich anders zu benehmen, wenn man sich verkleidet hat.
Das Kostüm oder die Tracht ist wie eine neue Haut – ein schönes,
auch befreiendes Gefühl. Allerdings nicht ohne Risiko. Das Spiel
mit der Entgrenzung missverstehen manche als Freifahrtschein
für viel Alkohol und grenzwertiges Benehmen.«

In München zur frühen Stunde ist noch kein grenzwertiges
Verhalten zu beobachten. Aber generell würde man wohl eher für
Aufsehen sorgen, wenn man als Clown, Pirat oder Indianer auf
dem Oktoberfest erscheinen würde. Denn Millionen Menschen
feiern auf der Theresienwiese, und (fast) alle haben mehr oder
weniger das Gleiche an. Das wäre so, als wenn sich beim Kölner
Karneval alle als Panzerknacker verkleiden würden, bei der
Schwäbisch-Alemannischen Fastnacht alle als Teufel und beim
Düsseldorfer Karneval alle als Altbierglas. Im weitesten Sinne

kann man die Klamotten auf dem Oktoberfest als Kostüm be-
zeichnen, aber zum Kostüm gehört Kostümscham, gibt es die
auch bei Oktoberfestbesuchern?

Meine Kostümscham begann heute schon am frühen Morgen:
Natürlich kam ich mir dämlich vor, als ich kurz vor fünf als
Pseudo-Bayer verkleidet ins Taxi stieg. Der Taxifahrer kennt mich
ja nur in zwei Kostümierungen: Wanderer oder Anzugsträger.
Aber kein Wort vom Profi-Chauffeur, als sei mein Look das Nor-
malste der Welt. Im Zug sammelten sich Station für Station viele
Landsmannschaften auf ihrem Weg nach München: Saarländer,
Pfälzer, Baden, Schwaben. Kurz vor Ludwigshafen wurde der
Mittelgang zwischen den Stuhlreihen zu einer Art Catwalk. Eine
blondierte Mittfünfzigerin mit riesigen Kreolen-Ohrhängern und
Edel-Dirndl stöckelte Richtung Bordtoilette. Getuschel der Be-
rufspendlerinnen in der Sitzreihe vor mir.»O Gott, hast du die
gesehen?« Auf dem Rückweg musste sich die schick gewandete
Oktoberfest-Dame wieder Kommentare anhören, denn nun konnte
man das Rückenteil ihrer mit Philipp-Soundso strass-bestickten
Jacke sehen.»Weniger wäre oft mehr!«, urteilten die Pendlerin-
nen. Vielleicht war es ja auch Neid, weil die Lästerinnen in Ludwigshafen aussteigen mussten, um bei BASF Reagenzgläser zu
schwenken, während die Strass-Frau bald einen Bierkrug in ihren
Händen halten würde. Kurz vor München ging ich noch mal
durch den Zug. Gefühlt die Hälfte der Reisenden trug mittlerweile Oktoberfest-Outfit.

Aber zurück zu unserer Trinkbekanntschaft Siggi. Der ist nicht
nur auf der Wiesn eine Frohnatur, er würde auch sehr gerne
Fasching feiern. Er sei schon mal, erzählt er, eine ganze Woche
am Stück beim Fasching in Köln gewesen. Ich verkneife mir anzu-
merken, dass es in der rheinischen Metropole nicht Fasching
heiße.»Eine ganze Woche Fasching in Köln!«, betont Siggi. Leider vergesse ich zu fragen, was sein Kostüm gewesen ist. Ich tippe
auf Bayer. Mit rot-weiß kariertem Hemd und Lederhose. Und was

ist mit dem Fasching in München? Siggi winkt ab. Logisch, warum die Kopie feiern, wenn man zum Original gehen kann. Deswegen bin ich ja auch nicht beim Oktoberfest in St. Ingbert. Nein, wir feiern Fasching im Münchner Oktoberfestzelt, im Kostüm, ziemlich närrisch. Aber wie ist das mit dem »grenzwertigen Verhalten«? Wo kann ich das erleben?

Zweiter Check: Exzess

Im Augustiner-Zelt haben wir keine Probleme, einen Platz zu finden. Der komplette Tisch (man kann nur komplette Tische reservieren, deswegen hatten wir auch – zu zweit unterwegs – nichts reserviert) ist erst ab 17 Uhr reserviert, das bedeutet freie Platzwahl. Wir bestellen zwei Mass (also nicht jeder, eins für jeden, erst mal langsam anfangen). Unter der Woche gibt es ab 10 Uhr das erste Bier. Stefan fragt die Kellnerin, ob es vor 10 Uhr theoretisch auch einen Kaffee gäbe, denn das Zelt habe ja schon seit 9 Uhr geöffnet. »Kaffee haben wir gar nicht«, lautet die resolute Ansage unserer Bedienung Ingrid. Dass sie Ingrid heißt, kann man ihrem Namensschild entnehmen. Ich frage mich, wie Stefan als Münchner nur die Frage nach dem Kaffee stellen konnte, was ist bloß in ihn gefahren? Kaffee? Hallo? Geht's noch? Im Augustiner-Zelt? Aus eigener Röstung mit der feinen Hopfennote? Egal, um genau 11:11 Uhr trinken wir den ersten Schluck aus unserem gut gefüllten Humpen. Das kann kein Zufall sein, das hat das Narren-Schicksal so gewollt: zum Wohl, ein guter Start für einen amtlichen Exzess!

Stefan macht mich darauf aufmerksam, dass das spezielle Festbier von Augustiner der stärkste Hopfentee auf der Theresienwiese sei: 6,3 Umdrehungen. O mein Gott! Das Zeug schmeckt wie Limo, und ich habe schnell das Zweite bestellt. Der Tisch wird voller. Also, ich meine: Mehr Menschen nehmen Platz. Ein Typ in schwarzem Trachtenjanker zieht sich eine Nase, hoffentlich nur Schnupftabak. Drei vollgesoffene Schottenröcke (anscheinend tatsächlich Briten) setzen sich an den Nebentisch und versuchen, Geld für eine Mass zu schnorren. Sind das schon die Auswirkungen des Brexits? Für ein gemeinsames Foto wollen die armen Schotten Geld erpressen. Haste mal 'nen Euro auf dem Oktoberfest. Es kann aber dauern, bis sie sich das erste Bierchen leisten können, schließlich kostet die Mass stolze 11 Euro und 80. Nun gut, es ist eben auch Festbier, und Wiesn-Zeit. Wenn man in einen Freizeitpark geht, weiß man auch, dass der Eintritt nicht nur einen Fünfer kostet.

Jetzt will ich aber richtige Ballermann-Stimmung erleben. Auf ins Schützen-Festzelt auf der Suche nach dem wahrhaftigen Exzess. Beim vierten (oder war es womöglich schon das fünfte?) Bier des Tages spüre ich, wie meine Kräfte langsam schwinden, ich bin schließlich auch nicht mehr der Jüngste. Die Mass stemme ich nicht mehr locker mit einem Arm, sondern praktiziere jetzt das Zwei-Hand-Trinken, den Masskrug mit beiden Händen zum Mund führend. Eine Regression in die Kleinkinderzeit quasi, als man noch den Trinkbecher ungeschickt an den zwei Henkeln auf beiden Seiten zum Mund balancierte.

Um halb drei beschließen wir, bevor es noch schlimmer wird, zur *Oidn Wiesn*, der Alten Wiesn, zu wechseln. Ich will ja nicht zu den Menschen gehören, die schon um 17 Uhr besoffen unterhalb der Bavaria im Gras liegen. Um auf den Tagesschnitt von Profi-Oktoberfestlern zu kommen, haben wir noch einen sehr langen Weg vor uns. In einer Münchner Tageszeitung las ich, dass ein gewisser Herr Werner heuer ein ganz besonderes Jubiläum feiert. Seit genau 60 Jahren geht er auf die Wiesn, jeden Tag. Ins Schottenhamel-Zelt, Stammtisch. Es nervt ihn, wenn die Leute auf die Bänke steigen und tanzen. Vor allem, wenn sie Bier in der Hand haben, das dann über die anderen schwappt. An seinem ersten Wiesn-Tag in diesem Jahr, gab Herr Werner zu Protokoll, habe er »ein bissel über acht Mass« geschafft. Was heißt denn bitte schön »ein bissel über«?

Die Bilanz des Oktoberfestes 2019 habe ich mit meinen insgesamt fünf Mass (oder sechs, denn auf der Oidn Wiesn kam noch eins dazu) jedenfalls nicht mehr gerettet. Es wurden insgesamt nur 7,3 Millionen Mass getrunken, das sind 200 000 weniger als im Vorjahr. Das lag vielleicht auch an Stefan und mir. Hätten wir mal richtig Gas gegeben und ausreichend Bier »mit Fleiß« getrunken (dazu später mehr), hätte das Gesamtergebnis besser sein können. Was mich angeht: Mein oberstes Exzess-Level ist gegen 16 Uhr erreicht. Mehr geht nicht, seit Jahren, um nicht zu sagen Jahrzehnten, bin ich nicht so stramm gewesen. Auch nicht beim Karneval in Köln. Exzess-Check bestanden.

Zum Exzess auf der Wiesn gehört allerdings auch eine große Schattenseite: Betrunkene randalieren, belästigen Frauen, Prügeleien sind an der Tagesordnung. Die polizeiliche Bilanz meines Premieren-Oktoberfests: 1915 Polizei-Einsätze, 924 Straftaten kamen zur Anzeige, vor allem Taschendiebstähle, Sexualdelikte und Masskrugschlägereien. Um die negativen Exzesse jederzeit im Griff zu haben, hat die Münchener Polizei die Wiesnwache eingerichtet. Erstaunlich ist, mit wie viel Humor die Beamten ihren Dienst würzen. Im Internet finden sich Hitlisten der witzigsten Tweets der Wiesnwache: »Betrunkener greift Frauen ›versehentlich‹ an Po und Busen. Wir leiten ABSICHTLICH ein Strafverfahren ein. #Wiesnwache.« Noch ein Beispiel: »Jetzt ist es so weit. Eben wird auf der #Wiesnwache die erste offizielle Anzeige wegen Verlusts der Muttersprache aufgenommen.« Der hier ist auch sehr gut: »Auf der Wiesn: Ich schlage meinen Kopf mal gegen die Laterne da. Mal sehen, wie das ist! Wir nehmen Mr. Kopfnuss zum Ausnüchtern mit zur #Wiesnwache.«

Dritter Check: Nationale und internationale Anziehungskraft

»Nie wieder München!« Am Vortag des Wiesn-Ausflugs nahm ich mein Oktoberfest-Kostüm bei meiner saarländischen Kostümverleiherin entgegen. Chefin Helga Schikofsky zitierte eine

Kundin, die schon am ersten Wiesn-Wochenende in der bayerischen Landeshauptstadt gefeiert hatte. »Brechend voll«, so die Kundin »sei es gewesen, kein Durchkommen, alle Zelte überfüllt, Rempeleien. Nein, Oktoberfest gut und schön, aber nie wieder in München, dann doch eher beschaulich im Saarland oder auf der Cannstatter Wasn in Stuttgart.«

Ein vernünftiges Fastnachts-Event lebt von seiner nationalen, wenn nicht internationalen Strahlkraft. Wenn die TV-Sender anrücken, um Umzüge und Sitzungen zu übertragen, wenn Menschen aus nah und fern kommen, »wenn et Trömmelche geht«, dann ist ein närrisches Treiben erst ein richtiges Groß-Event. Zum Münchener Oktoberfest fahren nicht nur Menschen aus ganz Deutschland (inklusive dem Saarland), sondern auch massenhaft internationales Publikum. Stefan erzählt: »Am nächsten Wochenende, da kommen die Italiener, das ist das sogenannte italienische Wochenende. Zu dieser Zeit gibt es schon auf der italienischen Seite der Grenze kilometerlange Staus auf den Autobahnen.« Spielen die Blaskapellen in den Zelten zu diesem Anlass eigentlich auch »Azzurro« und »Volare«? Auf jeden Fall merkt man, wie stolz Stefan auf das bekannteste Fest seiner Stadt ist. Selbstverständlich! Auch jeder Kölner beispielsweise ist doch – selbst wenn er mit Karneval nicht viel am Hut hat – extrem stolz auf die Anziehungskraft seiner Stadt in der fünften Jahreszeit.

Wir gehen am HB-Zelt vorbei. Das HB steht für Hofbräu-Bier. Oder vielmehr »Eitsch-Bi«, denn das »Eitsch-Bi tent« ist in vielen trendigen Reiseführern weltweit zu finden. Es ist das In-Zelt für die jüngeren internationalen Exzess-Experten. Stefan berichtet, dass die Wiesn erst seit ungefähr drei Jahrzehnten so viele Gäste aus aller Herren Ländern anzieht. Genauso, wie man früher als Münchner »nur« zum Biertrinken in der ältesten Jeans zum Oktoberfest gegangen sei, sei man dort auch eher »unter sich« gewesen. Ein bayerisches Volksfest eben, ohne Erwähnung in japanischen Reiseführern und Staus an der italienischen Grenze. Der

Ursprung des Oktoberfestes war ein Pferderennen, das 1810 anlässlich der Hochzeit von Ludwig von Bayern mit seiner Therese (daher auch Theresienwiese) veranstaltet wurde. Die Wiesn ist also im Unterschied zur Fastnacht kein Fest, das der Obrigkeit für ein paar tolle Tage die Macht entreißt, sondern ganz im Gegenteil eine Huldigung der Herrscher. Im 19. Jahrhundert entwickelte sich die Wiesn zum Volksfest, mit Karussells, Schaukeln und Kegelbahnen. Ab 1880 wurde der Bierausschank erlaubt, aber erst rund 100 Jahre später entwickelte sich das Oktoberfest vom regionalen zum nationalen und internationalen Sauf-Event.

Vierter Check: Regionalität

Närrische Feste leben von ihrer regionalen Authentizität, den traditionellen Gebräuchen, Riten, Kostümen, vor allem aber auch vom Dialekt. Gut, dass es unseren ersten Trink-Kumpan Siggi gibt, ein erstklassiger Lehrmeister der bayerischen Sprache. Siggi seufzt nämlich nach seinem ersten Bier und sagt:»Okay, noch eine zweite Mass, die trink ich jetzt mit Fleiß.« So ein bisschen Wiesn-Insider-Sprache muss man sich schon draufschaffen, finde ich. Es ist eine Art sprachliches Kostüm, sich ein paar Grundbegriffe anzueignen und vor allem auch anzuwenden. Also habe ich auch meine zweite Mass»mit Fleiß« getrunken, das heißt: jetzt erst recht. Und wenn die Mass zur Neige geht, lerne ich, bleibt nur ein *Lackerl* übrig, auch *Noagerl* genannt, das ist der Rest. Mit einem zünftigen»Pfiat di, Lackerl« wird die Pfütze ins Jenseits verabschiedet. Denn lässt man das Lackerl übrig, kommt womöglich noch ein Noagerl-Zuzler daher, eine Art Schnorrer, der seinen Durst mit den Lackerln der anderen Trinker löscht. Fleißig notiere ich alles in meinem Vokabelheft.

Siggi ist nie um einen Spruch verlegen. Er zählt auf, wo er noch überall hinmuss: Verabredung im Hacker-Festzelt (»Der Himmel der Bayern«) , Verabredung im Paulaner-Zelt (»Gut, besser, Paulaner«), dann auch noch zum Weißbierkarussell auf der Oidn Wiesn.

Die Idee der Oidn Wiesn ist übrigens, ein Stück der ursprünglichen Regionalität des Oktoberfestes zu retten. Daher wird ein kleiner Obolus verlangt (drei Euro), man bekommt ein weißes Bändchen, und dann taucht man ein in eine nostalgische Wiesn-Welt. Mit altmodischen Fahrgeschäften, ausschließlich bayerischer Blasmusik, und die Mass wird in Ton-Krügen serviert. Wenn man das Programm von Siggi bedenkt, hat er wirklich ein stressiges Leben auf der Wiesn. »Schlimmer als Arbeit«, sagt er verzweifelt. Ich solle bedenken: »Die Liebe ist umgänglich, der Durst bleibt lebenslänglich.«

Siggi hat seine zweite Mass rasch und mit Fleiß vernichtet. Ohne Lackerl und auch ohne Noagerl. Resch-Pekt! Und die Verabredung mit dem besten Meister-Eder-Verschnitt Münchens steht: Wir sehen uns wieder im nächsten Jahr, am Freitag vor dem Italiener-Wochenende, ab 11 Uhr im Augustiner-Zelt, damit ich noch mehr Sprüche und bayerische Vokabeln lernen kann.

Fünfter Check: Musik

Bei jedem närrischen Event ist die Musik nicht unwichtig – die Evergreens des rheinischen Karnevals, der anarchische Lärm der Basler Fasnacht, die schmissige Tanzmusik für die Tanzgarde, die Tuschs bei jeder Sitzung. In gewisser Weise ist auch der Besuch im Augustiner-Zelt eine Art Sitzung. Denn die meiste Zeit sitzt man. Es gibt zwar keinen Elferrat und keine Büttenreden. Aber Musik.

Um Punkt 12 Uhr begrüßt uns im Augustiner-Festzelt die Augustiner-Festkapelle Reinhard Hagitte mit einem Tusch. Schnell wird »Ein Prosit der Gemütlichkeit« gespielt, dazu gehört folgendes Ritual: Man schaut sich fest in die Augen, haut das Glas auf den Holztisch (geht besser, wenn die Mass nicht mehr gut gefüllt ist), stößt an und trinkt. Das sind Fest-Bräuche ähnlich wie in der Fastnacht. Sie geben Halt und sind vertraut. Oder werden schnell vertraut.

Im Schützen-Zelt wird nicht so viel gesessen, junge Menschen stehen eng gedrängt auf den Bierbänken, schwenken Krüge und singen mit bei den Party-Hits der Mucker-Kapelle von Walter Bankhammer. Als Stefan und ich im Zentrum des Schützen-Festzelts stehen, gibt die Kapelle gerade »Waterloo« zum Besten. Meine neunjährige Tochter, größter ABBA-Fan unserer Zeiten, wäre begeistert.

Im städtischen Schlussbericht der Wiesn, einer Art hochoffiziellem Oktoberfest-Kommuniqué, wurde 2014 festgestellt, dass »die Kapelle im Schützen-Festzelt erhebliche Probleme hat, traditionelle Blasmusik zu spielen«. An der musikalischen Qualität kann es nicht liegen, ist doch die Walter-Bankhammer-Combo schon zehn Mal zur besten Wiesn-Kapelle gewählt worden. Dass das mit der traditionellen Blasmusik nicht klappt, liegt also wohl eher an der Erwartungshaltung des Publikums, das in einer musikalischen Pause schon mal anfängt, »Viva Colonia« zu grölen.

Aber es ist wohl noch etwas zu früh für rheinischen Frohsinn, denn die Combo ignoriert den Wunsch des Feiervolkes und intoniert ein mir unbekanntes Stück. »Fürstenfeld!!!«, schreit mir Stefan ins Ohr, »der erste Wiesenhit von 1890!« Ich bin erstaunt, so lange hat das schon Tradition? Aber es muss an meiner vierten Mass liegen, dass ich das falsch verstanden habe – ein Zahlendreher. Der Song der österreichischen Band S. T. S. wurde erst 1980 zum Wiesn-Hit. Ich schaue Stefan dabei zu, wie er flink auf seine Bank klettert, mit den Händen im Takt wedelt und lauthals mitsingt. Ein Cheflektor als enthemmtes Feierbiest, wunderbar. Die Menge im Schützenfest-Zelt tobt. Auch musikalisch kann das Oktoberfest mit anderen närrischen Events mithalten.

Sechster Check: Umzug

Spätestens seit dem ersten Kölner Rosenmontagszug 1823 gehört ein Umzug zum festen Bestandteil der Fastnacht. Zunächst dachte ich, aha, liebes Oktoberfest, Musik, Kostüm, Exzess und so, Haken dran. Aber einen Umzug hast du – mit Fleiß – nicht. Von wegen, nach kurzer Recherche steht fest: Klar haben die einen Umzug, und was für einen! Am ersten Wiesn-Sonntag ab 10 Uhr bewegt sich eine Prozession von Trachtengruppen, Musikkapellen und Schützenvereinen durch die Münchener Innenstadt zur Theresienwiese. Sieben Kilometer Zugweg, 77 Kapellen, über zwei Stunden Dauer, Live-Übertragung im Bayerischen Rundfunk. So etwas wie den Trachten- und Schützenzug, »so was gibt's nur in Bayern«, jubeln die Kommentatoren. Na ja, übertreibt's mal nicht, die Schützenumzüge von Neuss und Hannover sind ähnlich umfangreich, und die Traditionscorps von Köln und die Garden in Mainz stecken auch in historischen Trachten. Und mit den rheinischen Rosenmontagszügen kann man sich in München nun wirklich nicht messen.

Man mag als Leser denken, dass die komplette Recherche für dieses Buch ein großer Spaß war – Masskrüge stemmen, Kostüme anprobieren, närrische Menschen beobachten, alles großartig. Zwei Stunden auf YouTube die BR-Übertragung des Trachten- und Schützenzugs von 2019 zu sichten, das war allerdings echte Knochenarbeit. »Wir genießen jetzt zwei wunderbare Stunden miteinander«, versprechen die Kommentatoren, gefühlt sind es 20 Stunden. Die zweite Kapelle des Umzugs kommt aus NRW, genauer aus Halver, »zwischen Hagen und Gummersbach« gelegen. So mancher Stammzuschauer des BR wird sich fragen: Und wo liegt Gummersbach?

Der Umzug ist sehr international bestückt, es laufen mit: eine Trachtengruppe aus dem Schwarzwald, die Egerländer (»aus der Heimat vertrieben, Teil der Südsudetendeutschen, der fünfte Stamm Bayerns«), die Siebenbürger Sachsen, die Sebastiani-Bruderschaft aus Ratingen, Kapellen aus Südtirol, Österreich sowie ein deutsch-kroatischer Kulturverein. Total begeistert bin ich immer, wenn der BR-Kommentator seine schärfste Waffe, das rollende »Rrrr« in Stellung bringt und das »Prrrachtgespann mit Prrrachtgeschirrr an den Rrrössern« beschrrreibt. Die Rrrösser sind übrigens Kaltblüter:»Brrrrabanter Brrraune.« Sie ziehen die schweren Wägen, vollbeladen mit Bierfässern. Eine Art Prinz hat der Umzug auch, das ist das leibhaftige »Münchner Kindl«, das winkt und winkt, dass man Angst um seine Schultergelenke bekommt.

Münchner Kindl kann man nur werden, erklären die Kommentatoren, wenn sowohl die Eltern als auch die Großeltern in München geboren sind. Eine Art Bavarier-Nachweis ist also nötig. Auch der Oberbürgermeister der Stadt München darf winken, der sitzt mit seiner Frau in der Kutsche. Da man in Bayern keinen König mehr hat, muss eben der republikanische OB der Menge huldvoll zulächeln. Doch halt, da kommt er dann doch noch, der König von Bayern. Voran marschieren die Gebirgsschützen, hintendran grüßt Markus Söder neben seiner Königin aus der Kutsche.

Richtig närrisch wird es bei den Moriskentänzern, das erinnert ein wenig an den Narrensprung der Schwäbisch-Alemannischen Fastnacht. Bunte Kostüme tragen die Akteure, ein Hauch von Anarchie weht um sie herum, denn jeder darf seinen eigenen Stil pflegen. An den Kölner Karneval muss ich hingegen immer denken, wenn beim Trachtenumzug das Trömmelche geht und die Piccoloflöte den Lockmarsch pfeift – die berühmten ersten zehn Sekunden des kölschen Karneval-Gassenhauers.

Kurzer musikalischer Exkurs zu diesem Lockmarsch, genauer den ersten Takten des Yorck-Marschs. Komponist des Yorck-Marschs war ein gewisser Ludwig van Beethoven, der rheinische Jeck aus Bonn. Verpflichtend vorgeschrieben ist der Yorck'sche Marsch beim großen Zapfenstreich, gleichzeitig diente er früher als Ehrenmarsch der Nationalen Volksarmee und als Erkennungsmelodie des Deutschen Soldatensenders der DDR. Preußen, Beethoven, NVA, DDR – wenn man das alles in Bayern wüsste, dürfte dieser Marsch dann überhaupt bei einem derart wichtigen Anlass im Freistaat erklingen?

Erleichtert bin ich, dass in allen Trachtenkapellen »mittlerweile auch Mädchen mitspielen« dürfen, wie die Kommentatoren erklären. Die Stadtkapelle aus Überlingen am Bodensee marschiert im Kostüm der napoleonischen Zeit. Original-Kommentar: »Bei dem Unheil, das Napoleon über uns gebracht hat, hat er auch ein paar gute Ideen gehabt, unter anderem die bürgerliche Musik.«

Was man alles beim BR bei einer zweistündigen Live-Sendung über Weltgeschichte lernen kann! Zum Beispiel auch, dass der bayerische Trachtenverband aus 22 Gauverbänden besteht, deren 22 Standarten auf dem Trachten- und Schützenumzug präsentiert werden. Jährlich treffen sich die Gauverbände zum Gaufest. Der totale Super-GAU. Die traditionelle Gebirgstracht der Männer, lerne ich, erkennt man an der kurzen Lederhose, die Volkstracht an der langen Lederhose. Jede Trachtengruppe des Umzugs präsentiert innerhalb der Gruppe die gleiche Tracht, aber: »Tracht war nie Uniformierung – bevor es die Trachtenvereine gab«, erklären die Kommentatoren. Das finde ich sehr bemerkenswert. Denn wenn Tracht ursprünglich nicht standardisiert war, sogar nicht in derselben Region, in demselben Dorf einheitlich war – dann war historisch jede Tracht eine individuelle zweite Haut, wie das Kostüm.

Diese Einzigartigkeit ist verloren gegangen, auch im Bierzelt, wo alle diese karierten Hemden tragen, die nun wirklich überhaupt kein Mensch auf dem Trachtenumzug anhat. Zum Schluss des Umzugs marschiert der sogenannte Schützenblock mit 1000 Teilnehmern vorbei, danach der Pferdeblock, schließlich der Jägerblock. Die Jäger haben Adler (lebendig) dabei, einen Hirsch (tot, aber sehr elegant auf dem Festwagen drapiert), Jagdhunde (lebendig) und eine Wildsau (natürlich auch tot). Die Mischung aus Kapellen, Festwagen und Fußvolk des Münchner Trachten- und Schützenumzugs erinnert stark an die großen Umzüge im Rheinland. Allerdings hält man eine gewisse Distanz zum Publikum am Straßenrand – es werden keine Kamelle spendiert, keine *Strüssjer* (Blumensträuße) verteilt, keine *Bützjer* (Küsschen) gegeben. Der Umzug hat einen reinen Schauwert, was eine gepflegte Langeweile verströmt.

Check-Fazit

Ist nun das Oktoberfest närrisch? Auf jeden Fall. Kostüm-Check bestanden, Exzess-Check sowieso, Regionalität, nationale sowie internationale Strahlkraft ist evident, Stimmungsmusik gibt es, und einen Umzug haben sie auch. Das Einzige, was der Wiesn definitiv fehlt, ist der Wortwitz, die politische beziehungsweise menschlich-verbale Komponente.

Im Festzelt werden keine Büttenreden gehalten, das bleibt dem Starkbieranstich am Nockherberg vorbehalten. Erstaunt nimmt der jecke Rheinländer zur Kenntnis, dass die Münchner ihre fünfte Jahreszeit in die Fastenzeit gelegt haben. Alljährlich ist der Anstich des ersten Starkbierfasses der Auftakt für ein Oktoberfest light im Frühjahr. Traditionell macht es Sinn, sich mitten in der Fastenzeit so richtig die Kante zu geben. Denn was blieb den armen Mönchen übrig, wenn sie schon auf alle tierischen Produkte verzichten mussten, als ihr flüssiges Brot, den Gerstensaft, extra stark zu brauen.

Seit im 18. Jahrhundert beim Starkbieranstich auf dem Nockherberg der bayerische Kurfürst eingeladen wurde, den ersten Krug Starkbier zu trinken, ist es Tradition, dass der jeweilige Herrscher Bayerns vorbeischaut, um sich einige verbale Watschn abzuholen – das ist das berühmte *Derblecken*. Das Derblecken (sich über jemanden lustig machen) geht laut *Wikipedia* auf die »Begrüßung von Gästen durch ihren Wirt zurück, der früher noch alle Dorfbewohner persönlich kannte und mit den im Ort kursierenden Geschichten und Gerüchten bestens vertraut war«. Das heißt im Klartext: Die Wirte nahmen sich einfach die Frechheit heraus, jedem Stammgast ein paar derbe Sprüche an den

Kopf zu werfen, auch natürlich der Obrigkeit, Bürgermeister, Pfarrer, Apotheker. Eine Art improvisierte und individualisierte Büttenrede, die auch dem Aufsagen ähnelt, das wir in Rottweil kennenlernen werden.

Und das Derblecken ist bis heute beim Starkbieranstich auf dem Nockherberg die Paradedisziplin des Festredners, der in einer Art Bütt steht. Erwartungsvoll sitzen in dem Festzelt, die Sitzordnung ähnelt einer Faschingssitzung, in den ersten Reihen die bayerischen Spitzenpolitiker, natürlich auch der Ministerpräsident, und warten darauf, verbal abgewatscht zu werden. Die Riege der Festredner ist sehr vielfältig. Vom rechtsextremen Franz Schönhuber über den Vorzeige-Bayer Walter Sedlmayr bis zu Kabarettisten wie Bruno Jonas, Django Asül, Maxi Schafroth, allesamt in Mönchskutte. Aber auch die Kabarettistin Luise Kinseher durfte ihren »Kindern« bereits mehrfach als »Mama Bavaria« die Leviten lesen. Meistens nehmen die Festredner die Politiker richtig ran, der Ministerpräsident wird ständig als »Markus« angesprochen, sein Stellvertreter als »Hubert«. Beim Derblecken gibt es keine Distanz und kein Pardon, genau wie bei einer guten Büttenrede.

Den närrischen Ausnahmezustand von Köln, Basel, Düsseldorf, Rottweil und Mainz haben die Bayern schlau auf mehrere Jahreszeiten verteilt: Nockherberg im Frühjahr, Oktoberfest im Spätsommer, und im Winter, da haben sie auch noch den Fasching. Aber Letzterer ist – aus unterschiedlichen Gründen – überhaupt nicht vergleichbar mit dem Ausnahmezustand des Karnevals in Venedig, dereinst und auch heute. Auf in die närrische Lagune.

Kapitel 11

VENEZIANISCHER KARNEVAL UND KOSTÜMIERTER PROTEST

Maskierte Hunde, Katzen und Babys – Ein halbes Jahr Karneval reicht eigentlich – Warum es schön sein kann, hundertmal fotografiert zu werden – Umweltzwerge und protestierende Schmetterlinge

Traditionell ging der venezianische Karneval schon Anfang Oktober los, mit Beginn der Opernsaison war es üblich, Masken auf den Gassen zu tragen. Das ist doch genial, Karneval schon zu Herbstanfang. In der ersten Oktoberwoche mache ich mich also auf in die Lagunenstadt, der Trip in den Herbstferien war schon lange gebucht. Mein venezianisches Minimalkostüm samt weißer Halbmaske und Dreispitz wird in die Reisetasche gestopft, und los geht's nach Venedig.

Ich »verkleide« mich und schlendere los, Richtung Markusplatz. In dem ruhigen Viertel in Castello, in dem wir wohnen, würdigen mich die Einheimischen keines Blickes. Vielleicht ist das für sie normal, vielleicht legen sie auch, wenn die Dunkelheit einbricht, selber Cape und Maske an. Schon bald wird es voller auf den bevorzugten Gassen zwischen Arsenale und San Marco. Billig-Pizzerien, Souvenirläden, Bars am Wegesrand, Touristen aus der ganzen Welt. Und keine Sau interessiert sich offenbar dafür, dass ich herumlaufe wie ein Vollhorst. Man scheint regelrecht zu erwarten, dass in Venedig auch maskierte Menschen durch die Gegend streifen.

Selbst auf dem knallvollen Markusplatz lassen sich südamerikanische und asiatische Besuchergruppen lieber mit den unvermeidbaren Tauben fotografieren als mit mir. Entweder bin ich nicht kostümiert genug oder so peinlich, dass keiner Notiz von mir nimmt. Ich trete den Rückweg nach Castello an. Selbst die mit ihren geringelten T-Shirts verkleideten, normalerweise sehr aufdringlichen Gondoliere versuchen nicht, mir eine Gondel für 80 Euro anzudienen. Mit einem Idioten in weißer Maske möchte man besser nichts zu tun haben. Ich schaue wehmütig, um nicht zu sagen seufzend, auf den Kanal, der unter der Seufzerbrücke hindurchführt. In einer gut gefüllten Gondel schweben fünf Asiatinnen an mir vorbei, sich und die Gondel mithilfe von Selfiesticks fotografierend. Eine Dame mit roter Jacke und auffälliger Brille winkt mir zu, dann winken auch die anderen. Die Dame mit der roten Jacke macht eifrig Fotos von mir, ich winke zurück, Narren-Mission erfüllt. Alleine kostümiert zu sein, mag zwar peinlich sein, sich aber als einziger Mensch in ganz Venedig zu maskieren und dann gar nicht beachtet zu werden, das tut schon weh.

Die venezianische Lust an der Kostümierung führt uns weit in die Geschichte zurück. Schon Ende des 11. Jahrhunderts wurde der Karneval in Venedig gefeiert, erste Hinweise auf das Maskieren sind seit 1268 belegt. Der Aufstieg und Fall der Weltmetropole gingen mit karnevalistischen Exzessen einher. Durch die zahlreichen Verbote vonseiten der Kirche und der Republik Venedig kann man die Geschichte des Maskentragens gut rekonstruieren. 1339 wurde verfügt, sich nachts nicht mehr verkleidet auf den Gassen zu bewegen, 1399 sollte man in Kirchen keine Masken tragen, 1458 wurde es Männern verboten, in Frauenkleidern Nonnenklöster zu betreten und dort unehrenhafte Dinge zu treiben.

Das ist schon der Hammer – denn wenn tatsächlich die Verkleidung als Nonne verboten wurde, heißt das ja nichts anderes, als
dass es tatsächlich auch praktiziert wurde. 1531 untersagte ein
Dekret den Maskierten das Tragen von Waffen. 1608 wird die
Kostümierung außerhalb der Karnevalszeit unter Strafe gestellt,
es droht ein Galeerenaufenthalt »mit Eisen an den Füssen«.
Diese Verbote wurden immer wieder erneuert, aber meistens
ignoriert. Dagegen war es wohl total normal, auch als Zuschauer
im Theater maskiert zu sein. So gesehen bestand also wenig Unterschied zwischen Bühnenakteuren und Publikum. Man darf sich
aber einen venezianischen Theaterabend nicht als Kultur-Event in
feierlicher Atmosphäre vorstellen. Man lief herum, in privaten
Logen gab es Gelage, man unterhielt sich lautstark. Alle machten
Theater, auch die Zuschauer.

Das gebräuchlichste Kostüm war die *Bauta*, ein schwarzer Umhang. Dazu trug man eine weiße oder schwarze Halbmaske aus
Samt oder Seide mit flacher Nase. Die Halbmaske wurde *Larva*
genannt (genauso eigentlich wie in der Schwäbisch-Alemannischen Fastnacht). Allerdings wurde der Maskierte mit *Signor
Maschera* angesprochen, der Maskenmann. Sehr bekannt und
auch heute noch beliebt (tausendfach ist sie in der Billigversion in
den venezianischen Schaufenstern zu sehen) ist die Maske des
Pestarztes mit dem langen Schnabel. Traditionell, so hat man sich
das vorgestellt, sollten aromatische Kräuter wie Zitronenmelisse,
Myrrhe oder Gewürznelken im Schnabel den Arzt vor den Pest-
Bakterien schützen.

Der Witz ist: Es gibt keinen historischen Beleg dafür, dass diese
Maske in Venedig zu Zeiten der Pest jemals eine Rolle gespielt
haben könnte. Auf der Homepage des Deutschen Medizinhistorischen Instituts in Ingolstadt (Postadresse Anatomiestraße 18–20)
ist zu erfahren, dass das Motiv des Pestarztes erst im 18. Jahrhundert, also erst deutlich nach dem Wüten der Pest in Europa, durch
Einblattdrucke populär gemacht worden ist. Diese wurden vor

allem in Nürnberg und Augsburg angefertigt und machten sich
über die merkwürdigen Gebräuche der ausländischen Ärzte lustig. Es könnte, so heißt es auf der Homepage, dahinter das Motiv
gestanden haben, das jeweils eigene reichsstädtische Gesund-
heitswesen im Vergleich mit der »Hilflosigkeit der Südeuropäer«
glänzen zu lassen. Im Laufe der Zeit seien die Bilder für bare
Münze genommen und immer wieder reproduziert worden, auch
in vielen medizinhistorischen Werken. Vermutlich sei das Motiv
des Pestarztes mit der Schnabelmaske heute deswegen global verbreitet und erfreue sich sogar einer außergewöhnlichen Beliebt-
heit, weil »es uns zweifach entgegenkommt: Es bedient die weit-
verbreitete Vorannahme, dass die Ärzte früher hilflos, grob und
von abergläubischen Praktiken geleitet gewesen seien, und es ist
für uns zugleich intuitiv verständlich, weil wir uns bei Epidemien
ja auch verhüllen und einen Nasen- und Mundschutz tragen.« Es
leuchtet mir unmittelbar an, dass mit der Pestmaske ursprünglich
südeuropäische Ärzte verhohnepipelt werden sollten – denn die
phallusartige Form der Nase (wie die der weißen Mönche in
Stavelot) ist doch allzu ausgeprägt.

Der Venedig-Biograf Peter Ackroyd beschreibt eindrucksvoll,
wie während der Karnevalsmonate jedermann – »Reiche wie
Arme, Ladenbesitzer und Richter, Priester und Prostituierte« –
vermummt herumlief. »Es hieß, man habe maskierte Mütter gesehen, die maskierte Säuglinge stillten.« Sogar von kostümierten
Hunden und Katzen wird berichtet. Die Lagunenstadt sei die
»Hochburg der illegalen geschlechtlichen Vergnügungen« gewesen. Ehemänner, so der Schriftsteller, hätten ihre Ehefrauen betrogen und umgekehrt. Überall in den Gassen, hinter Türen und
in verborgenen Winkeln hat man es getrieben. Der Karneval half
dabei, schildert Ackroyd anschaulich, gesellschaftliche und persönliche Spannungen abzubauen. »Der Karneval verhalf sieben
Theatern, zweihundert Speisehäusern und zahllosen Spielsalons
zu ausreichenden Einnahmen. In den Straßen wurden Stier-

kämpfe und Stierrennen veranstaltet, es gab Feuerwerke, Seil-
tänzer, Wahrsager, Bänkelsänger trugen ihre Lieder vor, es gab
Scheintrauerzüge.« Das Glücksspiel florierte. In Venedig gab es seit dem 12. Jahrhundert die ersten öffentlichen Spieltische Europas, 1683 öffnete
der erste öffentliche Spielsalon seine Pforten. Quasi der Prototyp
für ganz Europa. Großartig, das europäische Las Vegas, das
europäische Babylon, einfach der europäische Sündenpfuhl Nummer eins. Und alles unter der Maske des Karnevals. Die Maskenbälle wurden *i festini* genannt, und Zutritt hatte jeder und jede mit
Maske.»Im Saal«, so Ackroyd,»hörte man die Klänge eines Cellos
und eines Spinetts. Die freundlichen Besitzer des Hauses gingen
dann unter ihren Gästen umher und forderten die ihnen zuste-
hende Gebühr.«

Dirk Schümer, eine der besten Journalisten Deutschlands, hat
fast 20 Jahre mit seiner Frau im Herzen Venedigs am Canale
Grande gewohnt. Ich besuche Schümer in seinem neuen Domizil
in Baden-Baden, und er versorgt mich mit Material aus der wohl
größten Privat-Bibliothek über Venedig in Deutschland. Schümer
hat eigene (leidige) Erfahrungen mit dem Karneval gemacht.
2003 war er mit einem Team des ZDF zu einem Maskenball in
einem Palazzo eingeladen. Alle waren kostümiert, auch das Team,
auch Schümer. Auf der Hammond-Orgel (das moderne Spinett)
wurden nicht-karnevalistische Welt-Hits wie »I did it my way«
dargeboten. Nun ja, immerhin hat Frank Sinatra italienische
Wurzeln. Das Essen war maximal auf Kantinen-Niveau, allerdings hatten die regulären Gäste, viele Russen und Franzosen, pro
Paar 600 Euro Eintritt bezahlt. Also musste der Besitzer des Hauses – der anwesend und unkostümiert war – nicht mehr umher-
gehen und seine Gebühr einfordern.

»Es war der schrecklichste Abend meines Lebens«, resümiert
der Venedig-Experte. Schümer ist mit seiner Frau in den letzten
Jahren, als sie noch in Venedig wohnten, in der närrischen Zeit

regelmäßig auf der spanischen Insel La Palma gewesen. Dort trafen dann die venezianischen Karnevalsexilanten ihre »Kollegen« aus dem Rheinland, die ebenfalls vor ihrem Narrenfest geflohen waren. Schümer sagt: »Entweder fliehen die Venezianer, oder sie verdienen daran.« Und das war schon immer so, denn bereits im 16. Jahrhundert kamen Hunderttausende Besucher zum venezianischen Karneval, es war ein bedeutender Wirtschaftsfaktor für die Stadt. Deshalb hatten auch die Behörden ein hohes Interesse daran, den Karneval zu fördern und auszuweiten.

Auch hier haben die Ursprünge mit der vorösterlichen Fastenzeit zu tun. Der Verzicht auf Fleisch (carne levare = das Fleisch wegnehmen) gibt dem Fest seinen Namen. Interessant ist, dass auch die zweite Fastenzeit der Kirche in Venedig eine große Rolle spielt. Man liest öfter, in Venedig wäre ein halbes Jahr von Oktober bis März Karneval gefeiert worden. Das ist nicht ganz richtig. Denn traditionell wurde in allen katholischen Regionen auch vom 11. November bis zum ersten Weihnachtstag Verzicht geübt. Das Martinsessen am 11. November war noch einmal eine Gelegenheit zum Völlern, danach aber wurde gefastet, auch an Heiligabend. Vielleicht ist das der Grund, warum es in einigen Familien an diesem Tag auch heute kein Festessen gibt, sondern eher Bockwurst mit Kartoffelsalat.

Die beiden Fastenzeiten hatten nicht nur einen religiösen Sinn, sondern waren ganz lebenspraktische, um nicht zu sagen überlebenswichtige Anleitungen eines sinnvollen Lebens im Jahreskreislauf. Nach der Ernte im Herbst musste man ja über den Winter kommen, da war es schlau, erst einmal von Mitte November bis Ende Dezember zu fasten. Danach konnte man einige der Vorräte verbrauchen, aber um es bis in den Frühling zu schaffen, war es natürlich sinnvoll, auch noch einmal in den sechseinhalb Wochen vor Ostern zu fasten. So ist es also erklärlich, dass die Venezianer von Anfang Oktober bis Mitte November vor der ersten Fastenzeit Masken trugen. Und dann wieder ab dem Stephanstag (26. Dezember) bis zum Karnevals-Dienstag vor der zweiten Fastenzeit. Venedig wäre aber nicht Venedig, wenn man nicht auch noch sozusagen eine dritte Halbzeit drangehängt hätte. Denn um Christi Himmelfahrt wurde die ganze Geldschöpfung des traditionellen venezianischen Karnevals noch einmal aktiviert und die Masken wurden erneut ausgepackt, bei Einheimischen und vor allem bei Touristen. Der fast ganzjährige Karneval ist also keine neuzeitliche Erfindung.

Dirk Schümer kann sehr schön erzählen, wie Venedig vor ungefähr 300 Jahren zur europäischen Hauptstadt der Feierbiester wurde. Im 18. Jahrhundert waren die großen Handelszeiten der Venezianer vorbei. Portugiesen, Spanier, Holländer und Engländer hatten sich durch ihre Kolonien die Vormachtstellung im globalisierten Handel der Rohstoffe und Gewürze gesichert. Venedig erschloss sich eine neue Geldquelle und wurde zu *der* Partystadt Europas. Es gab unzählige Opern- und Theaterhäuser (das Prinzip Opernhaus wurde 1637 in der Lagunen-Stadt überhaupt erst erfunden), in großen Hallen wurde Tennis gespielt, die Bordell-Dichte war unfassbar hoch. Spaß und Entertainment von früh bis spät.

Richtig voll wurde es, wenn im Oktober so langsam die großen Heerführer und Offiziere auf den Schlachtfeldern nichts mehr zu tun hatten. Denn im Winter gab es sozusagen eine wetterbedingte Waffenruhe. Man war doch nicht so blöde (wie spätere kriegerische Generationen, vor allem im 20. Jahrhundert), sich bei Schlamm, Nebel und Kälte zu bekämpfen. Nein, es gab eine halbjährige Feuerpause, und die Zeit wurde (zum Beispiel auch während des Siebenjährigen Krieges) in Venedig überbrückt, meistens kostümiert. In der Stadt des Vergnügens trafen die gegnerischen Parteien aufeinander. Auf dem Schlachtfeld hatte man sich als Feind gegenübergestanden, nun feierte man zusammen friedlich den endlosen Karneval.

Goethe hat in seinen Reisenotizen über den italienischen Karneval in Rom berichtet. Am Aschermittwoch 1787 fällte er ein vernichtendes Urteil:»An den letzten Tagen war ein unglaublicher Lärm, aber keine Herzensfreude. Nun ist der Narrheit ein Ende. Das Karnaval in Rom muß man gesehen haben, um den Wunsch völlig loszuwerden, es je wieder zu sehen.« Zack. Auch Napoleon war anscheinend kein Freund des Karnevals, denn als er 1797 mit seinen Truppen Venedig eroberte und der französischen Republik einverleibte, endeten die närrischen Aktivitäten. Oft ist zu lesen, dass es fast 200 Jahre keinen Karneval in der Lagunenstadt gegeben hätte. Das kann allerdings nicht so ganz stimmen, denn es ist ein Brief von Lord Byron von 1818 erhalten, in dem er berichtet:»Ich habe vergangene Woche kaum Schlaf gefunden. Wir befinden uns in den letzten Tagen des Karnevals, in seinen Todeszuckungen, und ich muss die ganze Nacht auf sein und morgen ebenfalls.« Der arme Mann.

1979 wurde der Karneval in Venedig von einem Signore Scaparro als Graswurzelbewegung wachgeküsst und wiederbelebt. Nicht flächendeckend über das ganze Stadtgebiet, nur in ein paar Gaststätten in Castello nahe dem Arsenale. Anfang der 1980er feierte man einige Jahre Kneipenkarneval, kostümierte sich, zog Masken an, sang venezianische Volkslieder und Songs von Paolo Conte. Die Renaissance einer Volkskultur. Den Touristen gefiel das, sie fotografierten die kostümierten Einheimischen, sie maskierten sich ebenfalls, was wiederum den einheimischen Narren ziemlich schnell auf die Nerven fiel. Peter Ackroyd berichtet, dass der Karneval seit 2008 privatisiert ist, organisiert von einer Gesellschaft namens *Venice Events Ltd.*»Man hat seine Kommerzialisierung jetzt bis zur letzten Konsequenz vorangetrieben, und er (der Karneval) ist dabei unwirklich und hohl geworden.« Dieses Fazit halte ich für falsch. Was war denn der Inhalt des traditionellen Karnevals gewesen? Zerstreuungen aller Art, Spiel, Spaß, Sonette, Schabernack und Sex. War das nicht auch total hohl? An anderer Stelle konstatiert Ackroyd,»dass Venedig die erste Heimstätte des Kapitalismus in Europa war. Das Venedig der Touristen ist das eigentliche, das ›wirkliche‹ Venedig.« Da hat er natürlich recht. Die Kommerzialisierung des aktuellen Karnevals ist also nur die konsequente Fortsetzung des historischen Karnevals. Wenn der aktuelle hohl ist, war er das auch früher.

Man muss deswegen das Treiben in der Stadt in den tollen Tagen nicht toll finden. Dirk Schümer berichtet, Venedig sei generell schon sehr gut besucht. Vor allem im Frühling, Sommer, Herbst. Aber auch im Winter, speziell zur Karnevalszeit, ist es brechend voll, so voll, dass es auf den vielen Gassen kein Vor und kein Zurück mehr gibt. Wie im Mittelalter und in der frühen Neuzeit ist der Begriff der Karnevalszeit in der Lagunenstadt sehr weit ausgelegt. Die Woche vor Aschermittwoch gehört dazu, das ist logisch, aber auch die Woche danach. Was soll's, so genau nimmt man es nicht mit dem Fastenkalender, wenn der Rubel, der Euro und auch der Dollar rollt. »Dieser Karneval ist ein Fake«, sagt Schümer. »Die Touristen fragen: ›Ja, wo ist er denn nun, der Karneval? Wo ist er, der Umzug, die Bühne, was weiß ich?‹ Die Touristen suchen ein Ereignis, das sie selber sind. Man muss sich da so ein wenig als Mythenkiller betätigen. Nein, den Weihnachtsmann und den Osterhasen gibt es nicht, und den Karneval in Venedig leider auch nicht.«

Aber der Venedig-Experte erzählt auch, wie man das Narren-Treiben der Stadt genießen kann. Er kennt eine Dame aus dem Badischen, eine einfache Angestellte mit bescheidenem Gehalt. Sie verbringt das ganze Jahr damit, venezianische Kostüme nach historischem Vorbild zu schneidern. Der Besuch in der Lagunenstadt zur Karnevalszeit ist dann ihr Highlight des Jahres. Glücklich resümierte sie dereinst nach einem anstrengenden Tag im närrischen Gedränge: »Hundert Mal bin ich an einem Tag fotografiert worden!« Es geht eben ausschließlich um die Optik, nicht um den Inhalt.

Generell spielt im Karneval und bei den kollateralen Kostüm-

Events wie Halloween die Optik eine ganz entscheidende Rolle, sie ist der eigentliche Inhalt. Immer öfter sieht man übrigens auch protestierende Menschen in Kostümen, die sich aus dem üppigen Besteckkasten des Karnevals bedienen. Ich nehme als Beispiel die Proteste der weltweit agierenden Klimaschutzaktivisten *Extinction Rebellion*. Die meisten Leser erinnern sich vielleicht noch an die Fotos in den Zeitungen, an Menschen in blutroten Kostümen, die Gesichter weiß geschminkt. Die sahen aus wie eine Truppe geschmacklos verkleideter Venedig-Touristen. Es war eine kleine Gruppe, genau 16 Personen, aber sie hatten sich mit Bedacht maskiert. Zum einen waren ihre Gesichter nicht zu erkennen. Das hilft schon mal bei eventuellen polizeilichen Maßnahmen. Zum anderen – entscheidend im Sinne der Umweltaktivisten – sind das Kostüm und die Maske Garantie für eine bestmögliche Verbreitung in den digitalen und analogen Medien. Jeder Pressefotograf, jeder Bildredakteur möchte genau dieses Bild abdrucken, jeder Online-Redakteur bastelt lieber eine Bildergalerie des kreativen Protests, als ein paar Schnappschüsse einer Parka-Klamotten-Demo zu zeigen.

16 Leute bringen Tausende von Fotos, ein sehr wirkungsvoller Hebel. Das Kostüm hat Durchschlagskraft. Ein noch besseres Verhältnis schaffte eine einzelne Protestierende, die sich als eine Mischung aus Schmetterling und mexikanischer *Dia-de-los-Muertos*-Maske verkleidet hatte. Das Foto der jungen Frau aus unterschiedlichen Perspektiven wurde von einer Vielzahl von Presseagenturen verbreitet. Dann habe ich noch ein Foto gefunden, auf dem man eine Gruppe Menschen vor dem Kanzleramt sieht. Die sackartigen Ganz-Körper-Kostüme sehen aus wie eine Mischung aus Gartenzwerg-Outfit, Sträflingskleidung und Mönchskutte. Inhaltlich sind alle diese Kostüme hohl. Ein direkter Bezug zum Klimawandel lässt sich weder bei den blutroten Venedig-Lookalikes, noch beim toten Schmetterling oder den Umwelt-Zwergen herstellen, auch nicht mit sehr viel Fantasie.

Aber *Extinction Rebellion* bedient sich noch anderer Elemente des Karnevals. Ebenfalls vor dem Kanzleramt haben sich drei Darsteller riesige Schwellköpfe aufgesetzt, die Peter Altmaier, Angela Merkel und Olaf Scholz darstellen sollen. Der Mainzer Karneval lässt grüßen. Eine riesige Plane, auf der verschmutzte Meere dargestellt werden, könnte durchaus auch auf einem Persiflage-Wagen im Rosenmontagszug gezeigt werden. Die Grenzen zwischen Protest, Karikatur, Karneval sind fließend. Der kostümierte Protest tritt in der Regel nicht in der Masse auf. Auf richtigen Großdemos mit vielen Menschen sieht man eher klassische Stilmittel wie Transparente, Fahnen, Plakate. Der kostümierte Protest ist auch nicht gewalttätig, das ergäbe ja unschöne Bilder. Aktionen von links- und rechtsradikalen Schwarzen Blocks haben immer etwas Militantes, Guerillakampf für unausgelastete Wohlstandskinder. Sturmhauben und Mundschutz werden zur Vermummung benötigt, das sind keine Kostüme.

Es gibt eine interessante Verbindung zwischen dem kostümierten Narren und dem kostümierten Protest. Die Narren entreißen in den tollen Tagen den Mächtigen die Macht, oft wird symbolisch sogar vom Oberbürgermeister der Schlüssel der Stadt überreicht – er weiß ja, dass er ihn wiederbekommt. Der kostümierte Protest will mit seinen bildmächtigen Verkleidungen und Aktionen auch an der Souveränität der Mächtigen rütteln. Ein Schlüssel wird allerdings nicht übergeben. Aber der kostümierte Protest schafft es vielleicht – das ist zumindest das Ziel –, Mitmenschen und Bürger von der Dringlichkeit eines Problems zu überzeugen, in diesem Fall dem Klimawandel. Und dafür sind eben bunte Masken und Gewänder für eine positiv besetzte Optik sehr geeignet.

Aber egal, ob *Extinction Rebellion* oder venezianischer Karneval – um ein Objekt der Begierde für die Fotokameras zu sein, reicht es nicht, mit einer Halbmaske aus Plastik und einem Dreispitz durch Venedig zu laufen. Wahrscheinlich war ich bei meinem Karneval-in-Venedig-Experiment einfach nicht fotogen genug. Nur eine asiatische Dame in roter Jacke hat sich erbarmt. Nun bin ich als venezianischer Narr bis in alle Ewigkeit auf einem ostasiatischen Digitalspeicher verewigt. Wenn das Foto nicht schon längst gelöscht wurde.

Kapitel 12

EINE LEGENDÄRE HALLOWEEN-PARTY

Klaffende Halswunden – Wie närrisch sind Mümmelprinzenpaare? – Jägermeister-Fanta in der Paderhalle – Echt gruselig!

In der Nacht vor der Fastenzeit lässt man noch mal die Sau raus. Das ist die Fast-Nacht. So ähnlich verhält es sich auch mit dem Vorabend des Allerheiligenfestes am 1. November, dem »All Hallows Eve«, erfunden in Irland. Und wenn man genug *Guinness* getrunken hat, spricht man »All Hallows' Eve« aus wie »Halloween«. Halloween haftet, wie dem Karneval, etwas Aufrührerisches an. In dieser Nacht wurde traditionell Unfug getrieben und Unruhe gestiftet. Seit den 1990ern und rasant zunehmend in den letzten Jahren feiert man dieses Gruselfest auch in Deutschland. Mit Partys, Süßes-oder-Saures-an-der-Haustür-Klingel-Späßen und vor allem erschreckenden und schrecklichen Verkleidungen.

Mein Kostüm ist ein schwarz-roter Umhang – ein wenig teuflisch sieht das aus, aber vor allem wie eine Billigversion von Graf Dracula. Auf dem Kopf wieder einmal der Dreispitz, der ist universell einsetzbar. Ich bin eben ein untoter Pirat oder ein Zombie-Venezianer. Dazu brauche ich aber noch irgendetwas Ekelerregendes im Gesicht, wegen des Halloween-Effekts. Sehr lange habe ich bei *Karstadt* in Saarbrücken gestanden und mir zahlreiche Gruseleffekte angeschaut. »Slashed Throat«, eine übel klaffende

Halswunde, war mir echt zu eklig, Wunden-Tattoos zu albern.
»Fun Linsen«, mit denen man sich grüne, rote und blinde Augen
machen kann, waren mir zu heikel. So was lass ich doch nicht an
meine Augäpfel ran, was ist, wenn ich die nicht mehr rauskriege
oder sich etwa ein Sehorgan entzündet? Auch das sonstige Angebot an Wundschorf, Schnittwunden und Horrorhaut überzeugte
mich nicht.

Ich habe mich für Kunstblut aus der Sprühdose entschieden.
Ein Fehler, das merke ich beim Praxistest, das Zeug ist viel zu
dünnflüssig. Ich sprühe einen runden roten Fladen auf die rechte
Wange, das sieht erst einmal überhaupt nicht gruselig aus, eher
niedlich, so wie bei dem Kind auf der Rotbäckchen-Saft-Flasche.
Also eher kerngesund als untot. Sekunden später rinnt mir ein
Rinnsal Kunstblut über das Kinn den Hals hinunter, ich kann das
nicht stoppen, verdammt, echtes Blut ist doch viel, viel dickflüssi-
ger. Da muss ich wohl durch, also sprühe ich mir noch etwas auf
die Schläfe und draculamäßig in den Mundwinkel. Die Sauce
läuft mir über das Gesicht, und die dünnen Blutgerinnsel verei-
nigen sich an meinem Adamsapfel wie zu einem Flussdelta. Gesamteindruck: eher Halloween-Amateur. Und kurz bevor ich
zur Party gehe, weiß ich noch gar nicht, dass es eine Höllenarbeit
ist, dieses feine, dünnflüssige Kunstblut später wieder abzu-
schrubben.

31. Oktober, 22 Uhr, das Kunstblut hält, ich mache mich auf den
Weg zur legendären Halloween-Party von Paderborn. Klar, in
Köln tobt die größte Grusel-Fete des Universums mit 15 000 Gästen. Aber mein Lektor Stefan hatte die Idee, ich solle dort Halloween feiern, wo Karneval und Fastnacht ein Fremdwort sind.
Also dahin gehen, wo es wehtut. Bielefeld oder so. Dann entdeckte ich die Halloween-Party in der Paderhalle von Paderborn.
Erwähnte ich schon, dass diese Halloween-Party legendär ist? So
steht es auf jeden Fall auf meiner Eintrittskarte. Ein Bild von einem Horror-Clown dazu und der Vermerk »Einlass unter Vorbe-

halt«. Was soll das heißen? Kommt man nicht rein, wenn man zu wenig nach Halloween aussieht? Oder zu sehr vorgeglüht hat? Ich stelle mich in die Warteschlange vor der Paderhalle und beobachte sechs junge Kerle mit Migrationshintergrund. Die Jungs kichern wie Mädchen vor dem Debütantinnenball. Mit drei Stiften malen sie sich Blut ins Gesicht, ein Beispiel für wirklich gelungene Integration.

Ich komme ohne Vorbehalte durch den Einlass und schaue mich im noch sehr leeren Eingangsbereich der Paderhalle um. Es gibt drei »normale« Theken plus eine reine Cocktail-Theke, es scheint also bei dieser Party vor allem darum zu gehen, in möglichst kurzer Zeit möglichst viele Getränke zu vernichten. Der 1990er Dance-Floor im Obergeschoss soll erst um 23 Uhr öffnen. Hoffentlich spielen die da auch etwas thematisch Passendes, so richtig schön gruselig: »Zombie« von den *Cranberries* oder »Thriller« von Michael Jackson oder einfach alles von *Modern Talking*. Im Untergeschoss läuft Dance-Musik, auch schon um 22 Uhr, das ist echt schauderhaft, aber da muss man durch. Ich sitze an der Theke im Mittelgeschoss und fühle mich eigentlich recht wohl in meinem Umhang. Das ist ein Gefühl wie in meiner Grundschulzeit. Damals haben sich alle Knaben aus unserer Bande ihre Jacken um die Schultern gebunden, sodass der Parka wie ein Zorro-Umhang beim Laufen flatterte. Ich trinke ein Bier, die jungen Leute neben mir bestellen Jägermeister-Fanta, Wodka-Orangensaft, Whiskey-Cola. Richtig gruselige Halloween-Getränke. Einige Typen sind weder geschminkt noch kostümiert, die wollen nicht mitspielen. Zwei ungefähr 40-jährige Frauen sind ebenfalls nicht verkleidet, aber extrem aufgedonnert. Die beiden können sich thematisch noch nicht einmal damit herausreden, dass sie schon von Natur aus horrormäßig aussehen.

Die Minimalverkleidung ist ein rotes Panzerknacker-T-Shirt, das schon beim Karneval eigentlich nicht als Kostüm durchgeht. Ich sehe drei Jungs in Bundeswehr-Klamotten mit Kunstblut im

Gesicht und viele Skelette ohne Kunstblut im Gesicht. Eine junge Frau hat sich als Braut verkleidet und eine klaffende Gesichts- und Halswunde geschminkt, als wäre sie in der Hochzeitsnacht ausgeweidet worden. Warum macht man so etwas? Auffallen um jeden Preis? Welche Neurosen werden da verarbeitet? Sexy sieht das wirklich nicht aus. Und unpraktisch ist es auch, hat sie doch sehr große Mühe, ihren Schnaps zu kippen, ohne zu kleckern.

Ich komme mit einem Pärchen neben mir ins Gespräch, das kein Pärchen ist. Also, angeblich sind sie kein Pärchen. Aber warum legt Max immer den Arm um Meike? Und warum streiten die beiden, was Max trinken darf oder sollte? Er setzt sich schließlich durch und ordert einen Wodka-E, E steht für Energy-Drink, so eine Art Bullengetränk. Meike sagt, sie seien »jungfräulich« auf der legendären Halloween-Party, also zum ersten Mal vor Ort. Meike studiert Sozialarbeit, früher hieß das Sozialpädagogik, kurz Sozpäd. Max ist Pfleger in einem Altenheim, wenn ich das richtig verstanden habe. Sie hat sich sehr dezent als Frida-Kahlo-Skelett aus dem Film *Coco* geschminkt, einem der genialsten Disney-Filme seit *Schneewittchen*, bei dem es um den mexikanischen *Dia de los Muertos* geht.

Dieser Tag der Toten wird eigentlich an drei Tagen gefeiert. Von Halloween am 31. Oktober bis zu Allerseelen am 2. November. Beim Dia de los Muertos geht die ausgelassene Feier von Halloween mit der Trauer von Allerheiligen eine geniale Verbindung ein. Es wird der Toten gedacht, aber so, als wären sie lebendig und würden einfach mitfeiern. Daher wirft man sich in Skelett-Kostüme und errichtet in den Wohnungen oder auf den Gräbern kleine mit Blumen, Familienfotos, Laternen und Todessymbolen wie bunt bemalten Schädeln dekorierte Altäre. Auf den Friedhöfen wird ein großartiges Fest der Lebenden und Verstorbenen zelebriert.

Der »Freund« von Meike hat sich noch weniger Mühe gegeben, er hat sich einfach schwarze Farbe ins Gesicht geschmiert. Max kommt aus Karlsruhe, Meike aus einem Dorf in der Nähe von Paderborn, mit Karneval haben die beiden nichts am Hut. Paderborn ist generell eher eine karnevalsfreie Zone. Das ist erstaunlich, denn eigentlich ist Paderborn als Bischofssitz und urkatholische Stadt prädestiniert, eine Narrenhochburg zu sein. Aber, oh weh, dieses Westfalen tut sich einfach schwer mit dem fastnächtlichen Treiben. In Paderborn gibt es zwar eine Art Karnevalsumzug, für den kann man sich aber noch eine Woche vorher anmelden, der Andrang der Gruppen scheint also nicht übermäßig stark zu sein. Man grüßt im (legendären?) Paderborner Karneval mit *Hasi-Palau*, und es gibt seit 2014 Mümmelprinzenpaare. Was dem Kölner der Geißbock, ist dem Paderborner der Hase. Denn wenn man sehr lange sucht, findet man am Paderborner Dom unweit von hier einen gotischen Fensterschmuck, der drei Hasen darstellt. Daher:»Hasi-Palau!« Das alles ist sehr Hasen-fixiert, da passt vielleicht dieser Häschenwitz:»Hattu Möhre? Muttu in Paderborn Karneval feiern!«

Zurück zu Max und Meike, die nach eigenen Aussagen nur zehn Minuten gebraucht haben, um sich halloweenesk zu schminken. Das glaube ich sofort. Die beiden wollen vor allem sehen, wie die anderen Gäste sich verkleidet haben»Ach, guck mal der da«, sagt Meike und zeigt auf einen jungen Mann mit blinkender schiefer Horrormaske wie in dem Film *Scream*, dazu trägt er einen gepunkteten Strampelanzug. Er muss von seiner Freundin am Händchen genommen werden, da er anscheinend so gut wie nichts durch die Maske sieht. Aber vor allem sind Meike und Max zum Abzappeln da, die Dance-Music im Untergeschoss ist genau ihr Ding. Die 1990er-Jahre-Mucke im Obergeschoss dagegen weniger. Die Halloween-Party in Paderborn ist – erzählen die beiden – auf Eins Live (dem Jugendsender des WDR) empfohlen worden, darauf sind die beiden sehr stolz. Ein Veranstaltungshinweis auf Eins Live! Auf zur legendären Halloween-Party! Nach Paderborn! Meike und Max machen mit ihrem Wodka-E und

Mineralwasser den Abgang und gehen tanzen. Ach ja, ich habe übrigens dem Nicht-Pärchen erklären müssen, was Halloween überhaupt für ein Fest ist. Diese Feier ist aus europäischer Sicht so eine Art Re-Import. Von Irland aus wurde es durch Auswanderer in den USA populär, seit den 1990ern ist die Begeisterung für das Gruselfest wieder nach Europa und Deutschland geschwappt. Wenn man in den 1980er-Jahren Kinder mit Kürbisköpfen durch Hollywood-Filme geistern sah (zum Beispiel in *E. T.*), fragte man sich, was die da eigentlich machen. Lebensmittelmissbrauch oder einfach Geschmacksverirrung? Die Verbindung von Halloween und Allerheiligen schleift sich allerdings immer mehr ab. Genauso, wie immer weniger Menschen nach der Fastnacht wirklich fasten. Max hat gemeint:»Ich habe keine Toten auf dem Friedhof, die ich morgen besuchen kann. Ach so, doch, ein Opa auf dem Friedhof in Darmstadt.« Das hat etwas mit der demografischen Entwicklung zu tun – keine Kriege, hohe Lebenserwartung, also keine Friedhofbesuche und kein Totenkult. Stattdessen sind Tote Kult. Und Zombies. Und massakrierte Bräute.

Etwas Sorge macht mir, dass die Party so spät begonnen hat, die wird sich ja wohl noch eine Weile hinziehen. Und gilt nicht so eine Art Tanzverbot, speziell für die traurigen Feiertage? Ich habe nachgeschaut, das Feierverbot ist je nach Bundesland unterschiedlich. Würde diese (legendäre) Party in Passau (Bayern) stattfinden, wäre schon um 2 Uhr Schluss, in Pforzheim (Baden-Württemberg) um 3. In Pirmasens (Rheinland-Pfalz) und Perl (Saarland) müsste um 4 fertig gruselig sein. Aber in Paderborn, das zu Nordrhein-Westfalen gehört, darf man bis 5 Uhr morgens horrormäßig abzappeln. Das wird mir alles zu spät. Um Mitternacht breche ich auf, kurz bevor die Party in Paderborn allzu legendär wird. Ich muss morgen früh raus, morgen ist nun mal Allerheiligen, und ich habe eine Verabredung mit Ingo, Konstantin und den Roten Funken in Köln. Auf dem Friedhof.

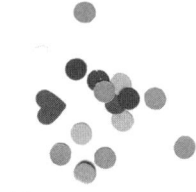

Kapitel 13

ALLERHEILIGEN MIT DEN ROTEN FUNKEN

Jeck bis ins Jenseits – Is et am rähne? – Ein Narr aus Oldenburg – Delirium Dilarium

Gestern in Paderborn: Sonnenschein, Indian Summer, Goldener Oktober. Heute Morgen in Köln: Grau, Dauerregen, fallende Blätter, Allerheiligen. Ungefähr 300 Menschen, die meisten männlich, schwarze Regenschirme, schwarze Mäntel, eine Prozession setzt sich in Gang. Die Roten Funken sind unterwegs, um ihre Toten zu ehren. Wir sind auf dem Melaten-Friedhof, Zentralfriedhof der Domstadt. Der Gottesacker von Köln wurde vom Universalgelehrten Ferdinand Franz Wallraff erbaut, nach dem Vorbild des berühmten Friedhofs Père Lachaise in Paris. Willy Millowitsch ist auf Melaten begraben, ebenso wie Irmgard Keun, Sigmar Polke, Heinz Konsalik, Dirk Bach und Guido Westerwelle.

Karneval und Tod, passt das überhaupt zusammen? Hervorragend, findet der Kölner Psychologe Wolfgang Oelsner. Denn, so Oelsner, es käme ja nicht von ungefähr, dass der Tod im jecken Liedgut eine große Rolle spiele. Schon Jupp Schmitz sang »Wir kommen alle alle in den Himmel«, und in einem ihrer größten Hits heißt es bei *Kasalla*: »Auf die Liebe und das Leben, auf die Freiheit und den Tod.« Karneval ist eine »Anderswelt«, sagt Oelsner, »in der wir unseren Ängsten, unserer Verletzbarkeit und eben auch unserer Sterblichkeit ein (sozusagen tödliches) Gegengift entgegensetzen können: Wir machen uns das Böse und Freund Hein zum Freund: Wir schlüpfen in seine Rolle, machen uns das Unheimliche zu eigen.« Der traditionelle Karneval seit 1823 kennt hauptsächlich zwei Erscheinungsformen: den Umzug und die Sitzung. Beides findet an Allerheiligen auf dem Melaten-Friedhof statt. Ohne Tusch und Heiterkeit – in aller Würde. Die Blaskapelle am Kopf des Zugs gibt dabei den Takt vor. Der sonst zackige und fröhliche Funkenmarsch wird in Moll gespielt, langsam und getragen.

Wir gehen vorbei an den Gräbern der Ex-Bürgermeister John van Nes Ziegler und Theo Burauen, geschmückt mit frischen Kränzen und rot-weißen Schärpen der Stadt Köln. Funken-Kumpel Ingo geht neben mir und merkt an, dass wir eine kleine Extra-Schleife gehen, sonst wäre die Prozession nicht lange genug – so weit ist das Funken-Grab gar nicht vom Haupteingang des Friedhofs entfernt. Seit 1920 ziehen die Roten Funken zum Grab des zuletzt verstorbenen Funken-Präsidenten, lange Jahre ging man dazu auf den Südfriedhof. Seit drei Jahren gibt es eine Gedenk- und Grabstätte auf Melaten, Ende 2018 wurde der erste Funk dort beerdigt. Ingo ist begeistert, dass es diesen Ort gibt: »Einfach schön! Bei der Beerdigung bekommt man sein Krätzchen ins Grab geschmissen. Ich werde mir da auch eine Stelle kaufen.« Na ja, er gibt zu, er müsse sich erst einmal erkundigen, wie teuer das ist. Und das mit dem Grab habe ja noch Zeit. Ich weiß nicht, gebe ich zu bedenken, immerhin raucht Ingo, trinkt gerne Kölsch und ist auch noch Fan des 1. FC Köln. Hobbys, die nicht unbedingt Garantie für ein langes Leben sind.

Im Buch *Vom Stadtsoldaten zum Roten Funken* ist das Verhältnis zum Tod sehr schön beschrieben: »Ebenso wie die Aufnahme in die Roten Funken rituell festgelegt ist und symbolisch gestaltet wird, ist es auch das Ausscheiden aus der Gemeinschaft. Im Regelfall beinhaltet die Mitgliedschaft bei den Roten Funken einen lebenslangen Anspruch.« Und da die Funken zur Familie werden, spielten natürlich auch der Abschied und das Gedenken an verstorbene Mitglieder eine große Rolle. Sowohl im Gedenkraum in der Ulrepforte als auch in jedem Jahr an Allerheiligen auf Melaten. Die Funken sind Familie, was sich in der häufigen Verwendung des Begriffs »Bruder« als Funken- und Corpsbruder manifestiert. »Das Krätzchen demonstriert die Zugehörigkeit zum Verein weit über den Karneval hinaus.« Und als Grabbeigabe wie bei den ägyptischen Pharaonen demonstriert das Krätzchen auch die Zugehörigkeit zu den Funken über den Tod hinaus. »Wir sind eine Gemeinschaft, und du gehörst dazu‹, das ist die eigentliche Botschaft des Allerheiligengedenkens, die wiederum dem christlichen Kern dieses Termins sehr nahekommt.«

Wir sind am Grab angekommen, es regnet weiter, die Regenschirme sind aufgespannt. An der Gedenkstätte sprechen der evangelische Funken-Pastor und der katholische Funken-Pfarrer, der Chor der »Rheinmelodiker« singt. Dann tritt der Präsident der Roten Funken, Heinz-Günther Hunold, ans Mikrofon – und es wird grundsätzlich. Hunold erinnert an das 70 Jahre alte Grundgesetz und die Würde des Menschen, die Gleichheit der Bürger Deutschlands, er redet über inklusive Veranstaltungen zusammen mit Menschen mit Behinderungen, er erzählt vom Gründungsakt des ersten jüdischen Karnevalsvereins nach dem Krieg, bei dem die Funken beteiligt waren (in einem späteren Kapitel werde ich die »Kölschen Kippa Köpp« vorstellen). Aber Hunold berichtet auch über einen Funk mit Migrationshintergrund, der seine Mitgliedschaft wegen rassistischer Sprüche ruhen lässt.

Sehr ernste Themen. Nicht lustig, obwohl der Präsident mehrfach betont, dass mit Allerheiligen für die Funken die Session, die heiße Karnevalszeit beginne. Hunold geht eindringlich auf Karl Küpper ein, den legendären Büttenredner (übrigens auch auf Melaten begraben), der bis 1938 subtil die Nazis auf die Schippe nahm. Er marschierte mit dem Hitler-Gruß auf die Bühne und kommentierte: »So hoch liegt bei uns im Keller der Dreck.« Oder aber, ebenfalls mit gestrecktem Arm:»Is et am rähne?« Aktuell vereinnahmen die Populisten von der AfD, die sich perfiderweise als Widerstandskämpfer gerieren, diesen Karl Küpper. Dagegen läuft der Rat der Stadt Köln Sturm, aber auch der Präsident der Roten Funken. Eine würdige Allerheiligen-Ansprache, eine kämpferische Rede für die Verteidigung der Demokratie und der Menschenrechte.

Der Krätzchensänger Thomas Cüpper (warum heißt eigentlich im Kölschen sowohl eine »Kappe« als auch ein »Lied« Krätzchen?) singt »Heimweh nach Köln« von Willi Ostermann (auch auf Melaten begraben). In dem Lied geht es um die Perspektive nach dem Tod:

Un luuren ich vum Hemmelspözje
Dereins he op ming Vatterstadt,
Well stell ich noch do bovven sage
Wie jän ich dich, mi Kölle, hatt.

(Und schaue ich herab vom Himmelstor, dereinst auf meine Vaterstadt, möchte ich von dort oben sagen, wie gerne ich dich, mein Köln, hatte.)

Ich stelle mir vor, dass in diesem Moment viele verstorbene Funken auf Melaten hinunterschauen. Noch einmal singt der Chor, und die Blaskapelle geleitet uns zum Südeingang an der Aachener Straße. Das war eine sehr schöne, würdevolle Mischung aus Sitzung und ökumenischer Messe. Wir haben das zwar alles im Stehen absolviert, aber trotzdem waren alle Elemente einer Sitzung vorhanden: Musikgruppe, Chor, Einzelsänger, Textbeiträge.

Zweiter Allerheiligen-Programmpunkt der Roten Funken: Frühschoppen. Mit Straßenbahn, Autos und zu Fuß machen sich 300 Funken auf zur Gaststätte *Marienbildchen*. Schnell stehen die ersten Kölsch auf dem blanken Holztisch, Ingo, Konstantin, Volker und Joachim aus dem ersten Knubbel sitzen an meinem Tisch.

Ich werde von allen Funken aufgenommen, als wäre ich schon immer dabei, das ist der Hammer. Jonas kommt dazu, ein junger Mann in seinen Dreißigern. Er ist gebürtiger Norddeutscher, hatte aber schon immer ein Faible für den Kölner Karneval. In der Oberstufe setzte er sich mit seinen Freunden in Oldenburg (!) mit einem Kasten Bier vor den Fernseher und schaute mit Begeisterung den Rosenmontagszug. Ich kann das kaum glauben. Das zieht sich zuweilen ja doch sehr, selbst wenn man live als Zuschauer am Straßenrand dabei ist. Als es Jonas beruflich nach Köln verschlug, ergriff er die Chance, Funk zu werden. Er findet es großartig, dass vom KVB-Fahrer über den Professor bis zum Self-Made-Millionär alle Schichten der Gesellschaft bei den Roten Funken vertreten sind.

Alles gut und schön, aber – die kölsche Gretchenfrage – wie halten es denn die Roten Funken mit dem berühmt-berüchtigten Klüngel? Wikipedia widmet dem Kölner Klüngel ein ausführliches Kapitel und zitiert Konrad Adenauer:»Mer kennt sich, mer hilft sich.« Es gilt eben in der Domstadt das lateinische»manus manum lavat« – eine Hand wäscht die andere. Aber wo ist die Grenze zwischen harmlosem Networking und handfester Korruption? Gerade in Köln kann man spätestens vor dem Hintergrund des Immobilienskandals um Josef Esch und der Privatbank Sal. Oppenheim nicht mehr davon sprechen, dass der Klüngel immer und jederzeit»ein Geschenk des Himmels« sei, so, wie es in einem Karnevals-Song behauptet wird. Der junge Funk Jonas schwört Stein und Bein, dass das Klüngeln keine große Rolle bei den Funken spielen würde. Im Gegenteil: Genau dafür sei unter anderem die zweijährige Hospitanz sinnvoll. Nicht nur, um zu sehen, ob es jemand ernst meint und bei jedem Knubbelabend erscheint. Man finde während der Hospitanz auch schnell heraus, ob jemand nur wegen der Kontakte und eventuellen wirtschaftlichen Vorteilen Mitglied bei den Funken werden wolle. Diese Leute würden dann schnell aussortiert.

Das heißt aber, dass es Kontakte und eventuell auch daraus resultierende wirtschaftliche Vorteile gibt. Wäre auch merkwürdig, wenn das bei 400 Vereinsmitgliedern, die sich auch außerhalb der Session regelmäßig sehen, nicht der Fall sein sollte. Vielleicht ist ja auch den meisten in den Traditions-Corps das Klüngeln so in Fleisch und Blut übergegangen, dass sie den Klüngel schon gar nicht mehr als solchen erkennen. Interessant in diesem Zusammenhang die Klüngel-Definition des Politologen und Korruptionsforschers Frank Überall. Überall (kein Namenswitz an dieser Stelle) schlägt eine dreistufige Eskalations-Definition für den kölschen Klüngel vor: Erste Stufe – situative Kooperation. Zweite Stufe – Netzwerke. Ditte Stufe – Korruption. Ich glaube sofort, dass die Roten Funken nichts mit Korruption zu tun haben und zu tun haben wollen. Aber natürlich kooperieren (nicht nur situativ) und netzwerken die Männer in den rot-weißen Uniformen. In der Zeichnung des ersten Knubbels *Streckstrump* sieht man eine geflickte rot-weiße Socke und zwei Wollknäuel. Das passt perfekt, denn der Begriff Klüngel leitet sich laut Wikipedia von dem lateinischen »clunga« ab, dem Knäuel: »Das Wort steht für ein Gebilde, in dem Hunderte Fäden in- und durcheinander laufen, sodass man von außen nicht zu durchschauen vermag, wie alles zusammenhängt.« Ein schönes Bild für den Klüngel, den Knubbel Streckstrump, die Roten Funken. Alles hängt zusammen, und ich darf mittendrin sitzen, herrlich.

Der übereifrige Köbes (ein kölscher Kellner mit blauer Schürze) bringt rasch ein Kölsch nach dem anderen. Etwas zu rasch, das letzte Glas sollte eigentlich leer sein, bevor das neue kommt. Es ist regelrechte Akkordarbeit, mit dem Trinken hinterherzukommen. Auf meinem Deckel sammeln sich definitiv viel weniger Striche, als ich Biere getrunken habe, denn irgendwer am Tisch schmeißt immer eine Runde, meistens Volker. Die Gespräche perlen, es geht ein wenig um Fußball (*Effzeh, oweh*), deutlich mehr um Frauen. Wann sollen sich Männer über Frauen unterhalten kön-

nen, wenn nicht unter Männern? Das ist doch umgekehrt genauso. Mit Konstantin und Ingo geht es aber eher um (ur-)alte
Storys aus längst vergangenen Jugendtagen. Ingo wird ange-
pflaumt, weil er im Fleece-Pulli am Tisch sitzt, der ist auch noch
beigefarben, nicht schwarz, während alle anderen allerheiligen-
mäßig mit Anzug und Krawatte angetreten sind. Aber, verteidigt
sich Ingo, er habe immerhin seine Kappe, das Krätzchen dabei. Er
wisse an Allerheiligen nie, ob mit oder ohne Krätzchen auf den
Friedhof. Alle anderen stöhnen und sagen fast im Chor: »Nie –
mit – Krätzchen!« Da Ingo nun schon einmal die närrische Kopfbedeckung dabeihat, bekomme ich sie aufgesetzt. Leider ist mein
Kopf zu groß, oder das Krätzchen zu klein. Joachim heftet mir
aber schon mal den Funken-Pin ans Revers, der steht mir gut. Ein
Funk am Tisch resümiert: »Delirium Dilarium, voll wie ein Aqua-
rium!«

»Der Kitt zwischen den Männern ist Alkohol«, schreibt eine
feministische Historikerin in dem Buch *Vom Stadtsoldaten zum
Roten Funken.* Schön, dass sich Funken auf betrunken reimt, auch
das könnte man als Parodie auf das preußische Heldenpathos
deuten. Die Autorin ordnet die Funken klar als »männerbündisch« ein, dies sei verbunden mit einer »Negation des Weiblichen« und einem »Ausgrenzungsmechanismus« gegenüber
homosexuellen Männern. Ist das wirklich so? Ich bezweifle, dass
es in der deutschen Schwulenhauptstadt Köln nicht einige Homosexuelle bei den Funken und den anderen Traditionscorps gibt.
Die Frage ist nur, ob sie ihr Schwulsein so offen leben können wie
zum Beispiel in der (auch männerbündischen) »StattGarde«, dem
Karnevalsverein der Homosexuellen.

Meiner Meinung nach sind die Funken ganz wertungsfrei ein
Männerverein, nicht negativ konnotiert männerbündisch. Eine
entscheidende Frage ist der feministischen Historikerin keine
einzige Zeile wert. Warum sollte ein Karnevalsverein, dessen Da-
seinszweck auf der Parodie der faulsten, versoffensten, ärmsten

und pazifistischsten Soldaten aller Zeiten basiert, Frauen aufnehmen? Es gab im 18. Jahrhundert nun mal keine weiblichen Soldaten, daher ist es nur folgerichtig, dass es bei den Roten Funken nur Männer gibt. Das ist meine Meinung als alter weißer Mann. Eine Leserin dieses Buchs könnte dagegen der Ansicht sein, dass sich die Zeiten nun einmal geändert haben. Man könnte auch argumentieren, dass die Funken in gewissem Widerspruch zu dem von Chef Hunold so hochgelobten Grundgesetz stehen, demzufolge Männer und Frauen gleichberechtigt sind. Vom Klüngel (und den damit verbundenen Vorteilen und Kontakten) der Funken ist aber die Hälfte der Bevölkerung Kölns ausgenommen.

Et jitt jett ze müffele, auf hochdeutsch: Essenszeit. Die Auswahl an kölschen Speisen-Klassikern: Mettknubbel met Röggelchen, Halver Hahn, Krüstchen Gulasch. Meine Wahl ist Himmel un Ääd, also gebratene Blutwurst mit Kartoffelstampf, Zwiebeln und Apfelscheiben. Ich berichte dem Ex-Prinzen Konstantin von meinen bisherigen Rechercheergebnissen als Narr, über den Kostümwahnsinn der Cosplayer, die Halloween-Freaks und die Live-Rollen-Spieler. »Aber wir, die Roten Funken«, sagt Konstantin rigoros, »wir tragen kein Kostüm.« Dabei belassen wir es, weil die nächste Runde Kölsch anrollt. Ich muss ihn aber beim nächsten Zusammentreffen fragen, was sie denn beim Zug anhaben? Eine Uniform? Eine Tracht? Oder sind alle Roten Funken so mit ihrer Rolle verschmolzen, dass eher der Anzug an Allerheiligen und im Arbeitsalltag die Verkleidung, das Kostüm ist? Interessant ist ja zum Beispiel, dass beim alljährlichen Regiments-Exerzieren (eine Art Zapfenstreich) Anfang Januar, früher (als Bonn noch Hauptstadt war) tatsächlich echte Militärattachés aus aller Herren Länder den Roten Funken ihre Aufwartung gemacht haben. Die Funken spielen nicht Soldat, sie sind Soldaten. Närrische Soldaten zwar, aber eben Soldaten mit allem, was dazugehört: Uniform, Exerzieren, Gewehr, Zapfenstreich.

In diesem Sinne: Gläser hoch! – auf die dummen Sprüche, auf

den Tod, auf die Roten Funken. Man kann sich scheiden lassen, seinem Fußballverein untreu werden, den Job wechseln, aber Funk bleibt man lebenslänglich. Natürlich sind die Funken ein Männerladen, so wie zum Beispiel Burschenschaften. Sie sind aber keine schlagende, sondern eine lachende Verbindung, eine närrische, eine jecke Verbindung. An Allerheiligen eine besinnliche, eine trauernde Verbindung – bis der Frühschoppen beginnt. Wichtig ist immer beides: der eigene Knubbel und der Corpsgeist des gesamten Regiments, dafür ist Allerheiligen extrem wichtig. Es geht immer um Gemeinschaft. Deswegen sind Karnevals- und Fastnachtsvereine ein perfekter Kitt in den Regionen. Ich muss sagen, mir gefällt das sehr, sehr gut. Ich werde einen Antrag stellen, Funk zu werden, Roter Funk, natürlich. Zunächst einmal als inaktives Mitglied. Dann bekomme ich meinen eigenen Funken-Pin, mein erstes karnevalistisches Abzeichen. Und ein eigenes Krätzchen, passend für meinen Schädel. Eigentlich kann ich das Krätzchen dann an 365 Tagen im Jahr tragen – es ist ja kein Kostüm.

Kapitel 14

ELFTER ELFTER, ELF UHR ELF

Der Hoppeditz erwacht – Ein Tabubruch in Mönchengladbach – Gott sei Dank muss das Willi Ostermann nicht mehr erleben

Helau, Alaaf und Hurra, die Fastnacht, der Karneval, der Fasching ist da. Oder doch nicht? Denn historisch gesehen ist der Schnapszahlentag alles andere als der Beginn der närrischen Zeit, aber dazu später mehr. Von akademischen Fragen lässt sich ein richtiger Jeck nicht vom Feiern abbringen, auf jeden Fall nicht in Düsseldorf. Die Karnevalsgesellschaft Gerresheim hat sich am Rhein in Sichtweite des Schlossturms aufgestellt. Rot-weißer Garde-Look, kleine Plaudergrüppchen stehen fröstelnd zusammen. Ich frage, was denn – es ist noch über eine Stunde bis zur magischen Uhrzeit – der Plan sei. In Sachen Düsseldorfer Karnevalstradition bin ich absoluter Laie. Um 20 nach zehn würden sie mit ungefähr 50 anderen Düsseldorfer Gesellschaften einen kleinen Umzug durch die Altstadt machen, und um 11.11 Uhr käme dann der *Hoppeditz*.

Der wer? Als Kölner habe ich noch nie von der Karnevalsgestalt Hoppeditz gehört, der, so sagt man, zu Beginn jeder Session erwacht. Eine mythische Gestalt zwischen Eulenspiegel und Narr, der jedes Jahr während der Session fröhlich seinem Schicksal am Aschermittwoch entgegensieht. Dann wird er wieder begraben. In Düsseldorf findet auch die Prinzenproklamation früher statt als in Köln. Aber, so werde ich dann gefragt, hätte ich schon von diesem Skandal gehört? – Unglaublich, ein Sakrileg, gestern am Niederrhein ... Überall wird über eine Ungeheuerlichkeit getuschelt, die ich irgendwie nicht mitbekommen habe. Es wird das Thema des Vormittags sein, sogar die Rivalität zur großen Nachbarstadt Köln gerät darüber in Vergessenheit.

Ich gehe einige Schritte zum Marktplatz am Rathaus, der Platz ist noch sehr leer. Um die Wartezeit zu verkürzen, werden die noch nicht vorhandenen Jecken mit närrischem Liedgut beschallt. »Hallelujah, wir feiern Karneval, von München bis nach Wuppertal.« Echt jetzt, tun wir das? – Da bedanken sich aber die Münchner, dass sie Karneval und nicht Fasching feiern. »Atemlos durch die Nacht« verfolgt uns Frau Fischer. Und im »Altbierlied«, das auch schon die *Toten Hosen* dereinst verrockten, schwärmt man von der längsten Theke der Welt und vom »Wald hier«. Dort gibt es bekanntlich kein Altbier.

Eine halbe Stunde vor der jecken Uhrzeit wird der Platz zusehends voller, die Karnevalsgesellschaften verteilen sich auf einem abgesperrten Areal vor dem Rathaus, zwei Moderatoren begrüßen die Gruppen und ihre Präsidenten. Die Jecken der »Düsseldorfer Funken-Artillerie Rot-Weiß« von 1935 haben einen Säbel umgeschnallt. Als Artillerist mit dem Säbel, ist das Euer Ernst? Ein Amazonen-Korps marschiert vorbei, die haben – logisch – eine Präsidentin. Die älteste KG Düsseldorfs ist von 1829, die Allgemeine – nein, weder Ortskrankenkasse noch Verunsicherung –, sondern der »Allgemeine Verein der Karnevalsfreunde«. Viele Truppen haben noch keine lange Tradition: die »KG Närrische Schmetterlinge« von 2000, die »Nordlichter« von 2010. Der Platz zwischen Rathaus und Absperrung ist voll, aktuell gibt es mehr Aktive als Zuschauer.

Die Türen auf dem Rathausbalkon gehen auf. Der Präsident des Carneval Committees und der Oberbürgermeister der Stadt an der Düssel sprechen zu ihrem Volk: »Wir sind gekommen,

Ihnen mitzuteilen ...« – Nein, Quatsch, die beiden strecken mit Reden nur ein wenig die Zeit, bis es elf Uhr elf ist. Auch der OB erwähnt übrigens den Skandal vom Niederrhein, auf den dann auch der Hoppeditz ausführlich eingehen wird. Dann wird von elf runtergezählt – und schließlich ruft das Volk:»Hoppeditz erwache, Hoppeditz erwache, Hoppeditz erwache!« Gegenüber vom Rathausbalkon steht ein überdimensioniertes Senf-Fass. Düsseldorf ist ebenso wie Monschau in der Eifel Senf-Stadt, Löwensenf-Stadt, um genau zu sein. Der Deckel wackelt, wird zur Seite geschoben, und im rot-weißen Narren-Gewand mit Kappe erscheint – der Hoppeditz. Und er legt los mit seiner gereimten Büttenrede, der Senf-Topf wird zur Bütt:

Ich kann es kaum fassen, was sich am
Niederrhein bewegt,
in Mönchengladbach haben sie den 11.11. vorverlegt.

Ich frage mich, was soll der Mist,
auf einen Tag vorher, weil da verkaufsoffener
Sonntag ist.

Das ist natürlich wirklich der Hammer. Weil die Mönchengladbacher dachten, och, der Elfte im Elften fällt auf einen Montag, das ist nicht so prickelnd, verlegten sie den 11.11. ganz einfach auf den 10.11. Das ist wirklich ein No-Go und auch nicht mit Sommerzeit und Winterzeit zu entschuldigen. Komödiantisch vorbildlich dekliniert Tom Bauer als Hoppeditz durch, welche Feiertage man praktischerweise genauso verlegen könnte. Den 3. Oktober immer auf einen Freitag. Vorteil: langes Wochenende garantiert; Nikolaus auf Ende August, Vorteil: Die Lebkuchen sind noch frisch; Silvester wird in den Sommer verlegt, Vorteil: Das Wetter ist besser und man kann grillen. Und Fronleichnam (auch da gibt es ja eine Prozession) wird auf den Rosenmontag gelegt:»Scheißejal, Zoch ess Zoch!«

Oft wendet sich der Hoppeditz direkt an den OB, der gegenüber gequält lächelnd auf dem Balkon zuhört (er ist gebürtiger Schwabe). Es ist wie am mittelalterlichen Hofe. Der Narr sagt dem mächtigen König (in diesem Fall ein Oberbürgermeister von der SPD, also nur ein kleiner König) die Wahrheit.

Es gibt haufenweise regionale Aufreger-Themen: eine mickrige Party am Rhein, die aber groß angekündigt war. Ärger um die Veranstaltungshalle der Karnevalisten. Und dann erst diese bekloppte Umweltspur für Fahrräder, Busse, Taxis und Autos, die für Dauerstau sorgt. Im Privat-Auto sind Einzelfahrer verboten, mindestens drei Insassen Pflicht. Die Insassen müssten aber – so der Hoppeditz – lebendig sein, Leichen und aufblasbare Puppen gelten nicht. Die Rede des Hoppeditz dauert eine halbe Stunde, ich habe mich sehr amüsiert. Tom Bauer als Hoppeditz hat das einfach ganz hervorragend gemacht, er improvisiert zwischendurch, fordert nicht geplante Tuschs von der Kapelle ein, um sein Skript neu zu sortieren, pfeffert seine Handschuhe ins Publikum »Wisst ihr was, ich ziehe jetzt meine Handschuhe aus, die machen mich bekloppt!« Kurz darauf beklagt er sich: »Jetzt is et ein bisschen kalt.«

Mit einem dreifachen *Düsseldorf Helau* wird dem Hoppeditz gedankt, das erste Mal an diesem Tag ertönt der karnevalistische Schlachtruf der Düsseldorfer. Für die traditionelle Antwort des Oberbürgermeisters kündigt dieser eine zweieinhalbstündige Rede an: »Da werd ich kritisch reflektieren, scherzend karikieren, nichts überspringen, und am Ende auch noch singen.« Der Hoppeditz hüpft, frierend vor Kälte, in seiner Senftöpfchen-Bütt. Aber der OB macht seine Drohung nicht wahr. Fazit: eine Veranstaltung, würdig für den Elften im Elften, weil sie alles vereinte, was den klassischen Karneval ausmacht – ein Umzug, eine sehr pointierte Büttenrede, Musik, Schunkeln, Lachen.

Ortswechsel, sehr weit von Düsseldorf entfernt – die Kölner Altstadt. Info für alle Nicht-Rheinländer: Traditionell ist die Kluft zwischen Köln und Düsseldorf, beziehungsweise Düsseldorf und Köln, tiefer als der Mariannengraben. Obwohl die Territorien der beiden Städte zwischen Düsseldorf-Urdenbach und Köln-Worringen nur fünf Kilometer auseinanderliegen, wird ein Riesen-Bohei um die angeblichen Differenzen gemacht. Ob der Karneval mit *Helau* oder *Alaaf*, ob mit Kölsch oder Altbier gefeiert wird, avanciert fast zu einer Frage von Leben und Tod. In einer weltoffenen Stadt wie Köln, in der schon Grundschülern im Musikunterricht das Lied »Der Arsch von der Welt ist Düsseldorf« beigebracht wird und in der die Kinder Lord-Voldemort-mäßig den Namen der »verbotenen Stadt« erst gar nicht in den Mund nehmen dürfen, sollte es zum guten Ton gehören, auch dem Düsseldorfer Nachbarn das Schunkeln zu gönnen. Aber der richtige Karneval – so die Meinung der kölschen Jecken – wird ausschließlich in der Domstadt gefeiert.

Elfter im Elften, 12.50 Uhr, den mächtigen Dom zu meiner Linken, trete ich aus dem Portal des Hauptbahnhofs. Seit der unseligen Silvesternacht 2015/16 ist die Domplatte vor dem Bahnhof weltbekannt. Heute ist es auch schlimm, anders schlimm. Ich trete auf Glasscherben, Konfettireste, der ganze Boden klebt, die Müllmänner versuchen aufzuräumen. Überall besoffene Jugendliche, die meisten kostümiert, viele mit Saftflaschen in der Hand, da ist ordentlich Schnaps zugesetzt, davon ist auszugehen. Ich frage die Polizisten am Domplattenrand, was hier los ist beziehungsweise los war. Die, die nicht auf den Alter Markt gekommen sind, erfahre ich, die haben auf der Domplatte gefeiert. Liegt es daran, dass ich schon ein spießiger Mittfünfziger bin, dass ich diese »Feier« eher als Vorstufe einer Sodom-und-Gomorrha-mäßigen Verwüstung betrachte, nicht als fröhliches Fest?

Ein paar Schritte weiter, am Ostermannbrunnen auf dem gleichnamigen Platz die Inschrift eines Ostermann-Liedes: »Wenn in Colonia der Karneval beginnt«. Hier steht eine Reihe *Dixie*-Klos, davor lange Schlangen. Daneben ein Bierverkaufsstand, knalllaute Musik, im Hauseingang ein Wildpinkler. Am Brunnen sitzt eine junge Frau im rosafarbenen Bärchen-Kostüm, apathisch starrt sie ins Leere und sieht so aus, als müsste sie sich gleich übergeben. Was machen diese Menschen eigentlich alle hier? Kennen die denn nicht die erste Strophe von Ostermanns besagtem Klassiker? In dem Lied heißt es: »Dezember, wenn et Johr am Engk, der Kölsche Feeber kritt, hä speut vun neuem en de Häng, wenn Fastelovend kütt.« Der alte Ostermann, Gottvater der kölschen Karnevalsmusik, wusste das noch: Erst Ende Dezember bekommt der Kölner Fieber, und Anfang Januar spuckt er in seine Hände, weil der Fastelovend ansteht.

In einer Gasse neben dem Platz wimmelt es von jugendlichen Party-Karnevalisten. Security-Menschen in gelben Westen regeln den Zugang zum Alter Markt und zum Heumarkt, auf dem die Hauptbühne steht. Die beiden großen Plätze sind überfüllt, 25 000 Menschen verfolgen live oder über Videoschirm das Musikprogramm. Die meisten Gaststätten der Altstadt sind bumsvoll. Es bilden sich Menschentrauben, die vor der Türe warten. An der Haltestelle Heumarkt hinter der Hauptbühne stoppen wegen Überfüllung keine Straßenbahnen: »Hier kein Fahrgastwechsel.« *Kasalla* spielt auf der Bühne »Stadt mit K«, aber heute ist Köln eher die Stadt mit A wie Alkohol.

Ich rieche Bierdunst, *Kleine Feiglinge* sind über den Boden verstreut, daneben Kotze. In der Kölner Altstadt findet sich in etwa das gleiche Publikum wie in den Feierzelten des Oktoberfestes oder bei »Jeck im Sunnesching«. Kaum einer ist älter als 20 Jahre. Lallend fragen mich fünf junge Leute aus Moers, ob ich ein Foto von ihnen machen kann. Klar, das übernehme ich doch gerne für diese urkölschen Narren. Auf den Ringen zwischen Rudolfplatz und Friedenplatz ist jeckentechnisch nichts los. Aber die Zülpicher Straße ist Sperrgebiet. Am Zülpicher Platz geht's nicht weiter. Auf einem Schild steht: »Kein Zugang«. Sehr treffend, das entspricht exakt meiner Stimmungslage. Ich habe echt keinen Zugang zu dieser Form von Karneval. Allerdings – im kölschen Grundgesetz steht nicht, dass der Elfte im Elften in dieser Form begangen werden muss. Vor 40 Jahren war das noch eine kleine beschauliche Feier mit rund 300 Jecken auf dem Ostermannplatz. 300 Jecke. Am Elften im Elften. In Köln. Das erinnert mich an die steile Karriere des Oktoberfestes. Vor 40 Jahren noch ein regionales Volksfest, aktuell ein Sauf-Event mit internationalem Publikum. Es scheint einen Trend zu immer mehr Spaß- und Alkohol-Sausen zu geben. Aber wie das so ist mit Trends, die können sich auch wieder umkehren: Bis zur Trendumkehr bevorzuge ich doch eher »intimere« Karnevalsveranstaltungen wie das Fest zum Hoppeditz-Erwachen in der »verbotenen Stadt«.

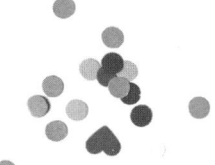

Kapitel 15

DER ABSTAUBER KOMMT

Peitschen, Schellen und Narrenwürste –
Ein rheinisches Kostüm in Schwaben –
Ein Schatz namens »Heimeligkeit«

Hu – Hu – Hu! Wer erinnert sich nicht an die großartigen isländischen Fans bei der EM 2016? Ihr Gesang, das mächtige Hu – Hu – Hu, unterbrochen vom rhythmischen Klatschen? Nun, stellt euch dieses Hu – Hu – Hu vor, denkt euch das Klatschen weg, und das Ganze in hochtönendem, flottem Tempo. Dann habt ihr den Sound, mit dem man sich in Rottweil ab dem Fastnachtsbeginn auf den Straßen der Altstadt begrüßt: »Huhuhu!« Dazu ist ein huldvolles Winken mit der flachen Hand, die Handinnenflächen zur Brust hin gerichtet. So wie Königinnen und Könige aus ihren Kutschen grüßen.

Die letzten Böller-Reste sind weggekehrt, der Silvester-Kater ist Vergangenheit, die ersten guten Vorsätze für das neue Jahr sind schon über Bord gegangen, der Weihnachtsbaum wird entschmückt und entsorgt. Und dann kommen am 6. Januar die Heiligen Drei Könige und schreiben mit Kreide ihre Initialen und die Zahl des neuen Jahres an die Tür. Aber in der Kälte des beginnenden Jahres startet auch die heiße Phase der närrischen Zeit. In Rottweil kommt am 6. Januar der *Abstauber*. Ein Abstauber ist für mich entweder jemand, der sich etwas (unberechtigt) erschleicht, oder ein Fußballspieler, der zufällig genau da steht, wo der Ball hinfällt und das Spielgerät gerade so eben über die Torlinie bugsiert. Ein klassisches Abstauber-Tor eben. In der Schwäbisch-Alemannischen Fastnacht von Rottweil ist das anders. Dort befreien die Abstauber die Narrenkleider vom Staub des Jahres und machen sie wieder fit. Wenn der Abstauber kommt, wird es endgültig ernst mit der Rottweiler Fasent. Und zwar ganz wortwörtlich. Larvenschnitzer Mathias erzählte mir bei unserem ersten Treffen im Juli von einer Rottweiler Redensart:»Du kannst zu einer Mutter sagen: ›Du hast ein hässliches Kind.‹ Aber sag ihr nie, dass sie ein hässliches Kleidle hat.« Mathias zeigte mir damals sein eigenes Narrenkleid. Ein Federehannes-Kleidle, ein Mantel mit unzähligen Federn geschmückt und sorgsam im Wohnzimmerschrank aufbewahrt. Ich setzte mein gewinnendstes Lächeln auf und spendete das größte Lob. Niemals würde mir einfallen, etwas Negatives über das Narrenkleid meines sympathischen Gastgebers zu sagen. Niemals. Im Kölner Karneval hingegen finden es die meisten nicht schlimm, wenn jemand ein Kostüm hässlich findet. So hässlich wie der violette Hosenanzug meiner Mutter von 1973, ich erwähnte ihn schon. Aber die Narrenkleider der Schwäbisch-Alemannischen Fasent? Die sind natürlich allesamt superschön. Bei Werner Mezger habe ich gelesen, dass»fast noch stärker ausgeprägt als bei den Fassmalern die Geheimniskrämerei um Farbrezepturen und angewandte Techniken bei den Häsmalern ist, die das weite Leinengewand der Weißnarren nach ganz bestimmten, von Ort zu Ort verschiedenen Gestaltungsregeln bunt bebildern«. *Häsmaler. Weißnarren. Leinengewänder.* Eine verwunschene Welt im Schwäbischen, in die ich mich da Anfang des Jahres hineinstürze.

Bevor der Abstauber kommt, stehe ich mit Mathias und seinem Kumpel Andi im»Café Schädle« im Zentrum von Rottweil. Im Café scheint man einigermaßen überrascht davon, dass wie jedes Jahr schon wieder Dreikönigstag ist und die Bude dementsprechend gerammelt voll.»S'goht dagege«, sagen die Narren, es geht der Fasent entgegen, aber der Chef des »Café Schädle« und eine einzige Mitarbeiterin sind etwas überfordert, der vielen Bestellungen Herr zu werden. Die bevorzugten Getränke sind Fürstenberg-Bier und Weißweinschorle, es wird schon zu früher Stunde ordentlich gezecht. Um dreiviertel elf (warum können die Schwaben nicht viertel vor elf sagen, ich werde das nie verstehen) geht es los. Der Narrenmeister spricht auf dem Rathaus-Balkon, der sich genau über dem »Café Schädle« befindet.

Die Menge hat sich hinaus in die Kälte begeben, es knallt unentwegt, als wenn man in Rottweil noch nicht mitbekommen hätte, dass Silvester schon durch ist. Doch es werden keine Böller gezündet, sondern zumeist jugendliche Narren knallen mit Peitschen, und das macht einen Höllenlärm. Dazu das unvermeidliche »Huhuhu!«. Aber glaubt nicht, dass die Narren, jung und alt, schon ihre Narrenkleider und Masken, Verzeihung – die Larven – angezogen hätten. Weit gefehlt, die müssen doch erst abgestaubt werden. Zum 6. Januar trägt der Rottweiler Narr ein blaues Spaßmacherhemd mit umgebundenem roten Spaßmachertuch und manchmal auch schwarzem Spaßmacher-Hütchen. Das ist die alte Bauerntracht, traditionell waren wohl die Bauern in Rottweil für den Spaß zuständig, die Narren für den Ernst des Lebens. Nur ein Spaß!

Andi hat auch für mich ein Spaßmachertuch dabei und legt es mir an, zusammengehalten wird es von einer Streichholzschachtel, fertig ist die schwäbisch-alemannische Minimalstverkleidung. Ich sehe nun ein wenig aus wie die kölschen Originale *Tünnes und Schäl*. Kleiner Insider für alle Kölner Karnevalisten. Nach einer kurzen Rede des Narrenmeisters spielt die Tagwachkapelle von 1963 einen zünftigen Narrenmarsch, das ist sehr stimmungsvoll. Die Tagwachkapelle trägt ihren Namen vor allem, weil sie am Fasnet-Montag, wenn der große Narrensprung bevorsteht, ab vier Uhr in der Frühe durch die Straßen Rottweils zieht und die Narren weckt. Das kommt mir doch aus Basel bekannt vor, dort ist es ja sogar der Haupt-Event. Mathias war acht Jahre Mitglied der Tagwachkapelle, daher kennt er die meisten, die in der Truppe tröten und trommeln. Aber der Rottweiler Larvenschnitzer verrät mir, dass er es in all den Jahren nur zweimal geschafft hat, morgens so früh aufzustehen. Es ist schon hart, ein richtiger Narr zu sein. Die Stimmung auf dem Platz vor dem Rathaus ist prächtig, Mathias findet:»Das ist Dreikönigstag pur in Rottweil, ganz heimelig.« Ich kann dieses Gefühl durchaus nachvollziehen. Ein wenig wundere ich mich, dass es so viele BVB-Dortmund-Fans mit schwarz-gelben Mützen und schwarz-gelben Schals unter den Rottweiler Narren gibt. Wunderbar sind die historischen Häuser in Rottweils Altstadt. Und die urigen Gasthäuser, wie aus Grimms Märchen und einer vergangenen Biedermeierzeit. Erstaunlich, dass es neben den üblichen Verdächtigen»Zum Lamm« und »Zum Ochsen« auch eine altehrwürdige»Wirtschaft zur Blume« gibt. Wahrscheinlich das erste vegane Restaurant der Welt.

Ich schaue auf die Uhr: 11.11 Uhr. Vier Minuten vor viertel zwölf, wie der Schwabe sagt. Der Platz wird leerer, viele»müssen jetzt die Stube belegen«, damit auch jemand zu Hause ist, wenn der Abstauber kommt. Andi, Mathias und ich gehen aber erst einmal wieder in das warme Café, Biernachschub holen. Obwohl ich darauf insistiere, auch mal eine Runde zu bezahlen, werde ich schon zum dritten Mal eingeladen.»Dafür ist Geld da«, sagt Mathias. Verrückter Typ, ich dachte, er wäre Schwabe und daher dagobertesk geizig. Besonders eilig scheinen es die Abstauber nicht zu haben, mit ihrer Arbeit zu starten. Viele sitzen und stehen ebenfalls noch im Café. Alle Abstauber sind gleich gekleidet: hoher Zylinder, dreiteiliger Frack, weiße Handschuhe und weiße Fliege sowie ein Blumengebinde mit Abstauber-Zertifikat am Revers. Dazu eine altertümliche Tasche oder ein Arztkoffer, in dem wohl die Abstaub-Requisiten verstaut sind.

Nachdem es zwölf geschlagen hat, wird Mathias nervös, immerhin könnte theoretisch ab 13.00 der erste Abstauber kommen. Aber auf dem Besucherprogramm steht noch ein Abstecher in eine Privatbrauerei. Die Brauerei ist tatsächlich äußerst privat, mehr ein Hobby von Chefbrauer Rainer, einem erfolgreichen Rottweiler Unternehmer, der uns die Türe aufschließt. Man muss nicht bis nach Berlin fahren, um coole Hinterhof-Gaststätten zu besuchen. Mitten in Rottweil kann man im »Schwarzen Lamm« (die Einnahmen der Gaststätte gehen übrigens zu 100 Prozent an soziale Einrichtungen) köstlich gebraute Hopfengetränke mit hohem Malzanteil zu sich nehmen. Mathias geht schon mal nach Hause, um alles für den Besuch des Abstaubers zu richten. Der Larvenschnitzer ist in diesem Jahr der Gastgeber, er hat mehrere befreundete Familien eingeladen.

Ich begleite derweil Andi in seine Stadtwohnung. Wie cool ist das denn, mit Frau und Kind wohnt er in einem Häuschen in der Nähe der Stadt, aber in der Altstadt hat er eine Dachgeschosswohnung mit wunderschönem Blick auf Neckar und Schwäbische Alb. Er zeigt mir die schweren Schellen, die man in anderen Regionen eher Rindviechern beim Almauftrieb umlegen würde. Sein Narrenkleid sieht sehr proper, unangestaubt, eben schwäbisch aus. Aber das Kleidle selber packt Andi nicht ein. Nur das Kopfteil, also die Larve und den Kragen. Ach so. Ich dachte, das gesamte Narrenkleid würde vom Abstauber abgestaubt. Weit gefehlt, nur die Larve. Auch die schwarze Narrenwurst verbleibt in der Stadtwohnung. Diese Narrenwurst sieht echt pervers aus. Wie ein Schlagstock. Oder wie ein Utensil aus einem finsteren Sado-Maso-Keller.

Wir packen die Larve ein und gehen zu Mathias. Dort bekomme ich erst einmal Filz-Hausschuhe, Ordnung muss sein. Es wuseln, krabbeln und schaukeln eine Menge Kleinkinder herum. In der Küche steht ein kaltes Buffet, auf dem Herd schmurgelt ein selbst gemachtes Gulasch, auf der Terrasse ist das Bier kalt gestellt. Und schon bald klingelt es, Aufregung bei allen Familien, als kämen Weihnachtsmann, Osterhase und der Paketbote gleichzeitig. Für mich ist es eine Überraschung, dass nicht nur ein Abstauber, sondern sogar drei vor der Tür stehen. Vielleicht eine Reminiszenz an den Dreikönigstag? Einer der drei Zylinder-Männer ist der ehemalige Narrenmeister Georg.

Die Narrenmeister sind in Rottweil die obersten Narren-Gurus, die Wächter über Tradition, Anstand und manchmal auch Frohsinn. Narrenmeister Georg und seine beiden Abstauber-Kollegen tragen zunächst eine selbst gedichtete Rede in verteilten Rollen vor. »The same procedure as every year, deswegen sind wir heute auch wieder hier«, kalauern sie sich durch ihr Programm. Erst nach einer Weile komme ich darauf, dass die Abstauber ihre Büttenrede in die Häuser tragen – ohne Bütt. Großartig. Das Publikum kommt nicht zu den Büttenrednern, sondern die launigen Verse kommen zu den Familien in die Privathäuser. Nach dem Vortrag kommen wir zur Sache, die drei schwarz befrackten Männer sind ja nicht zum Spaß da. Im Wohnzimmer sind die acht Larven der anwesenden Familien auf der Rückenlehne des Sofas platziert, fast alle von Mathias geschnitzt und bemalt. Eher oberflächlich besehen sich die Abstauber die Larven und stauben sie mit ihren Bürsten ab.

Neben die Rottweiler Larven habe ich – eigentlich ein Sakrileg – mein Pseudo-Stadtsoldaten-Kostüm vom Karnevalskaufhaus Deiters gelegt. Ich stelle Ex-Narrenmeister Georg die Gretchenfrage: Würde er auch mein Kostüm abstauben? Georg schaut mich an, als hätte ich gefragt, ob ich in seinen Zylinder kacken darf. »Auf – gar – keinen – Fall«, ist die kurze Antwort. Es geht ums Prinzip. Die Ablehnung hat gar nichts damit zu tun, dass er mein Kostüm, mein Narrenkleid nicht mag. Denn schon nach kurzer Zeit zieht sich der alte Narrenmeister tatsächlich meinen Frack an. Wegen der rot-weißen Farbe. Denn die traditionsbewussten Rottweiler sind gar keine Fans der aktuellen gelb-schwarzen Stadtfarben (und übrigens auch keine BVB-Fans, wie ich

ursprünglich angenommen hatte). Vielmehr bevorzugen die
»echten« Narren die alten Farben der Reichsstadtzeit bis 1802 –
Rot und Weiß. Mein kölsches Herz geht auf, wie schön ist dat
denn? Denn auch das kölsche Rot-Weiss ist eine Erinnerung an
die Zeit als Freie Reichsstadt. Eilig scheinen es die drei Abstauber
nicht zu haben. Sie plaudern, scherzen, trinken, die Stimmung ist
ausgelassen. Doch irgendwann ist die Zeit des Abschieds gekommen, Georg muss »Ade« sagen zu meinem Kostüm und seinen
Frack wieder anziehen.

Kurze Zeit später klingelt es erneut an der Tür, die nächsten
beiden Abstauber sind angekommen. Das ist ja eine wahre Ab-
stauber-Flut, ich hatte nicht gewusst, dass Mehrfach-Besuche
üblich sind. Die beiden heizen im Esszimmer die Stimmung kräftig mit einem selbst getexteten Lied an. Der Abstauber mit der
hippen Kasten-Brille begleitet seinen Kollegen nicht nur gesang-
lich, sondern auch auf einer winzigen Ukulele. Eine Art Stefan
Raab in gut. Alle singen beim Refrain des alten slawischen Volks-
lieds begeistert »Leilala-Leilala-Leilala« mit. Dann die Mega-
Überraschung: Die zweite Abstauber-Truppe macht es. Ohne mit
der Wimper zu zucken. Die beiden stauben tatsächlich mein Kar-
nevals-Kostüm ab. Ich darf es sogar tragen, und von allen Seiten
werde ich fachgerecht gebürstet. Ganz großes Kino.

Ich lerne Tobias aus Elzach kennen, einen Zimmermann mit
schwarzem Dehnungsohrring. Er erklärt mir in groben Zügen die
Fastnacht in Elzach. Man muss dazu wissen, dass die närrischen
Bräuche in Rottweil keineswegs die gesamte Schwäbisch-Alemannische Fastnacht repräsentieren. Fast jeder der 100 Orte im Verbreitungsgebiet pflegt andere Bräuche, Rituale, Figuren, Larven.
Am Dreikönigstag gibt es zum Beispiel vielerorts das »Rollen-
schütteln«, die Schellen werden zum Klingen gebracht. In Elzach
findet am 6. Januar traditionell gar nichts statt, daher hat Tobias
Zeit, in Rottweil zu sein. Elzach liegt eine halbe Stunde von Freiburg entfernt am Fuße des Schwarzwalds, ist also eine ganz schöne

Ecke von Rottweil entfernt. Aber schon seit über 40 Jahren hat sich ein närrischer Viererbund zusammengeschlossen, eine Art Champions League der Schwäbisch-Alemannischen Fastnacht. Im Viererbund sind Überlingen, Elzach, Oberndorf und Rottweil. Alle drei bis vier Jahre, also eher unregelmäßig, findet ein gemeinsamer Narrentag der vier närrischen Gemeinden statt. Im aktuellen Jahr ist es wieder so weit, da trifft man sich in Überlingen. Das Motto: »Freunde feiern Fastnacht«. Das müsste man sich im Rheinland vorstellen – Kölner, Mainzer und sogar Düsseldorfer feiern zusammen. Undenkbar!

In Elzach, erzählt Tobias, sind einige Fasent-Regeln noch rigider als in Rottweil. Während in Rottweil die Narren nach dem Narrensprung in verschiedenen Kneipen weiterfeiern und sich zu erkennen geben, sind die Elzacher quasi mit ihre Larven verwachsen. Die Larven werden mit Lederriemen am Kopf festgezurrt. Als Elzacher Narro sollte man nicht unter Klaustrophobie leiden. Und was ist, frage ich Tobias, wenn der närrische Elzacher mal einen Schluck trinken muss? Nun, dann treffe man sich in festgelegten Fastnachtsstuben, in denen ausschließlich Narren Einlass fänden. Dort dürfe dann – im Kreise der Eingeweihten sozusagen – die Maske gelüftet werden. Kein Nicht-Narr sollte allerdings die Identität eines Elzacher Narren kennen, noch nicht einmal die eigene Familie. Was für ein Paralleluniversum im Südwesten Deutschlands. Im richtigen Leben arbeiten sie als Banker in der Sparkasse, unterrichten Physik am Gymnasium oder sind eben Zimmermann wie Tobias. Aber wenn der Geist der Fasent über sie kommt, werden sie Teil des Geheimbunds der Narren, völlig verrückt.

Es gibt eine exponierte Figur in der Elzacher Fasent, das ist der *Schwarze Teufelsschuttig*. Seine Larve sieht besonders gruselig aus. Rabenschwarz mit rot umrandeten Augen und Hörnern. Passend dazu trägt der Teufelsschuttig ein schwarzes zotteliges Gewand und rote Handschuhe. Der Zunftmeister bestimmt jedes Jahr einen neuen Auserwählten. Sozusagen ein Prinz Karneval aus der Hölle. Vor einigen Jahren durfte Tobias den Schwarzen Teufelsschuttig darstellen. Aus Geheimhaltungsgründen durfte selbst seine Familie nichts von seiner doppelten Identität wissen. Seine Frau vermutete schon, ihr Mann gehe fremd, weil er so oft abends noch »etwas erledigen« musste. In Wahrheit erhielt Tobias von einem aktiven Triathleten in Freiburg eine Schwarzer-Teufelsschuttig-Grundausbildung, denn dieses Elzacher Original muss teuflisch fit sein. Zu Beginn des Narrenzugs rennt er vor den närrischen Kollegen des Umzugs kreuz und quer, jagt Kinder und veranstaltet einfach ein Riesen-Spektakel, drei Stunden am Stück. Dafür muss man eben echt in Form sein.

Eindrucksvoll beschreibt Tobias seine Emotionen, als Schwarzer Teufelsschuttig die Elzacher Fastnacht anzuführen. Das wäre ein unvergleichliches Gefühl gewesen, »brutal«. Er hatte das Gefühl zu schweben, getragen von der Stimmung und den Zuschauern am Straßenrand. So, wie Tobias über seine überwältigenden Gefühle als Teufel in Elzach spricht, erinnert mich das sehr an das, was mir mein Roter-Funken-Kumpel Konstantin über seine Zeit als Kölner Prinz erzählt hat. Die herausragenden Rollen in der Fastnacht und im Karneval scheinen bei allem Stress, der auch dazugehört, ein Freudenspender zu sein, ein Erfrischungsbad in Endorphinen.

Der Schwarze Teufelsschuttig ist zwar eine sehr archaisch anmutende Figur, er wurde aber erst 1911 in die Elzacher Fastnacht eingeführt. Ich möchte an dieser Stelle auf den angeblich mythologischen Ursprung vieler schwäbischer Figuren eingehen. Auch im übertragenen Sinn wirken die Masken und Larven der Schwäbisch-Alemannischen Fastnacht festgezurrt, erstarrt, seit Jahrhunderten festgelegt. Da liegt es nahe, in die närrischen Kleider etwas allzu Mystisches hineinzuinterpretieren. In den 1920er-Jahren deutete der Fastnachtshistoriker Hermann Eris Busse die Schwäbisch-Alemannische Fastnacht mit völkischem Denken

und Vokabular zum germanischen Kult um. Er vertiefte die Grä-
ben zwischen den angeblich »verstädterten« rheinischen Karnevalisten und dem »alt-ererbten Narro« des »Alemannengebiets«.
Leider hat sich diese völkische Deutung der Schwäbisch-Alemannischen Fasnacht bis in aktuelle Interpretationen gehalten.
Immer noch liest man davon, die Teufel und Hexen würden einem heidnischen Brauch der Austreibung des Winters folgen. Es
ist dem Fasent-Forscher Werner Mezger zu verdanken, diesen
Mythos ein für alle Mal widerlegt zu haben. Klar gibt es strenge
Traditionen und Regulierungen in der Schwäbisch-Alemannischen Fastnacht. Aber die Fasent hat ganz klar christlich-katholi-
sche Wurzeln. Vor der Fastenzeit wird einfach noch mal ordentlich gefeiert, die Sau rausgelassen. Die Fasent oder Fasnacht und
auch der Karneval sind eine Reaktion auf die Fastenzeit, die dem
vorangehenden Ausnahmezustand als Rechtfertigung dient. Früher war, wie bereits erwähnt, auch von der »civitas diaboli« im
Gegensatz zur »civitas dei« die Rede. Die Fasnacht wurde also
dem teuflischen Reich zugeordnet – daher ist der Teufel auch die
älteste närrische Verkleidung –, während die Fastenzeit zum Reich
Gottes gehörte.

Zurück zur Abstauber-Party in der Rottweiler Wohnung des
Larvenschnitzers Mathias, wo zwar nicht die Sau rausgelassen
wird (es ist ja auch noch etwas Zeit bis zum Narrensprung), aber
die Stimmung herrlich ausgelassen ist. Die Kleinkinder ziehen
sich die viel zu großen Larven über den Kopf und stolpern damit
durch die Wohnung. Andere Zwerge schaukeln im Wohnungsflur,
und »Onkel« Joo, der Bruder von Mathias, spielt zur Erheiterung
der Kinder auf seiner Trompete. Die Raucher stehen mit einem
Bier auf der Terrasse, während Capello am Esszimmertisch selbst
angesetzten Eierlikör verteilt. Erst weigere ich mich, das Zeug zu
trinken, teste aber dann doch zwei Gläschen. Das ist dem Capello
wirklich gut gelungen, muss ich zugeben. So ein Eierlikör gelte,
protzt Capello, als regelrechter »Schenkelspreizer«. Ich bin fas-

sungslos. »Schenkelspreizer«, so was habe ich ja noch nie gehört. Aber Capello war mir sowieso von dem Moment an suspekt, als er mir gestand, er sei Fan von Borussia Mönchengladbach. Nun gut, sein Eierlikör ist wirklich Weltklasse. Was mir auffällt: Außer Mathias sind alle Männer des Freundeskreises Träger von Hipster-Bärten. Ich hoffe, beim Narrensprung passen über diese voluminösen Kinnhaarteile überhaupt die Larven drüber.

Die zweite Truppe der Abstauber, die sich so rührend um mein Karnevals-Kaufhaus-Kostüm gekümmert hat, macht sich bereit für den Aufbruch. Es klingelt. Und – alle guten Dinge sind drei – die nächsten Abstauber kommen. Das geht ja hier zu wie in einem Taubenschlag. Wie viele kommen denn da noch, gibt es hier irgendwo ein Nest?

Mathias versichert, dass das wohl die letzten Zylinder-Männer sein werden, die seine Wohnung beehren. Alle Abstauber gehören zu den 24 Ausschussmitgliedern, die bei einigen Terminen im Frühjahr und Sommer neue Larven kritisch begutachten und mit einer Plakette als Rottweil-tauglich zertifizieren. Ich habe mir diese Ausschussmitglieder als strenge, humorlose, ältliche Philister mit Halbbrille auf der Nase vorgestellt. Die Realität sieht anders aus, nachdem ich fast ein Drittel aller Ausschussmitglieder in ihrer Funktion als Abstauber kennengelernt habe. Auch die drei neuen Frackträger sind außergewöhnlich komisch und tragen ihre individuelle Büttenrede im Esszimmer von Franziska und Mathias vor. Harald fragt in die Runde: »Sind wir so, wie wir sein sollten?«, und ohne auf eine Antwort zu warten ergänzt er: »Dann isch ja gut.« So sind sie, die Abstauber.

Alle Larven auf der Wohnzimmer-Couch sind ja nun schon durch eine Menge kritischer Hände gegangen. Aber trotzdem müssen auch die aktuellen Abstauber alles ganz genau inspizieren. Und finden sogar etwas zu meckern. Harald beanstandet an einer Larve »diese Lumpensammlung«, da habe es jemand besonders gut gemeint und stolz etliche Zertifizierungsbändchen der letzten Jahre an der Larve belassen. »Da sind zu viele Bänder dran, das mögen wir nicht«, moniert der Abstauber. Die Jungs machen also nicht nur Spaß, sondern nehmen ihre Rolle durchaus ernst. Mit einer Taschenlampe leuchtet der Abstauber neben die überdimensionierte Nase einer Larve. Da hat sich doch tatsächlich etwas Staub angesammelt. Der dritte Abstauber ist trotz fortgeschrittenen Alters sehr modern ausgerüstet. Statt einer Bürste entnimmt er seiner Ledertasche einen Handstaubsauger und saugt den Dreck weg. Hightech bei der Rottweiler Fasent!

Es ist nun schon später Nachmittag, für die dritte Abstauber-Truppe sind wir die dritte Station, sieben haben die drei Männer noch vor sich. Bis 22.30 Uhr sollten sie durch sein, aber wahrscheinlich wird es doch später. Nun gut, der 6. Januar ist in Baden-Württemberg ein Feiertag, aber am 7. Januar müssen alle wieder »schaffen«, das wird bestimmt hart. Denn auch diese Abstauber scheinen überhaupt keine Eile zu haben, legen Frack und Zylinder ab, trinken Bier oder Weinschorle. Eierlikör ist nicht mehr im Angebot, die Flasche ist leer.

Ich fühle mich sauwohl. Es ist einfach toll, in den Familien-, Freundes- und Narrenkreis von Mathias aufgenommen zu werden. Ausgelassene, aber auch ein wenig feierliche Stimmung, »heimelig« würde Mathias sagen, und ich kann nachvollziehen, was er damit meint. Viele aus dem Freundeskreis sind nach dem Studium in Berlin, Wien und Stuttgart zurück nach Rottweil gekommen. Bestimmt auch wegen der Fasent. Denn die närrische Zeit ist der Kitt, der die alte und die aktuelle Heimat zusammenhält. Von außen betrachtet gibt sich die Schwäbisch-Alemannische Fastnacht etwas mürrisch, abweisend. Vielleicht ist das auch ein bisschen Selbstschutz, denn wenn man sich auf die Fasnet einlässt, ein wenig dazugehören darf wie ich am heutigen Dreikönigstag, dann spürt man die Wärme und Herzlichkeit und ja, sogar das: die Fröhlichkeit der Rottweiler Narren. Und damit sich ebenjene heimelige Stimmung einstellt, davon bin ich fest überzeugt, braucht es auch eine gewisse Abschottung. Genauso verfahren ja auch die Kölner Funken. Wenn man sich total den Massen öffnet wie beim rheinischen Straßenkarneval, und die meisten Feiernden die närrische Zeit ausschließlich als Komasauf-Event im Billig-Kostüm missverstehen, dann geht dieses warme Gefühl der Heimeligkeit verloren.

Das sind grundsätzliche Axiome von Fastnacht, Karneval und Fasching – die Heimat, Teil einer privilegierten Gemeinschaft zu sein, bewundert zu werden, Regeln zu befolgen. Wenn man das liebt und lebt, wird man ein lebenslänglicher Narr. Es bleiben allerdings viele Fragen. Ich habe gehört, die Narren werden beim Narrensprung handgreiflich. Stimmt das wirklich, muss man Bodyguards dabeihaben? Werde ich Mathias, seine Frau, Andi und die vielen Abstauber trotz ihrer Larven und Narrenkleider beim Narrensprung erkennen? Was machen die Narren eigentlich, bevor es losgeht? Und was ist eigentlich genau das Geheimnis bei diesem mysteriösen Aufsagen, von dem alle Narren in Rottweil so schwärmen? Am Fasent-Dienstag beim Narrensprung werden diese Fragen beantwortet, hoffe ich. Nun aber ins Rheinland. Dort beginnt ebenfalls die heiße Phase des Karnevals, der Elfte im Elften kann noch nicht der richtige Beginn der fünften Jahreszeit gewesen sein.

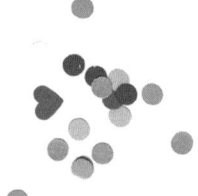

Kapitel 16

DIE PRINZENPROKLAMATION ZU KÖLN

Warum der Stadtrand Musik macht – Dreigestirne als B-Ware – Täglich grüßt das Murmeltier mit dem Reitercorps Jan von Werth – Über männliche und weibliche Jungfrauen

Zu Beginn der Veranstaltung ist die Stimmung im Saal äußerst mau. Das wird sich ändern, so viel sei vorweggenommen. Die *Bläck Fööss* spielen vorab ihren Klassiker vom Zusammenhalt im Veedel, im kölschen Viertel also. Bei Spielen des Effzeh grölt das gesamte Stadion, im Kölner Festsaal Gürzenich singt keiner mit. Wahrscheinlich ist der Alkoholpegel des Publikums noch zu niedrig. Ich schaue im Fernsehen die Prinzen-Proklamation, kurz PriPro. Am zweiten Freitag des Januars findet die Sitzung in Köln statt, zwei Tage später wird das Spektakel im WDR von 20.15 bis 23.00 Uhr in leicht gekürzter Form gezeigt. Man nennt das Schnittfassung. Früher war die PriPro eine Live-Sendung. Die Prinzen-Proklamation in Köln war übrigens eine Erfindung der Nationalsozialisten. Eigentlich widerspricht die Inthronisierung einer närrischen Majestät dem »Es-kann-nur-einen-Führer-geben«-Prinzip. Aber nachdem die Nationalsozialisten schnell verstanden hatten, dass es unklug gewesen wäre, prinzipielle Änderungen am Karneval gegenüber der Bevölkerung durchzusetzen (oder ihn sogar zu verbieten), gingen sie den umgekehrten Weg – sie vereinnahmten und instrumentalisierten die närrische Zeit.

Für den Historiker Marcus Leifeld ist klar, dass der Karneval für die Nazis ein Baustein der Wirtschafts- und Tourismusförderung war. »Karneval schafft Arbeitsplätze«, hieß es damals. Heute übrigens auch noch. Karneval schuf – um im Weltbild der Nazis zu bleiben – »Volksgemeinschaft«, unter anderem durch gemeinsames Singen und Schunkeln. Auch ein positiver Nebeneffekt aus Nazi-Sicht: »Den ausländischen Beobachtern konnte man demonstrieren, ein friedliches und fröhliches Volk zu sein«, sagt Leifeld in einem Interview. Also wurde die Nazi-Marketingmaschine angeworfen. »Kraft-durch-Freude«-Sonderzüge brachten Touristen aus ganz Deutschland nach Köln. In der Bahnhofsvorhalle konnte man Narrenkappen für weniger als eine Reichsmark kaufen und es wurden kostenlose Papierfähnchen verteilt. Das war die Erfindung des kostümierten Zug-Zuschauers, der im Rheinland seit Jahrzehnten normal ist, aber in der Schwäbisch-Alemannischen Fastnacht immer noch (weitgehend) unüblich. Und wenn es einen Prinz Karneval gibt, dann muss man den auch mit allem Brimborium proklamieren, dachten sich die Nazis. Um diese Veranstaltung populär zu machen, wurde sie »von fast allen Sendern des Reichsrundfunks live übertragen«.

Die finsteren Zeiten der Diktatur sind vorbei, die Prinzenproklamation ist geblieben. Moderiert wird die Veranstaltung von Christoph Kuckelkorn, dem Präsidenten des Festkomitees des Kölner Karnevals, im Hauptberuf Bestattungsunternehmer. Das Festkomitee ist seit fast 200 Jahren so eine Art undemokratische Regierung des Karnevalsgeschehens. An Kuckelkorns Seite moderiert Bettina Böttinger, die zu Recht die Toleranz der Kölner hervorhebt, sie – also die Böttinger – als gebürtige Düsseldorferin und Frau, die mit einer Frau verheiratet sei, diesen Abend moderieren zu lassen. Erster Programmpunkt der PriPro ist eine Putzfrau, leider nicht dargestellt von AKK, sondern von Achnes Kasulke, an dem zweiten K arbeitet die Dame noch. Der Vortrag ist etwas bemüht, eher auf Flachwitz-Niveau:»Lieber 'ne Kanzlerin, die zittert, als ein Präsident, der twittert«, verkündet die Putzfrau. Wenn man auf die Humorschule gegangen ist, weiß man, dass es für Gags, die körperliche Schwächen thematisieren, eine glatte Sechs gibt. Nach der unlustigen Putzfrau kommt eine Kölsch-Band, die tatsächlich *Stadtrand* heißt. Diese kölschen Bandnamen, wo soll das noch hinführen? Nackte Füße (*Bläck Fööss*), Hühner (*Höhner*) und jetzt tatsächlich *Stadtrand?* Wie wäre es denn mit *Einfamilienhaus* oder *Pendlerpauschale* als Kölsch-Band-Namen, die so richtig rocken?

Es folgt das erste Highlight des Abends. Aus humoristischer Sicht – keine Ironie – der absolute Höhepunkt. Volker Weininger als »Der Sitzungspräsident« ist genial. In seiner Rolle als betrunkener und erfolgloser Sitzungspräsident aus der tiefsten Provinz (»Ich komme aus Köln-Gummersbach, also nicht direkt aus Gummersbach, noch 50 Kilometer östlich, die letzten 30 Kilometer unasphaltiert«), der den Kölnern erklärt, wie der Hase läuft. Das Schöne ist, dass der närrische Sitzungspräsident nicht den Mächtigen den Spiegel vorhält, sondern dem gesamten Karneval, auch der PriPro. »Proklamation – kennste eine, kennste alle.« Er stellt fest, dass alle Herren im Publikum mit neuem Anzug oder Frack gekommen seien, weil der alte ja sowieso nicht mehr gepasst hat. »Proklamation direkt nach Weihnachten – wie blöd kann man denn sein? Ich würde den ganzen Zinnober am Ende der Fastenzeit machen, dann ist doch jeder durchs Fasten fünf Kilo leichter und der Wein knallt auch mehr. Ihr müsst noch viel lernen hier.«

Und auch der Moderator bekommt sein Fett weg. »Bei Kuckelkorn weiß man nicht, ob der von der Beerdigung oder einer Galasitzung kommt – bei manchen Sitzungen sind die Grenzen da ja fließend.« Jetzt ist die Stimmung im Saal da, soll doch keiner

sagen, auf der PriPro sei es wie bei einer Beerdigung.»Der Sitzungspräsident« sucht für seine Sitzung noch einen Prinzen.
»Hier sitzen doch genug Leute, die sich beim Festkomitee beworben
haben, und nicht genommen wurden. Kommt zu uns, wir nehmen
auch B-Ware. Ist auch nicht viel zu tun. Es gibt für unseren Prinzen nur drei Termine: Proklamation, Herrensitzung, Rosenmontag. Herrensitzung ist einen Tag vor Rosenmontag, deswegen fällt
Rosenmontag für unseren Prinzen auch manchmal aus, weil der
sich am Vortag auf der Herrensitzung abgeschossen hat.«

Nach dem »Sitzungspräsidenten« spielt eine Band, danach ein
Typ mit Mandoline und noch eine Band. Aaaaaber dann:»Begrüßen wir unseren designierten Prinz Karneval, unseren Held Carneval!« Lustig, Christoph Kuckelkorn sagt tatsächlich ganz uralt-
modisch Held Carneval, das gefällt mir. Denn seit der Erfindung
des sogenannten »romantischen« Karnevals 1823 in Köln gab es
im Rosenmontagszug und bei den Sitzungen einen Helden Carneval. Erst 1872 wurde der Held zum Prinz. Nach der Gründung
des Deutschen Reichs 1871 gab es nur einen nationalen Helden,
das war Kaiser Wilhelm I. Also dankte der Held Carneval ab, und
der Prinz Karneval betrat die Bühne. Die Festhalle betritt nun
auch der aktuelle Prinzanwärter (noch ist er ja nicht offiziell
Prinz) mit seinem Dreigestirn in einem grün-weißen Fahnen-
meer. Zwei Frauen fallen dem Prinzen um den Hals, beide weinen
vor Rührung. Ist das seine Frau und seine Mutter? Oder die
Geliebte und die Gattin? Oder sind es einfach zwei wildfremde
Damen, Prinzen-Groupies sozusagen? Die Herrscherin von Köln,
Oberbürgermeisterin Henriette Reker, vereidigt kurz darauf den
Prinzen:»Versprichst du, das Fastelovend-Volk mit Herz und
Verstand zu regieren?« – »Jo, dat versprechen ich«, antwortet
Prinz Christian II. Das mit dem »versprechen« ist kein Verspre-
cher, sondern die kölsche Sonderform der ersten Person Singular
des Verbes »versprechen«. Ich versprechen. Die Zeremonie erin-
nert an ein Gelöbnis, an den großen Zapfenstreich, an eine Hoch-

zeit. Nur ohne die Formel »bis das der Tod euch scheidet«, so weit wird es nie kommen, denn in der nächsten Saison wird natürlich das nächste Dreigestirn proklamiert werden.

Der Prinz bekommt als Insignien seiner närrischen Macht eine Pritsche überreicht. Auch der zweite Mann des Dreigestirns, der Bauer, wird vereidigt und bekommt die symbolischen Stadtschlüssel, groß wie Folterwerkzeuge. Bauer Frank wird immer wieder von den Moderatoren als »Staatse Kääl« beschrieben, ein richtiger Kerl, den man auch mal anfassen kann, ohne dass er umfällt. Eine nette Beschreibung für die mächtige Figur des neuen Bauers. Schließlich ist Jungfrau Ralf Schumacher (nicht der Bruder von Michael) an der Reihe, wird vereidigt und erhält einen Spiegel. Denn so sind sie, die Jungfrauen respektive alle Weiber, die müssen ständig in den Spiegel schauen.

Das Kölner Dreigestirn besteht aus drei Männern, das ist Tradition. Wie sieht es aber gendermäßig mit dem Anteil der Frauen am Karneval aus? Seit einigen Jahren gibt es auch reine Frauen-Karnevalsgesellschaften: »Erste Kölner Damengarde«, »Die Schmuckstückchen«, »Kölsche Madämscher«. In einzelnen Kölner Ortsteilen herrscht seit einigen Jahren ein großer Mangel an Bewerbern für die lokalen Dreigestirne. Ist ja klar, das frisst Zeit und Geld und bringt bei Weitem nicht so viel Aufmerksamkeit, wie Dreigestirn der gesamten Stadt zu sein. Daher werden auch reine Frauendreigestirne zugelassen. Es haben sich aber noch keine drei Frauen gefunden, die so bekloppt wären, den Job zu machen. Und zwingen kann man sie ja nicht zu ihrem Glück.

Ach ja, bei diesem ganzen Gender-Thema muss ich noch mal auf die Nazis zurückkommen. Denen hat die Männerlastigkeit des Kölner Karnevals überhaupt nicht gefallen, Verdacht auf homosexuelle Aktivitäten. Was viele nicht wissen: Es gab traditionell kein weibliches Funkenmariechen im Karneval. Die »weibliche« Rolle in den Traditionscorps füllte die Marketenderin aus, eine Art Mutter-Karneval-Courage, dargestellt natürlich von einem Mann. Im sogenannten Dritten Reich wurde die junge Tanzfrau eingeführt. Und dass im traditionellen Dreigestirn ein Mann die Jungfrau gibt, war auch ein No-Go in den Augen der Nationalsozialisten, also wurde die »falsche« Jungfrau in den Jahren 1938 und 1939 durch eine »echte« Jungfrau ersetzt. Auch an der Darstellung des Bauern hatten Nazi-Organisationen etwas zu meckern: »Angesichts des gerade in diesen Tagen der Faschingszeit wieder beobachteten Phänomens der Verwendung karnevalistischer Veranstaltungen weist der Reichsbund Volkstum und Heimat erneut darauf hin, dass es eine völkische Unmöglichkeit ist, das Ehrenkleid des deutschen Bauern zu Zwecken der Belustigung und Kurzweil zu missbrauchen.« Meines Wissens änderte diese Kritik allerdings nichts am Kostüm des Bauern im Dreigestirn.

Als die Nazi-Herrschaft endete, ergab sich dieses Bild: Die Jungfrau wurde entnazifiziert und wieder zum Mann – aber das Funkenmariechen blieb eine junge Frau.

Zurück ins 21. Jahrhundert, zurück zum aktuellen Dreigestirn. Sechs Tage vor der Prinzenproklamation wird der Jungfrau in einer öffentlichen Zeremonie der Bart rasiert. Hoffentlich kennt die Jungfrau nicht das Sprichwort: »Ein Mann ohne Bart ist wie Brot ohne Kruste.« Fünf Tage vor der Prinzenproklamation wird der öffentliche Einzug des Dreigestirns in seine Hofburg zelebriert. Die sogenannte Hofburg ist ein Fünf-Sterne-Business-Hotel im Zentrum von Köln, in dem auch die Nationalmannschaft absteigt, wenn sie in der Domstadt spielt. Das Dreigestirn und ihr Hofstaat wohnen bis zum Aschermittwoch in diesem Hotel. In Köln steht nun mal kein Schloss für die närrische Regierung zur Verfügung, da muss man mit einem Fünf-Sterne-Hotel vorliebnehmen.

Das *Handelsblatt* schätzt, dass der ganze Karneval-Spaß einen Prinzen einen niedrigen sechsstelligen Betrag kostet – das eigene Kostüm, Kostüme für den Hofstaat, Wurfmaterial, Hotelkosten, da kommt einiges zusammen. Vier Tage vor der Prinzenproklamation hat das Dreigestirn das erstes Bühnentraining, einen Tag vor der Prinzenproklamation findet die Generalprobe statt. Nun hat das ganze Warten und Proben ein Ende: Der Prinz spricht. Durchaus polyglott wiederholt er den Satz:»Ein Lächeln versteht man in jeder Sprache.« Da man anscheinend das Lächeln doch nicht in jeder Sprache versteht, wiederholt er diesen Satz auf Französisch, Spanisch, Englisch und Italienisch. Multikulti ist das Leitthema seiner Rede, man solle doch bitte zusammen feiern, egal ob Christ, Jude oder Moslem. Ein närrischer Nathan der Weise ist der neue Prinz, das kommt sehr gut an. Auch Bauer und Jungfrau halten kurze Reden, wobei Ralf Schumacher mit seinem »Rennfahrer-Namen« punktet und die meisten Lacher erhält, als er gesteht, noch nie in seinem Leben auf einer Prinzen-Proklamation gewesen zu sein. Wahnsinn, das ist ja, als wenn man als gläubiger Katholik noch nie in einer Weihnachtsmesse gewesen wäre.

Anschließend präsentiert das Dreigestirn sein Sessionslied. Das muss eine neuere Erfindung sein, vor einigen Jahrzehnten haben die Dreigestirne höchstens privat unter der Dusche gesungen. In der Session 1993 landete der singende Prinz Wilfried I. einen Megahit mit dem selbst getexteten Song »Einmal Prinz zu sin, in Kölle am Ring, mit einem Dreigestirn aus Sunnesching«. Seitdem müssen die Dreigestirne Gesangsunterricht nehmen und ein (nicht selbst getextetes) Lied singen. In dem aktuellen Song ist viel von »Kölle«, »Mutter Colonia« und natürlich »Dreigestirn« die Rede. Es ist üblich, dass so ein Dreigestirn aus den Reihen eines Traditions-Corps kommt. Gemischte Herkunft ist, so tolerant sich das Festkomitee des Kölner Karnevals auch gibt, eine absolute Ausnahme. Prinz Christian II., Bauer Frank und Jungfrau Griet (warum eigentlich nicht Ralfine? – die anderen Männer verwenden ja auch ihre bürgerlichen Taufnamen) sind Mitglieder im »Reitercorps Jan von Werth«, eines von neun Traditionscorps (Rote Funken, Blaue Funken und so weiter).

Jan von Werth war ein einfacher Knecht, der im Dreißigjährigen Krieg militärische Karriere machte. Die Legende erzählt, dass der junge Bursche von seiner großen Liebe Griet (DESwegen heißt die Jungfrau Ralf Griet!) verschmäht wurde, weil er eben nur ein popeliger Knecht war. Aus Frust ließ er sich zur Armee abwerben, kam aber Jahre später als erfolgreicher General wieder zurück nach Köln. An einem Obststand entdeckte er Griet, die natürlich bitter bereute, damals nicht zugegriffen zu haben. »Hätte ich das gewusst, hätte ich es getan!«, sagte sie. Na ja, die Liebe vom Erfolg eines Mannes abhängig zu machen, ist auch nicht so schön. Auf jeden Fall hat das »Reitercorps Jan von Werth«, wie das Moderator Kuckelkorn so herrlich formuliert, die größten Hüte (mit den größten Federn dazu), die längsten Haare und die höchsten Stiefel. Warum erzähle ich das so ausführlich? Weil nun die grün gekleideten Mannen des Jan-von-Werth-Corps auf die Bühne marschieren, dort begrüßt werden, ein paar Tanzschritte machen, bevor es heißt: Ausmarsch. So ein Ausmarsch kann dauern, der WDR hat das aber in seiner Sendung gekürzt.

Im Anschluss treten die *Bläck Fööss* ein weiteres Mal auf, deren 50-jähriges Band-Jubiläum wird enthusiastischer als 250 Jahre Beethoven gefeiert. Dann die *Höhner*, dann wieder Einmarsch des »Reitercorps Jan von Werth«. Sind die nicht gerade rausmarschiert? Ist das so eine Art Schwarzwälder Wetteruhr, bei der das Reitercorps zu einer Tür hinausgeht und zur anderen nach kurzer Zeit wieder hineinkommt? Noch einmal ist die Bühne voll mit großen Hüten, langen Haaren und hohen Stiefeln, noch mal ertönt das Kommando »Corps danz!«, vier Minuten später wieder Ausmarsch. An dieser Stelle ein Spoiler: Ein weiteres Mal kommen die Jungs nicht herein, das kann ich schon mal verraten.

Zum Schluss der Prinzenproklamation spielt *Brings*. Das Dreigestirn steht etwas gelangweilt auf der Bühne herum, die haben ja auch nichts zu tun, wenn auf der Bühne eine Band performt. Nach fast drei Stunden ist mein Fernsehabend zu Ende, tatsächlich dauert so eine Sitzung natürlich viel länger, nicht zuletzt, weil Ein- und Ausmärsche des Reitercorps das Programm in die Länge ziehen.

In Köln ist mit der Prinzen-Proklamation die Session jetzt richtig eröffnet. Nicht am Elften im Elften. Denn die Narren brauchen einen richtigen Herrscher – den Prinzen. Über 400 Termine wird das Dreigestirn in den 46 Tagen zwischen Prinzen-Proklamation und Karnevals-Dienstag absolvieren. Das sind im Schnitt fast zehn Termine am Tag. Hoffentlich laufe ich den drei Jungs in dieser Zeit einmal über den Weg. Nächster Spoiler: In gut drei Wochen wird es so weit sein.

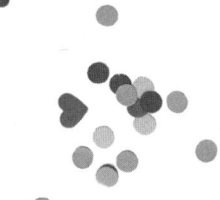

Kapitel 17

DER WAGENBAU

**Warum der SV 1920 bald in der Bundesliga spielt –
Wie man mit Asche kunstvoll werfen kann –
Warum zwei Omas Brüder sein können**

Ich irre durch die Straßen des kleinen Ortes, einen Bierkasten in den Händen. Die Adresse, die mir genannt wurde, kann nicht stimmen. Ich bin in Schönenbach, einer kleinen Gemeinde von Waldbröl, im Niemandsland zwischen Gummersbach, Sieg und Westerwald, die nächste Autobahnauffahrt ist eine halbe Stunde entfernt. Ein Mann mit einem amazon-Paket huscht vorbei, aber er ist kein Paketbote. Ich suche das Klingelschild der Adresse ab, finde aber nicht den Namen, den ich mir eingeprägt habe. Ein weiterer Mann kommt die Straße herunter, er schleppt genau wie ich einen Bierkasten. So ein Zufall! »Du willst bestimmt dahin, wo ich auch hinwill«, sagt er und lacht. Wir biegen in einen Feldweg ein, aha, Hausnummer 7A ist mein Ziel, nicht die Nummer 7.

Wir gehen durch das Garagentor (die Bierkästen müssen draußen bleiben, damit das Bier auch kalt bleibt) und begrüßen den Rest der Truppe. Ich bin Gast bei einem Kegelclub, der sich »Deutschland-Achter« nennt und jedes Jahr mit einem eigenen Wagen beim Karnevalszug in Schönenbach vertreten ist. In diesem Jahr haben die Jungs mich eingeladen, beim Wagenbau mit anzupacken. Ich hoffe – unter anderem durch das Gastgeschenk, original saarländisches Bier –, die Gunst des »Deutschland-Ach-

ters« zu erwerben und beim Zug mitgehen zu dürfen. Ich bin
gespannt, was der Samstagvormittag bringen wird.
Der Wagen, um den es geht, steht schon in der Garage von
Torsten. Das Motto des Vorjahres »Cordula die geile Frau, ist
meistens Grün und manchmal Blau«, ist noch an den Seitenflächen des Wagens zu erkennen. Das diesjährige Motto dreht
sich um das 100-jährige Jubiläum des örtlichen Fußballvereins.
Torsten, der Hausherr (oder vielmehr der Garagenherr), ist Vor-
sitzender des SV 1920 Schönenbach, das passt. Die anderen Jungs
erklären mir, warum der Karnevalswagen in Torstens Garage
steht. Da sei es schön trocken, und wenn noch eine Kleinigkeit
am närrischen Wagen zu machen wäre, könnte der das schnell
zwischendurch erledigen. »Der ist Lehrer, der hat doch ständig
frei!« Torsten hat eine To-do-Liste für den heutigen Samstag
geschrieben. Wir legen los. Zwei der anwesenden Kegelbrüder
streichen den Vorbau für den Traktor schwarz an, da steht auch
noch das alte Motto drauf.
Ich soll helfen, den großen Wagen zu verschönern. Der Plan
ist, Vergangenheit und Gegenwart des Dorfvereins darzustellen,
auf der einen Hälfte Aschenplatz mit Holztor, auf der anderen
Hälfte Kunstrasen mit Aluminium-Tor. Als Baumaterial stehen
vier Eimer mit rötlicher Asche vom Tennisplatz zur Verfügung.
Aber wie schafft man es, die feinkörnige Asche auf den Sperrholzplatten, vor allem an den Seitenflächen anzubringen. »Asche kann
man nicht tackern«, stellt Torsten fest. Ganz schön schlau, ich
weiß jetzt, warum der Mann Lehrer geworden ist. Uwe rührt
schon mal Tapetenkleister an, den er mit einer Rolle auf die Holz-
platten aufträgt. Ich helfe Christoph (das ist der Mann mit der
zweiten Kiste Bier, der mich zur Garage führte), mit einer Mau-
rerkelle die Asche auf das geleimte »Fußballfeld« aufzutragen.
Christoph hat Stress. »Alle elf Minuten verliebt sich ein Schönenbacher in eine Eiflerin«, wird er gehänselt, denn Christoph muss
gleich noch in die Osteifel fahren, dort wohnt seine Freundin.

Jetzt sind die Seitenflächen des Wagens dran, da steht ja immer noch der Spruch mit der geilen Cordula Grün. Christoph hat eine geniale Technik entwickelt. Ich bin Christophs Azubi, nach einigen Versuchen klappt es ganz gut, die Asche an den Wagen zu werfen, sodass sie auch kleben bleibt. Christoph hat wie alle im Kegelclub bei 1920 Schönenbach gespielt. Früher (vor dem Krieg? In den 1960er-Jahren? Vor zwei Jahren?), erzählt Christoph, habe es bei jedem Spiel nur einen Ball gegeben. Und auch nur ein Tornetz. Das Netz hing im gegnerischen Tor, dann konnte man genau sehen, wenn die eigene Mannschaft ein Tor geschossen hatte. Im eigenen Tor hing kein Netz, daher konnte man bei jedem Schuss des Gegners sagen: »Nä, der war nicht drin, der war vorbei«, Videobeweis ausgeschlossen. Die Plätze der anderen Dorfvereine waren teilweise sehr kurios. »In Irlenborn war der Sportplatz auf einer Bergkuppe, da konnte man nicht von einem Tor zum anderen sehen. Das ist wahrscheinlich ein Effekt der Erdkrümmung.«

Markus ist auch Lehrer und war der Mann, den ich bei meiner Ankunft mit dem amazon-Paket gesehen habe. Nachdem die Asche erfolgreich auf der Wagenhälfte gelandet ist, schauen wir uns den Inhalt der Kiste an. Die Idee ist, dass sich die Jungs vom Kegelclub als 100-jährige Fußballer verkleiden, die seit der Gründung des Vereins dabei sind. Im Paket befinden sich eine graue Langhaarperücke und ein prächtiger Bart. Los, zieh mal an, sagt Markus. Ja, jetzt kommt die entscheidende Frage, darf ich denn überhaupt bei euch mitgehen, dann seid ihr ja kein Achter mehr, sondern ein Neuner. Na klar, machst du mit, ist der Tenor. Das finde ich geil, ich habe mich auch mit diesen Männern von null auf hundert hervorragend verstanden. Das sind definitiv keine verschlossenen Landeier, sondern sehr lustige und sympathische Menschen. Ich teste Haare und Bart. Einige finden, der Bart sei ganz schön übertrieben, aber ich finde, dass Komik immer übertreiben muss. Also wird Markus noch acht Grauhaar-Bart-Kombis bestellen, das Test-Exemplar behalte ich, ich bin jetzt Teil des Teams.

Mit vereinten Kräften werden anschließend zwei Kunstrasenbahnen über die zweite Hälfte des Wagens gelegt, schon wieder ein Punkt auf Torstens To-do-Liste erledigt: Rasen, Asche, Treckerschild, Barttest, da kann man einen Haken dran machen. Die ganze Arbeit hat insgesamt nur eine gute Stunde gedauert. Ich sage:»Ist doch fast fertig.« Na ja, noch nicht ganz, aber ein Zwischenbier sollten wir uns schon mal genehmigen. Für alle, die noch fahren müssen (Christoph in die Eifel, ich zurück ins Saarland), ist es wichtig, das Bier so früh wie möglich zu trinken, damit es sich in die Blutbahnen verflüchtigt und wir komplett nüchtern am Lenkrad sitzen. Den Jungs schmeckt das aus dem Saarland importierte Bier hervorragend. Plötzlich wird über die alten Heldentaten berichtet. Uwe, Torstens Schwager, zeigt mir auf seinem Handy Fotos von Umzügen der vergangenen Jahre.

Seit 2004 gibt es einen Zug in Schönenbach, das erste Mal gingen die Jungs aus dem Kegelclub im Jahr 2006 mit. Sie verkleideten sich als Deutschland-Achter, das prägt ihren Namen als Spaß-Truppe bis heute. Jeder hatte einen Teil eines Ruderboots aus Pappmaschee, der an Hosenträgern befestigt war, angezogen, sodass sie zusammen ein ganzes Boot ergaben, eine Art vielgliedrige Raupe also.»Sonst wären wir ja gar nicht in den Gemeindesaal gekommen.« Das Motto war:»Wir rudern nach Turin«. Im Nachhinein streiten sich die Dorf-Jungs über das Jahr, in dem sie als Deutschland-Achter gingen. Sie sind irritiert – Olympia war doch 2004, also sind wir in diesem Jahr als Deutschland-Achter gegangen. Wann wurde noch mal der Max geboren? Und der Tim? Nun ja, wir sind schon bei der zweiten Bierflasche angekommen, es geht etwas durcheinander. Die Pointe ist: 2006 waren Olympische *Winterspiele* in Turin. Dahin mit dem Ruderboot zu fahren, ist allerdings sehr skurril – fast karnevalesk.

In anderen Jahren gingen die acht Freunde als Bierflaschen, als

Bienen, als Bauern (die eine Frau suchen), als Hippies, als Bier-athleten mit einer aufblasbaren Riesen-Sektflasche als Gewehr. Und sie malten sich die Gesichter schwarz an und bastelten den Bob Jamaika. Ihr Motto beschließen die Schönenbacher Kegel-brüder zumeist erst wenige Wochen vor dem Zug. Am 12. Januar hat Torsten Geburtstag, dann wird ein Motto festgelegt, welches am 16. Januar, da hat Markus Geburtstag, regelmäßig wieder verworfen wird. Vor zehn Jahren war das definitive, ultimative und unumstößliche Thema der acht Dorf-Jungs: Schönenbacher Samenbank – Denn die Einwohnerzahl sollte von 194 auf 200 er-höht werden. Mit Schaufensterpuppen wurde eine Sexszene auf dem gleichen Wagen dargestellt, den wir gerade zum Fußballplatz umgestalten. Die Jungs waren als Babys und Sensenmänner ver-kleidet. Dazu der Spruch:»Wir hoffen, wir haben das geschafft, bevor der nächste weggerafft«. Wie auf ein Stichwort geht die Tür der Garage auf, und der Sensenmann schaut vorbei. Heribert ist das älteste Mitglied des Deutschland-Achters, ein pensionierter Gerichtsvollzieher. Außerdem ist Heribert der Vorsitzende des Schönenbacher Friedhofsvereins. Die brillante Idee: Alle Mit-glieder des Friedhofsvereins werden billiger begraben. Davon hat man zwar nichts mehr, aber trotzdem sind fast alle Dorfbewohner Mitglied des Vereins.

Mir gefällt sehr gut, wie die acht Dorf-Karnevalisten für kleinste Details ihres Karnevalswagens mit ungeheurer Freude kreative Ideen entwickeln. Auf der Kunstrasenhälfte wird es beispielsweise zwei selbst gebastelte Flutlichtmasten geben, auf der Aschenplatzhälfte werden zwei Fackeln in eilends gebohrte Löcher gesteckt, denn»1920 hatten wir noch Leuchtfeuer im Sta-dion«. Wichtig ist, ob es zu dem jeweiligen Motto gute Musik gibt. Fußball ist immer gut, da ist die Auswahl groß. Zum Bob-Jamaika-Thema wurde Reggae-Musik gespielt, beim Thema Cordula Grün war die Titelauswahl eher eindimensional. *Cordula Grün* eben. Die anderen Gruppen im Zug hätten sich beschwert, in Dauer-

schleife mit demselben Song beschallt zu werden. Die Musikaus-
wahl für das aktuelle Motto muss noch getroffen werden, das
steht auf der nächsten To-do-Liste.

Genauso wie die Beschaffung der Requisiten für die 100-jäh-
rigen Zug-Teilnehmer: Krücken, Rollatoren und Rollstühle. Und
hat Torsten seine Töchter schon gefragt, ob sie uns in den Roll-
stühlen als Krankenschwestern schieben? Hat Torsten gemacht,
die Töchter überlegen sich das noch. Ich schlage vor, man könne
in einen Rollstuhl auch ein Skelett im Trikot des SV Schönenbach
setzen. Wenn es am Ort sowieso einen Friedhofsverein gibt,
machen sich die Verstorbenen noch fürs Dorfleben nützlich.
Heribert findet das nur so halb lustig. Die Aufgabe des Friedhofs-
vereinsvorsitzenden für die Karnevals-Aktion wird es übrigens
sein, sich um unsere Kostüme zu kümmern. Er wird altmodische
Schnürtrikots in den Schönenbacher Vereinsfarben Gelb und
Schwarz einfärben.

»Gelb-schwarze Scheiße« haben früher einige Auswärtsfans
gesungen, wenn sie beim Dorf-Verein zu Gast waren, erzählt
der Mann, den alle Jimmy nennen. Jimmy kann reden wie ein
Wasserfall und ist (als *primus inter pares*, denn alle Jungs sind
sehr lustig) der Spaßvogel der Truppe. Wir reden die Hälfte der
»Arbeits«-Zeit über Fußball. Den 1. FC Köln, Viktoria Köln, Ger-
mania Windeck und natürlich den SV 1920 Schönenbach. Er erzählt vom Sportplatz seines Dorf-Vereins, der ziemlich weit vom
Ort entfernt liegt. So ungefähr wie die Allianz-Arena der Bayern,
die ebenfalls eine Zeitzone vom Münchner Zentrum trennt. Das
Stadion in Schönenbach ist nach dem Hauptsponsor benannt – es
ist die Lademacher-Waldarena. Das Vereinsheim, so Jimmy, sei
ganz schick, mit VIP-Loge im ersten Stockwerk. Die Mannschaft
spielt in der Kreisliga A und sei damit die beste Mannschaft des
gesamten Kreises. Wie bei Hopp, der auch früher selber Spieler
bei Hoffenheim war, hat Lademacher einst bei der SV 1920 Schönenbach gespielt, wurde als Software-Entwickler in den USA Mil-

liardär und fördert jetzt den Dorfverein. Merkt euch schon mal den Namen dieses Clubs, liebe Bundesliga-Fans.

Jimmy versucht, mir zu erklären, welche vier Jungs der insgesamt acht Freunde miteinander verwandt sind. Als er merkt, dass ich nicht ganz mitkomme, sagt er lachend: »Unser Stammbaum ist ein Kreis. Vier sind verwandt, vier eigentlich nicht. Eigentlich. Christophs Oma und meine Oma, das waren Brüder.« Alle lachen, und Jimmy lacht am lautesten über seinen Witz, den er wahrscheinlich nicht das erste Mal erzählt hat.

Jimmy meint, sie seien eigentlich gar keine Karnevalisten. Deswegen würde auch keiner aus ihren Reihen sich für das Amt des Dreigestirns in Schönenbach zur Verfügung stellen. Denn das Dreigestirn muss in der ganzen Region auftreten, die haben fast 20 Termine in der Session. Nur ein Zwanzigstel der Termine des Kölner Dreigestirns, aber immerhin. Ich finde allerdings, die Kegelbrüder sind schon Karnevalisten. Sie stecken Engagement, Arbeit und Geld in den Karnevalsumzug ihres Dorfes, sie freuen sich schon auf das Bierchen im Gemeindehaus nach dem Zug, sie verkleiden sich jedes Jahr mit neuen Kostümen, sie können die närrische Zeit kaum erwarten, um sich wieder neue verrückte Themen für den Wagen ihres Kegel-Clubs auszudenken. Ich glaube, sie sehen sich nicht als klassische Karnevalisten, die im Frack in den Sitzungen sitzen. Sie sehen sich auch nicht als Freunde des karnevalistischen Exzesses, seit sie bei einem traumatisierenden Weiberfastnachts-Ausflug nach Köln einmal von einer betrunkenen Frau sexuell belästigt wurden: »Wer von euch Kerlen kann mich denn mal so richtig durchvögeln?« Aber für ihren Karneval auf dem Dorfe haben sie Feuer gefangen.

Das scheint ein Leitmotiv der Narren zu sein. Am besten kann man, egal ob in Rottweil, auf dem Knubbelabend der Roten Funken oder im Noch-nicht-einmal-200-Seelen-Dorf Schönenbach die Fastnacht, den Fasching, den Karneval im kleinen Kreis feiern. Es kommt nur sehr auf die närrische Vorprägung der Region an. Das ist mir ziemlich spät klar geworden. 15 Kilometer östlich von Schönenbach beginnt das Sauerland. Aber während im Oberbergischen noch der Einfluss der Karnevalshochburg Köln wirkt und selbst das kleinste Dorf jeck ist, ist Karneval im Sauerland ein Fremdwort. Dort vergnügt man sich eher auf Schützenfesten unter dem Motto »Glaube, Sitte, Heimat«. Eine Frage bleibt: Haben die acht Männer aus der Dorfgarage eigentlich schon Wurfmaterial besorgt? Ist schon erledigt, die Kamelle wurden schon gekauft. Vielleicht wird man so viel Wurfmaterial gar nicht benötigen. Auf den Fotos vergangener Jahre, die mir Uwe gezeigt hat, sehe ich, dass sehr, sehr wenige Zuschauer am Straßenrand stehen. Wie soll das auch funktionieren, wenn das ganze Dorf selber im Zug mitgeht? Ich werde es ja bald erleben, beim frühesten närrischen Umzug des gesamten Rheinlands.

Kapitel 18

LEI LEI – PASST! – FASCHING IN VILLACH

Wo der Wörtherteich liegt – Pott heißa, Ojöö und Helaaf – Bier und Krapfen – Woran man einen Deutschen in Villach erkennt

Dies ist die märchenhafte Geschichte einer kleinen Stadt, die im Karneval – sie sagen schon lange Fasching dazu – die Größten sind. In Austria. Eines der vielen fröhlichen Gesichter des Villacher Faschings ist Alex, mit dem ich im Congress Center verabredet bin, dort wird abends die siebte Sitzung der Villacher Faschingsgilde präsentiert. Die Narrenkappe von Alex ist beeindruckend: ein dreistufiges Modell, ausgestopft, drei Glöckchen an der Frontseite. Die aufgestickte Zahl LXII weist ihn als 62. Prinzen Villachs aus, ein wenig Kenntnis der römischen Zahlen wird in der Kärntner Ortschaft schon erwartet. Auf die Kappe ist auch das Logo seiner Auto-Werkstatt gestickt: KFZ-Doc. Nach und nach stellt mir Alex im Foyer des Veranstaltungsorts einige andere der insgesamt ungefähr 20 anwesenden Mitglieder des Karnevalsvereins vor. Die Männer der Faschingsgilde tragen alle zur Kappe einen Smoking. Die Frauen der Gilde haben Mini-Kappen aufgeschnürt, das sieht aus wie kleine Krönchen. Sämtliche 800 Gäste der Sitzung tragen Abendgarderobe, man hat sich schick gemacht, keiner ist verkleidet, keiner hat eine Narrenkappe aufgesetzt. Nur der peinliche Narren-Reporter aus

Deutschland fällt aus der Rolle und muss seinen obligatorischen Dreispitz aufziehen. Alle Villacher Narren ignorieren netterweise höflich diesen Fauxpas.

Die ganze Stadt ist schon Wochen vor den tollen Tagen närrisch geschmückt, *Lei Lei* ist in aller Munde, so begrüßen sich alle Narren in der Congress Halle. So wie *Alaaf* in Köln oder *Helau* in Mainz. Den Villacher Narrenruf *Lei Lei* werde ich heute Abend mindestens 11 000 Mal ausrufen, ich werde mit *Lei Lei* grüßen, ich werde mit *Lei Lei* begrüßt werden. Und diese 11 000 Mal *Lei Lei* sind eher unter- als übertrieben. Das *Lei* wird wie das englische »lay« in »lay all your love on me« ausgesprochen. Warum *Lei Lei*? Das Lei ist, so hat man mir das erklärt, ein sehr beliebtes Wort in Kärnten. Man sagt zum Beispiel »Lei lasn«: Lass mal gut sein. So eine Art österreichisches laissez faire. Der Kärntner nutzt das *Lei* auch, um zu verniedlichen. Eine *Lei Häferle* ist eine kleine Tasse. So entstand Anfang des 20. Jahrhunderts ein Villacher Gedicht, das das *Lei Lei* fest mit Kärnten verband.

Aber zurück ins Congress Center, denn plötzlich stehe ich vor dem Prinzenpaar. Ach nein, das ist nur ein Pappaufsteller von den beiden, auf dem gut sichtbar die Sponsoren angebracht sind. Die örtliche Brauerei, der örtliche Telefonanbieter, Kärntner Milch, der Obst- und Gemüseladen Robitsch, Nessl Fliesen. Alle sind sie ehrenamtlich für den Fasching unterwegs, da ist es doch schön, dass durch die Möglichmacher etwas Geld hereinkommt. Der Prinz hat jedes Jahr den gleichen Namen, das ist der Fidelius. Heuer ist der Prinz im Rentenalter angekommen, Weinhändller Salatin darf sich Fidelius LXV. nennen, also der 65ste. Eine ungeschriebene Regel besagt, dass der Prinz verheiratet sein muss und die Prinzessin ledig sein sollte. Daher ist ein »richtiges« Paar noch nie Prinz und Prinzessin gewesen, aber es haben schon Prinz und Prinzessinnen aus unterschiedlichen Jahrgängen geheiratet, erzählt man mir. Was ja bedeutet, dass sich der verheiratete Prinz erst mal entheiraten musste, um dann später eine Prinzessin zu

ehelichen. Sehr kompliziert. Die Prinzessin darf ihren Namen behalten, die heißen dann Eva-Marie I. oder Hannah I.

Jetzt geht es aber los. Die Tanzgarde, alle Minister der Faschingsgilde (also auch Alex, mein Presseminister), der Kanzler
der Faschingsgilde, das Prinzenpaar, sie alle stehen Spalier am
roten Teppich, und wir, die Zuschauer, ziehen in den Saal ein.
Eigentlich eine schöne Idee. So wird das Publikum zum Akteur,
und jeder hat seinen individuellen Einmarsch in die Halle. Ich
grüße links und rechts und marschiere hinein in den österreichischen Fasching. 1955 wurde das erste Mal Karneval in Villach
gefeiert, und Fidelius I. betrat die Bühne. Jawohl, Karneval hieß
das, denn man hat sich eindeutig am rheinischen Vorbild orien-
tiert. Außerdem ist die italienische Grenze nur 20 Kilometer entfernt, so verwundert es nicht, dass Villach in den Anfängen seinen Fasching als Karneval bezeichnete. Denn eigentlich liegt der
italienische *carnevale* näher als der bajuwarische Fasching. Die
Sitzung der Faschingsgilde entstand aus einem Bauernball, der
vor 1955 traditionell in Villach vor der Fastenzeit gefeiert wurde.
Aus Bauern wurden Narren. Entscheidend für die Bedeutung des
Villacher Fasching in ganz Österreich ist, dass die Sitzungen der
Kärntner seit 1963 im ORF landesweit übertragen werden.

Ich habe vor einigen Tagen mit dem Ehrenkanzler der Faschingsgilde telefoniert. Herr Bartl ist 80 Jahre alt, 32 Jahre war er
der Kanzler der Narren, an dieser Herrschaftsdauer können sich
Angela Merkel und erst recht Sebastian Kurz mal ein Beispiel
nehmen.»Es muss einem Villacher eine Freude sein, Villachern
Freude zu bereiten«, sagt Bartl und fügt selbstbewusst hinzu:
»Wenn wir angeben wollen, sagen wir schon, dass wir die Fa-
schings-Nummer-Eins in Österreich sind.« Das hat meiner Meinung nach nichts mit»angeben« zu tun, denn in anderen österreichischen Städten spielt Fasching nur eine marginale Rolle.
Durch den landesweiten Fokus müssen die Themen der Sitzung
in Villach gesamtösterreichisch verstanden werden, es ist wenig

Lokalkolorit zu erwarten. Gut für mich, dann kann ich auch besser folgen. »Wir schauen, dass man es in ganz Österreich versteht«, sagt Bartl. »Wir haben ja ein starkes Gefälle an Mundarten zwischen Vorarlberg und Burgenland, da muss man schon aufpassen.«

Der Ehrenkanzler ist sehr stolz darauf, dass das kleine Villach Jahr für Jahr die Faschingsveranstaltungen stemmt. Klar ist, dass fast jede österreichische Stadt einen Minderwertigkeitskomplex gegenüber dem übermächtigen Wien hat. Aber es ist schon wahr: Villach hat 60 000 Einwohner, so viel wie Wesel, Frankfurt/Oder oder Friedrichshafen. Und diese Einwohner – beziehungsweise die Faschingsgilde – stemmen als Enthusiasten und Laien jedes Jahr zwölf Sitzungen und einen beeindruckenden Straßenkarneval. An jedem Faschings-Samstag herrscht nämlich Ausnahmezustand in der Stadt, alle Mitarbeiter in den Geschäften und Kneipen sind kostümiert, ein Umzug mit 150 Gruppen und 3500 Teilnehmern zieht durch die Stadt, ganz Villach ist *Lei Lei*.

Inzwischen hat sich der Saal gefüllt, ich sitze am Pressetisch, neben mir Alex. Die Kellnerin bringt zwei Flaschen Pinot Grigio, natürlich aus dem Weinhandel des aktuellen Prinzen Fidelius. Schau'n mer mal, ob sein Wein oder das Programm des Abends uns fidel stimmt. Zu Beginn der Sitzung wird von der famosen Faschingskapelle das offizielle Villacher Faschingslied angestimmt, viel *Lei Lei*, alle schunkeln. Ich natürlich auch, man will ja nicht sozial auffällig werden. Im Anschluss wird das Prinzenpaar proklamiert, dann hat man das auch schon mal hinter sich. Nur komisch, dass die Proklamation zu Beginn jeder Sitzung erneuert wird, so als ob das Prinzenpaar zwischen den Sitzungen wieder zu normalen Menschen würden. Der aktuelle Kanzler Charlie erledigt die Begrüßung der Ehrengäste. Auch die Landeshauptmannstellvertreterin Frau Doktor Soundso ist im Saal. Landeshauptmannstellvertreterin, 31 Buchstaben, ein genialer Titel.

Die erste Akteurin ist die Heike, die als Motorad-Bikerin auf die Bühne kommt. Vor einem passenden Bühnenbild trägt sie ihre Rede vor. Klassische Büttenreden gibt es nicht, manches wird in Sketchform vorgetragen, aber die politischen Skandale der letzten Monate stehen ganz im Mittelpunkt. Der Fasching in Villach ist keine Klamauk-Veranstaltung, es wird durchaus anspruchsvolles Kabarett geboten. Zum juvenilen österreichischen Bundeskanzler kommentiert Harley Bikerin Heike trocken:»In dem Alter vom Sebastian Kurz habe ich mich auch noch nicht für Politik interessiert.« Gott sei Dank sind fast alle österreichischen Themen auch für mich als Piefke verständlich: die neue lila-grüne Regierung, Nobelpreis für den Kärntner Peter Handke, vor allem die Ibiza-Affäre des Hans-Christian Strache, die *B'soffene G'schicht*. Ein Fest für jeden Narrenredner. Alex erzählt mir, dass Strache großer Fan des Villacher Fasching sei und auch diese Session kommen wolle. Wenn er das tut, muss er richtig gut im Nehmen sein, denn der Ex-FPÖ-Chef bekommt den ganzen Abend ordentlich eingeschenkt. Wie alle Akteure ist Heike nicht hauptberuflich im Fasching unterwegs, sie ist Friseurmeisterin. Ein anderer Redner unterrichtet als Universitäts-Dozent Deutsch. Bringt der Migranten oder Österreichern die deutsche Sprache bei?

Das nächste Highlight ist die schönste Boygroup Villachs, vier Mittfünfziger. Im Zivilberuf sind sie beim Militär, Vizechef des Finanzamts, Musik- und Mathematiklehrer. Der Mathelehrer ist Manfred Obernosterer. Der Noste ist der Superstar des Villacher Faschings, er wird in der zweiten Hälfte des Abends mit einer beeindruckende Solonummer triumphieren. Seit 2002 ist Noste dabei, er ist Kabarettist, Musiker, Komponist (unter anderem für die *Kastelruther Spatzen*) und hat einige der größten Villacher Faschingshits komponiert. Einer wie Noste wäre im Kölner Karneval mit 300 Auftritten in der Session ausgebucht und könnte von seinem närrischen Treiben leben. Sensationell sind seine fiktiven Handy-Telefonate mit Basti, dem Kanzler Sebastian Kurz. Immer wieder unterbricht der Noste seine Solo-Rede mit einem

»Bist narrisch!«. Ein Indiz dafür, dass das Narrische komplett in den österreichischen Alltags-Sprachgebrauch eingegangen ist. Es gibt generell keine Tuschs, mit denen man auch schwächere Passagen einer Rede gut kaschieren könnte und so üblicherweise die Stimmung künstlich hochpeitschen würde. So etwas scheinen die Akteure in Villach nicht nötig zu haben. Wirklich beeindruckend ist, dass alle Redner trotzdem häufig Zwischenapplaus bekommen. Schade nur um die wirklich tolle Faschingsband, weil bei vielen Nummern die Musik vom Band kommt und Tuschs dürfen sie eben auch nicht spielen.

Prinzipiell spielen die musikalischen Programmpunkte keine so große Rolle wie im rheinischen Karneval. Bei der Kölner Prinzenproklamation beispielsweise gab es nur zwei Wortbeiträge. In Villach ist das Verhältnis zwischen Wort und Musik (Gardetanz, Stimmungs-Medley, Akrobatik mit Musikuntermalung) ungefähr zwei zu eins für Reden und Sketche. Alle Redner sind auch für Deutsche gut verständlich, und ich bin froh, dass ich mich vorab informiert habe. So trete ich nicht in das Fettnäpfchen, den Namen der Stadt Villach falsch auszusprechen. Man sagt nicht »Willach«, sondern »Fillach«. Noste stellt einen Deutschen dar, den man daran erkennt, dass er »Willach« sagt. Alle lachen, ich auch, wie kann man nur so deppert sein! Mein Presseminister Alex schmeißt sich bei jeder Nummer weg, als würde er das alles zum ersten Mal sehen. Dabei ist er bei jeder Sitzung dabei, als Minister muss er zu Beginn einmarschieren, vor der Pause ausmarschieren, nach der Pause einmarschieren, und zum Finale schunkeln und winken. Aber nein, sagt er auf Nachfrage, ihm würde nicht fad (wie der Österreicher zur Langeweile sagt). Nein, nein, das Publikum reagiere doch jedes Mal anders und er daher auch. Nun muss man Alex ja zugute halten, dass bei jedem Villacher schon wegen der geografischen Lage ein feuriges südländisches Temperament vorauszusetzen ist. Slowenien um die Ecke, Italien auch.

Die Pause der Sitzung verbringen wir in der Prinzenstube, so eine Art VIP-Raum des Congress Centers. Der Prinz ist nicht zu sprechen, der ruht sich aus. Dafür greifen alle kräftig zu, man muss Gas geben, alles für umsonst und nur 20 Minuten Zeit. Ich teste erstmals in meinem Leben die kulinarische Kombination Bier mit Krapfen, wie das Faschingsgebäck hier heißt. In Köln ist das ein Berliner, in Berlin ein Pfannkuchen. Auf jeden Fall Schmalzgebäck mit Marmeladenfüllung und Puderzucker. In Kombination mit Bier nicht unbedingt empfehlenswert, die pappenden Zuckerfinger bleiben am Glas kleben. Charlie, der Kanzler der Faschingsgilde, erzählt mir vom närrischen internationalen Freundeskreis seines Karnevalsvereins. Die Villacher Faschingsgilde trifft sich regelmäßig mit der »Mannheimer Carnevalgesellschaft Feuerio« und den »Blauen Funken« aus Köln. Alex lädt mich ein, unbedingt nächstes Jahr wieder zum Villacher Fasching zu kommen. Als er hört, dass ich an diesem Abend das erste Mal da bin, sprudelt es aus ihm heraus, in der Tourist-Information des Städtchens hätte ich nicht so viele Freizeit-Tipps bekommen. Okay, den nächsten sechswöchigen Urlaub mache ich in Villach oder ziehe am besten gleich um. Besonders schwärmt Alex vom Kirchtag, da musst du kommen, unbedingt, das ist ein richtiges Volksfest. Letzte Augustwoche, 111 Jahre alt, was für ein närrischer Zufall.

Der Kirchtag, das zweite große Villacher Fest, ist das inoffizielle Präludium für die Prinzen-Weihen, erzählt Alex:»Am Kirchtag wollen alle wissen, wen der Kanzler gefragt hat? Bis Oktober ist das Stadtgespräch. Die ganze Stadt versucht herauszufinden, wer auserkoren ist. Denn, wen der Kanzler fragt, der wird sehr wahrscheinlich der nächste Prinz.« Bei Alex war das so:»Der jetzige Ehrenkanzler Gernot Bartl kam in meine Autowerkstatt. Wir gingen ins Büro, Tür zu. Das haben natürlich meine Mitarbeiter mitbekommen. ›Na bittschön, der Bartl war bei dir, also Jänner und Februar Urlaubssperre.‹« Er, Alex, habe sich zwar noch Bedenkzeit erbeten, aber da war ihm eigentlich schon klar, dass er – drei Jahre ist das her – Fidelius der Zweiundsechzigste werden würde. Erst ab diesem Zeitpunkt wurde er Mitglied der Faschingsgilde. Einmal Prinz zu sein, in Villach an der Drau, das war schon etwas ganz, ganz Besonderes, meint Alex. »Im Kindergarten lernst du schon das Villacher Faschingslied, das Kinder-*Mini Lei Lei*, du maskierst dich, das ist ein eigenes Feeling.« Dann geht's weiter mit der Sitzung, *Lei Lei*. An dieser Stelle, während alle im Saal wieder Platz nehmen, ein kleiner Exkurs über Narrenrufe. Man kann sich auf Wikipedia eine kilometerlange Liste von Narrenrufen anschauen. Relativ häufig bellen sich die Karnevalisten an: *Wau Wau*. In Nettersheim/Eifel, Alzey bei Mainz und selbst in der Wagnerstadt Bayreuth sind sie auf den Hund gekommen. In vielen badischen und pfälzischen Orten ist der Narrenruf *Ahoi*. Das bietet sich in diesen maritimen Regionen natürlich an. In Hildesheim rufen sie *Pott heißa*, da hat sich wohl schon mal jemand an einer Kaffeetasse verbrannt. In Mönchengladbach heißt es *Halt Pohl* – warum auch immer. Aber einer Stadt, die den 11.11. auf den 10.11. vorverlegt, ist wirklich alles zuzutrauen. Schön ist auch *Hau Ruck* in Saarburg, *Halli Galli* in Esslingen und *Ojöö* in Wehr. Wenn man einen ganzen Abend ein dreifaches *Ojöö, Ojöö, Ojöö* gerufen hat, ist man reif für den Logopäden. Ein geniales Hybrid-Modell hat man sich im westfälischen Diestelbruch einfallen lassen: *Helaaf*. Aber zurück nach Österreich.

Was Düsseldorf dem Kölner, das ist Klagenfurt dem Villacher. Die ungeliebte Landeshauptstadt, der man sich massiv überlegen fühlt. Klagenfurt-Bashing ist daher eine beliebte Sportart auf der Sitzung. Es geht um die Bäume im Stadion von Klagenfurt (eine Kunstaktion, die auch in Deutschland große Beachtung fand), der Nachbarort wird als Nebelstadt verunglimpft, der Wörthersee als Wörtherteich verspottet, und generell wird der Klagenfurter als Volltrottel dargestellt.

Alle nehmen Haltung an, Kaiser Rudolph marschiert mit der Internationalen ein. Und der auf die Leinwand projizierte österreichische Adler hält Hammer und Sichel in seinen Klauen. Schöne Details, mit der die K.-u.-k.-Monarchie des Habsburgischen Riesenreichs verspottet wird. Alleine dafür lohnt es sich, den Villacher Fasching anzuschauen, denn welche Monarchen sollten wir Deutsche verspotten? Unseren letzten Kaiser? Na ja, Wilhelm Zwo würde man vielleicht schon noch erkennen. Aber der ist historisch zu kontaminiert. Die österreichische Monarchie ist dagegen eher von harmloser Nostalgie umweht. Daher kann man sie im Fasching auch leichter verbraten, nehme ich an.

Eine sehr schöne Version des Monthy-Python-Hits »Always look on the bright side of life« wird zum Ende des Sketches angestimmt und mit einem »Lei-Lei, Lei-Lei-Lei-Lei« abgerundet, das passt von der Tonalität sehr gut. Alex erzählt am Pressetisch ganz aufgeregt, dass bei einer der nächsten Sitzungen *Hathaway* komme, ganz sicher, der Wohnort sei doch in Kitzbühel. Anne Hathaway kommt zum Villacher Fasching? Alex singt mir vor, »What is love, Baby don't hurt me, don't hurt me, no more!«. Ist gut Alex, sing nicht weiter, passt! Ich hatte da wohl etwas falsch verstanden, er meint *Haddaway*. Bei der letzten Nummer auf der Bühne vor dem Finale bin ich raus. Sosehr ich mich bemühe, ich verstehe den schnauzbärtigen Akteur da vorne auf der Bühne nicht. Kann der nicht mal Unterricht bei dem Deutsch-für-Österreicher-Dozent nehmen? Na ja, er macht die Scherze ja auch nicht für mich, und die Villacher schmeißen sich weg über seine Gags. Das ist übrigens auffällig. Der Villacher Humor ist komplett Zoten-frei, es gibt keine Hö-Hö-Pointen, für die man sich fremdschämen müsste, ein sehr feiner Humor.

Als ich mich verabschiede, erneuert Alex die Einladung zum Villacher Fasching im nächsten Jahr. Dann würde ich auf der Bühne auch einen Orden bekommen, weil ich ja dann schon richtig dazugehören würde. Das ist wie in Köln: Alles, was zweimal stattfindet, ist Tradition, beim dritten Mal schon Brauchtum. Alex nestelt einen Anstecker von seinem Revers und fixiert ihn an meinem Anzug. »Das ist mein persönlicher Prinzenanstecker, den haben nur wenige.« Ich bin ein wenig gerührt, das muss ich zugeben, und umarme den Presseminister. Das ist eins der Geheimnisse des Faschings und des Karnevals. Am wenigsten kommt es auf die Kostümierung an, die fehlt in Villach beim Publikum völlig. Es kommt darauf an, Anlässe zu schaffen, um Freude zu haben und zu bescheren. Und in seinen besten Augenblicken wird der Fasching/Karneval so zum Freundschafts-Katalysator. Villach, ich komme wieder: *Lei Lei* – Passt!

Kapitel 19

DER ORDEN WIDER DEN TIERISCHEN ERNST IN AACHEN

Leckmuscheln zu Übungszwecken – Kaiser Karl Marx – Kramp-Karrenbauer kann Karneval

Ob die Aachener Veranstaltung »Orden wider den tierischen Ernst« die politischste närrische Veranstaltung des Landes ist, weiß ich nicht. Es ist aber auf jeden Fall die Veranstaltung, bei der Politiker selber das Wort ergreifen, selber in die Bütt gehen – in Aachen ist das ein überdimensionierter Vogelkäfig. Politiker spielen die Hofnarren, die sich und ihrer Kaste den Spiegel vorhalten. Das kann auch ordentlich schiefgehen. Bei der diesjährigen Veranstaltung stechen vier Wortbeiträge heraus. Einen fünften hätte man gerne gesehen, doch die geplante Narren-Rede von FDP-Chef Christian Lindner fiel einem politischen Erdbeben in Thüringen zum Opfer. Man erinnert sich – die berühmte real-närrische Drei-Tage-Ministerpräsidentschaft eines gewissen Thomas Kemmerich. Das Spiel hieß Höckepack, glaube ich.

Politik ist immer das Hauptthema in Aachen, aber die größten Lacher des Abends bekommt Bauer Willi Hastenrath mit einem eher unpolitischen Thema: »In meiner Pubertät war das Schlimmste, ich weiß nicht, ob sie das noch kennen, Leckmuscheln. Zuckermasse in einer Plastikmuschel. Was wenig bekannt ist: Die waren nie als Nahrungsmittel konzipiert, sondern ausschließlich zu Übungszwecken!« Bei der TV-Ausstrahlung, ich

konnte das von meinem Presseplatz zwischen Bühnenkante und
Stimmungsband nicht erkennen, sieht man, wie sich Friedrich
Merz an seine Leckmuschel-Zeit erinnert – er schmeißt sich weg
vor Lachen. Leckmuscheln kennt man also auch im gehobenen
Mittelstand. Bauer Willi weiter:»Als wir in der Pubertät waren,
mussten wir uns selber alles beibringen. Und die Leckmuschel
war die Königsdisziplin. Wer gut war an der Leckmuschel, dem
öffneten sich alle Türen. Und nicht nur die Türen!« Dreifacher
Tusch, politischer Humor der Spitzenklasse!

Traditionell spielt in Aachen ein Comedian oder Kabarettist
die Rolle von Kaiser Karl dem Großen, der bekanntlich ein
Aachener Politiker war, aber nie den Orden wider den tierischen
Ernst bekommen hat. Ingolf Lück hat die Rolle auf einem voluminösen Thron sitzend schon gespielt, Markus Maria Profitlich
auch. Zum dritten Mal darf nun Winfried Schmickler seinen
aggressiv-boshaften»Humor« dem großen Karl in den Mund
legen. Schmickler hält ein derart Kapitalismus-kritisches Plädo-
yer gegen die»Gier«, dass das Publikum völlig begeistert»Auf-
hören« ruft. Viele Zuschauer versuchen, auf ihrem Smartphone
etwas zu finden, worüber sie lachen können. Über Schmickler
lachen sie auf jeden Fall nicht, denn der sagt:»Was ist das für ein
Tier, die Gier? Wo kommt das her, das Tier, und wer erschuf sie
nur, die Kreatur? Und plötzlich sind sie dann zu zweit. Die Gier
und ihre Brut, der Neid. In diesem Sinne, liebe Öcherinnen und
Öcher« – ich denke spontan an dieser Stelle –, jetzt kommt dreimal *Oche Alaaf*. Falsch gedacht, denn –»hört auf euren alten
Kaiser, der euch sagt: Ohne rigorose Eingriffe in die destruk-
tiven Lebens- und Produktionsweisen der Gegenwart wird es
keine Zukunft geben!« Es sprach zu Ihnen Kaiser Karl Marx der
Allergrößte.

Der echte Kaiser Karl hätte sich nicht nur ins Fäustchen, sondern auch in den Bart gelacht, dass ausgerechnet in seinem
Namen etwas gegen»Gier« gesagt wurde. Was war denn die

Triebfeder, ein Reich zu errichten, das die heutigen Länder Frankreich, Deutschland, Schweiz, Österreich, Tschechien und Teile Italiens sowie Kroatiens umfasste? Was war der Antrieb, mit fünf Ehefrauen und fünf Nebenfrauen achtzehn Kinder zu zeugen? Die Gier! Man hätte den Mann auch Karl den Gierigen nennen können. Das bedeutet Nachsitzen in Geschichte, Herr Schmickler. Und ob Sie im nächsten Jahr wieder den Karl spielen dürfen, wage ich zu bezweifeln. Bemerkenswert ist wenig später die Rede von Auma Obama, der älteren Halbschwester von Barack Obama. Sie redet als Schwarze vor dem Aachener Publikum und weiß,»dass die Schwarzen in Aachen in der Mehrheit sind«. Politisch gesehen ist das richtig. Auch, dass die Mehrheit der Ordensträger Politiker der CDU, FDP und CSU sind und waren, ist eine Tatsache. Frau Obama hält als gelernte Germanistin einen nicht lustigen und auch nicht lustig gemeinten Vortrag (»Ich werde versuchen, sie zu amüsieren mit einem Thema, das nicht so amüsant ist«) über den Gebrauch des Wortes»Neger« in der deutschen Sprache. Vor allem vor dem Hintergrund, dass das Landesverfassungsgericht Mecklenburg-Vorpommern kürzlich befand, das Wort»Neger« gehöre nicht zu den Begriffen, die ausschließlich der Provokation oder der Herabwürdigung anderer dienen. Frau Obama betont, sie habe schließlich Narrenfreiheit, daher wäre es ihr gutes Recht, zu diesem Thema zu reden.

Nicht jeder der anwesenden Gäste im Publikum sieht das genauso, fürchte ich. Erst dieser Schmickler – meine ich, aus den entgeisterten Mienen um mich herum zu lesen – und dann noch ein Vortrag über das rassistische Fundament des Wortes»Neger«. Etwas gewagt als Programmpunkt zwischen einer Tanzgruppe, die die neuesten *ABBA*-Hits tanzt und einer weiteren Tanzgruppe, die die neuesten *ABBA*-Hits tanzt. ABBA, Obama, ABBA – das ist doch mal eine Dramaturgie! Da kommt keinerlei Stimmung auf, aber als Stimmungskanone war Frau Obama auch nicht eingeladen worden. Das ist dann schon wieder typisch Aachen. Es wird zwar der Orden wider den tierischen Ernst verliehen, aber es kann auch schon mal wirklich sehr ernst werden. Interessant: Als Kostüm hat Frau Obama ein Dirndl angezogen, sie hat also ein gutes Gespür dafür, was Tracht und was Kostüm ist. Die Promidichte in Aachen ist jedes Jahr wieder beeindruckend. Neben den zahlreichen ehemaligen Ordensträgern Klöckner, Merz, Bernhard Vogel, Rüttgers (die beiden Letzteren sitzen schräg hinter mir) hat der designierte Ordensträger Armin Laschet fast sein ganzes NRW-Kabinett mitgebracht. Und Marie-Luise Marjan ist da, Gerüchten zufolge wird sie wegen Eigenbedarfs aus der *Lindenstraße* herausgeklagt. Bevor der *Öcher Jung* (Aachener Bursche) Laschet in den Käfig darf, hält Landwirtschaftsministerin Julia Klöckner, die letztjährige Ordensträgerin, die Laudatio. Leider war ich so im Saal platziert, dass ich ihren riesigen Teleprompter am anderen Ende des Raums gut einsehen konnte. Deswegen kannte ich jede ihrer Pointen schon lange vor ihr. Ich habe mal bei YouTube in ältere Auftritte von Politikern in Aachen hineingeschaut. Sehr lohnenswert ist die Darbietung von Armin Laschet und Cem Özdemir aus dem Jahr 2018. Die beiden geben anlässlich der damals noch akuten Jamaika-Verhandlungen als komödiantisches Piraten-Duo aus dem *Fluch der Karibik* Vollgas und lassen natürlich im Subtext schwarz-grüne Visionen sprießen. Ein karnevalistisches Desaster ist Sahra Wagenknechts Performance als Prinzessin Lea von 2015. Warum hat ihr das denn keiner ausgeredet? Peinliche Frisur, beim stockkonservativen Aachener Publikum erwartbar kein Auftrittsapplaus. Und eigentlich auch kein Zwischenapplaus, weil der Vortrag absolut humorfrei war.

Ein Knaller dagegen Annegret Kramp-Karrenbauer bei ihrer Käfigrede als Ordensträgerin im gleichen Jahr. Sie kündigt sich selbst als »ein Zungenbrecher auf zwei Beinen« an und beschwert sich beim ausschließlich männlich besetzten Elferrat, dass sie erst

»die fünfte Ritterin« des AKV sei. »5 aus 66«, da hätte man, so AKK beim AKV, ja selbst bei »6 aus 49« mehr Chancen. »Der Elferrat, keine einzige Frau, die personifizierte Nullquote. Liebe Aachenerinnen, es kann doch nicht sein, dass es in dieser Stadt nur intelligente und vernünftige Frauen gibt. Es muss doch eine verrückt genug sein, um dort mitzumachen.« Der Ex-Ritter Friedrich Merz (der bei seiner eigenen Käfig-Rede ein kleines Aachen-Gate durch eine in großen Teilen aus dem Internet abgeschriebene Büttenrede ausgelöst hatte) sitzt im Publikum und bekommt auch sein Fett weg, was er reichlich gequält weglächelt. Vielleicht war diese Karnevalssitzung 2015 ja der Beginn der intensiven Liebe zwischen diesen beiden Politikern. Fein auch dieser Spruch von AKK: »Nicht alles war früher gut. Erinnert euch, was eure Eltern euch früher gesagt haben: Iss deinen Teller leer, sonst wird das Wetter schlecht. Generationen haben an diesen Spruch geglaubt. Das Ergebnis: dicke Kinder und die Erderwärmung.«

Aber kann AKK Karneval? Anfang 2019 hatte sie ja einen närrischen Shitstorm entfacht, der in der Nachschau oft verkürzt und verzerrt wiedergegeben wird. Seit Jahren ist AKK als Putzfrau Gretel sehr erfolgreich und selbstironisch in der saarländischen Fastnacht unterwegs. Aufgrund dieser närrischen Expertise und als Bundesvorsitzende der CDU wurde sie vor das Narrengericht in Stockach am Bodensee geladen. Diese eigentümliche Einrichtung der Schwäbisch-Alemannischen Fastnacht existiert seit 1351. Seit 1965 stellt das Narrengericht regelmäßig Prominente – meistens Politiker wie zum Beispiel Winfried Kretschmann – unter Anklage. Aufgrund dieser Anklage muss sich der Prominente verteidigen, mit Anwalt (der Fürsprech) und närrischer Strafprozessordnung. AKK war angeklagt, als Frau in der Politik Männer zu diskriminieren. Zitat der Anklage: »Deutschland und die CDU sind im Würgegriff einer verschworenen feministischen Weibertruppe.« Man merkt schon, etwas überzeichnet. Närrisch eben.

AKK verteidigte sich auf diesen Anklagepunkt so: »Die Toiletten für das dritte Geschlecht sind für die Männer, die nicht wissen, ob sie beim Pinkeln noch stehen dürfen oder schon sitzen müssen, dafür ist diese Toilette.« Ob das jetzt der beste Karnevals-Gag aller Zeiten ist, weiß ich auch nicht. Ein Witz auf Kosten von Minderheiten aber war dieser Witz auf gar keinen Fall, eher ein Witz auf Kosten der Männer, was die närrische Spezialität von AKK ist. Wer daraus einen Skandal strickt, ist entweder bösartig oder ahnungslos – oder beides. So wie Bernd Ulrich, der in der *ZEIT* von »Pöbel-Humor gegen Minderheiten« schwafeln durfte. Das ist doch mal echter Pöbel-Journalismus aus Hamburg, Tusch! Kramp-Karrenbauer kann also Karneval und Fastnacht, ob sie Kanzlerin kann, das wird man vermutlich nie erfahren.

Armin Laschet dagegen wusste im Vorfeld, dass die Käfig-Rede eine der wichtigsten Reden seines Lebens werden würde. Bei einer klassischen Büttenrede herrschen ja die üblichen Karnevalsregeln – den Mächtigen wird der Spiegel vorgehalten. In Aachen müssen die Mächtigen sich selber oder anderen Mächtigen den Spiegel vorhalten. Das kann naturgemäß ganz schön in die Hose gehen. Zu einer gelungenen Rede in Aachen gehört daher eine gute Portion Selbstironie. Laschet scheint die Größe dieser Aufgabe geahnt zu haben. Die *FAZ* schrieb einmal über den Orden wider den tierischen Ernst, die »Begründungen für Ordensvergaben wirken oft etwas konstruiert. Wer lange genug lebt, so der Eindruck, der bekommt ihn irgendwann.« Nun, die *FAZ* hat ja sonst immer recht, aber in diesem Punkt irrt sie gewaltig. Christian Lindner hat den Orden der AKV 2014 bekommen, Kramp-Karrenbauer 2015, bevor sie die Bundesbühne betrat. Auch Cem Özdemir, Friedrich Merz und Julia Klöckner haben den Orden nicht im biblischen Alter entgegengenommen.

Der Methusalem Armin Laschet wird von zwei weiblichen Models zum Käfig geführt. Die sind so eine Art nette Strafvollzugsbeamtinnen. Bevor wir Laschets Rede lauschen dürfen, muss er wie jeder Ordensträger eine Reihe von Geschenken über sich ergehen lassen. Die Rittermütze, die Ordensregeln, den Orden, natürlich, Aachener Pflümli, und – ganz wichtig – eine Original Aachener Printe mit seinem Konterfei. Mit allgemeiner Spannung wird natürlich erwartet, wie Laschet in seiner Rede auf die K-Frage, die Kanzlerkandidatenfrage, eingeht. Immerhin werden ihm auch Ambitionen unterstellt. »Wer wird Deutschlands next Mutti?«, fragt Laschet. Aus dem Saal kommt die Antwort:»Armin! Armin!« Ein paar junge Männer neben mir, die aussehen wie Mitglieder der örtlichen Jungen Union, springen sogar auf und skandieren klatschend den Vornamen des Redners. Klar, er hat in Aachen als Öcher Jung ein Heimspiel, er ist sogar der erste Ritter aus Aachen in der 70-jährigen Geschichte des Ordens wider den tierischen Ernst. Die Frage, so Laschet, sei doch:»Ist Deutschland schon bereit für eine männliche Kanzlerin?« Er dekliniert einige mögliche Kandidaten durch:»Merz ist so schüchtern, zurückhaltend wie ein Reh.« Julia Klöckner wäre eine Möglichkeit, denn »wer Weinkönigin kann, kann auch Kanzlerin!« Laschets Vorschlag zur Güte:»Wir lassen die K-Frage offen und machen es wie im Karneval, da gibt es Dreigestirne und Prinzenpaare, Elferräte, Festausschüsse, die regieren zusammen. Mal der Friedrich, mal die Annegret, mal die Julia, mal der Markus.«

Schöne Idee, ein Dreigestirn die Geschicke der CDU leiten zu lassen, in Rom hätte man dazu Troika gesagt. Das hat bei der SPD mit Scharping, Lafontaine und Schröder in den 1990er-Jahren schon einmal ganz hervorragend geklappt. Was Armin Laschet nicht wissen konnte: Schon zwei Tage später war seine Rede Makulatur, AKK hatte sich selber aus dem Rennen genommen, eine Kanzlerkandidatin Kramp-Karrenbauer wird es wohl nicht geben. Eigentlich eine gute Nachricht für alle Narren, AKK hat in Zukunft wieder mehr Zeit für ihr humoristisches Talent. Fest steht, egal, wer Kanzlerkandidat der Union wird, die Wahrscheinlichkeit ist äußerst groß, dass es ein Ritter des Ordens wider den tierischen Ernst sein wird. Egal ob Laschet, Merz oder Söder, alle standen schon im Vogelkäfig. Und wer das übersteht, der kann auch Deutschland.

Kapitel 20

ZWEIMAL UMS DORF HERUM – DER UMZUG IN SCHÖNENBACH

Die Langhaar-Perücke ist eine echte Herausforderung – Was ein Dorf-Karneval mit Goethes närrischen Erlebnissen zu tun hat – Uwe gerät in Waldbröl in Panik – Wie man 80 Euro gewinnbringend anlegt

Multitasking, so heißt es, wäre eine Domäne der Frauen. Von wegen, Männer können das auch. Ich schiebe einen Rollator (der einen leichten Linksdrall hat, weswegen ich zuweilen eine kleine Pirouette auf dem Asphalt drehe), ich werfe Kamelle in die Menge, ich trinke gleichzeitig Bier und versuche, noch einen Fußball zu kicken. Das wäre ja alles noch im Rahmen der Machbarkeit, wenn nur diese graue Kunsthaar-Perücke nicht wäre. Das Teil nervt. Ständig hängen mir die Haare ins Gesicht, ich sehe kaum etwas, und wenn ich einen Schluck Bier trinke, habe ich die dünnen Kunstfaser-Härchen auf der Zunge. Die anderen acht Jungs vom Kegelverein haben das Problem anscheinend schon im Vorfeld erkannt und haben sich entweder viele kleine Zöpfchen geflochten (beziehungsweise von weiblichen Familienmitgliedern flechten lassen), einen Zopf gemacht oder ein Stirnband umgelegt. Erinnert ihr euch noch an die Römer im *Asterix*-Band *Kampf der Häuptlinge*, die statt Zaubertrank ein Turbo-Haarwuchsmittel genommen haben und nun mit einem Berg von Haaren zu kämpfen hatten? Genau so sehen die Jungs vom Kegelclub »Deutschland-Achter« aus.

Haare hin oder her, ich bin auf jeden Fall beeindruckt, dass an den letzten beiden Samstagen auch ohne meine Hilfe ein richtig schöner Wagen entstanden ist. Der Mottospruch der Gruppe heißt:»Früher schossen wir auf's Fußball-Tor, heute fahren wir Rolla-Tor«. Schade, mein Vorschlag vom Wagenbau-Samstag hatte also keine Mehrheit gefunden:»Seit 100 Jahren tun wir jetzt kicken, unser aktuelles Hobby ist: ... Gartenarbeit!« Wahrscheinlich hat den Schönenbacher Karnevals-Profis die Infinitiv-Form »tun kicken« nicht gefallen. Zugegeben, die ist auch wirklich nicht sehr elegant.

Der Wagen ist klasse geworden. Die Fußballer-Figur steht wie eine Eins, ist mit Plastik-Seilen gesichert. Die beiden Fußballfelder »alt« (mit der von mir aufgebrachten Asche, Holztor mit Kartoffelsack als Netz, beide Fackeln brennen) und »neu« (Kunstrasen, Alutore und zwei leuchtenden Flutlichtmasten) sehen toll aus. An den Seiten des Wagens ist die Evolution der Menschheit vom Menschenaffen zum Fußballspieler des SV Schönenbach 1920 dargestellt. Schade, dass es keine Prämierung für den schönsten Wagen des Zugs gibt, ich würde ganz eindeutig – völlig unparteiisch – für »unseren« Wagen stimmen. Schon nach einigen Minuten habe ich mich den Herausforderungen des Karnevals-Umzug-Mehrkampfs gestellt. Der Ball ist weg, es war sowieso zu anstrengend, auf den zu achten.

Beim Kamelle-Schmeißen habe ich auch den Bogen raus. Am meisten macht es natürlich Spaß, mit vollem Schwung in die Menge zu werfen. Es sind wirklich viele Zuschauer am Straßenrand, ich schätze ungefähr 500 insgesamt. Aber mit zu viel Schmackes landet das Wurfmaterial in den Vorgärten HINTER den Zuschauern. Zu viel Streuverlust, im wahrsten Sinne des Wortes. Ich bevorzuge es daher, meine Süßigkeiten in die offenen Tüten und

Beutel der Kinder zu stecken. Da muss man aber aufpassen, dass sich nicht ein Schnapsfläschchen der Sorten *Apfel* und *Pflaume* unter den Bonbons und Schokoladentafeln versteckt. Das ist nichts für Kinder, von dem ekligen Zeug bekommen die Kopfschmerzen, das gebe ich lieber Mutti, Vati oder den Großeltern. Den Rollator habe ich mittlerweile ganz gut im Griff. Wenn ich ein wenig den Anschluss an meine Truppe und unseren Festwagen verloren habe, gebe ich Vollgas, lege einen Zwischensprint ein und schließe die Lücke. Dieser Rollator-Sprint sieht wohl relativ komisch aus, es gibt Zuschauer, die darüber lachen. Das ist doch die Hauptsache, auch das Publikum soll ja seinen Spaß haben, nicht nur wir, die wir im Zug mitgehen.

Wenn ich direkt hinter dem Wagen herlaufe, kann man sich kaum mit den Kollegen verständigen, weil »Fußball ist unser Leben« und »54, 74, 90, 2006« aus den Lautsprechern plärrt, Songs mit einem Bezug zum Thema »Fußball«. Zwischendurch wird auch immer wieder die Hymne des 1.FC Köln gespielt, wobei ich mich frage, was dieser Verein mit Fußball zu tun hat. Es gibt eine weitere große Herausforderung, wenn man direkt hinter dem Prachtwagen geht. Wenn die Deutsche Umwelthilfe wüsste, was da aus dem Trecker-Auspuff gequalmt kommt, würde die den gesamten Umzug von Schönenbach verbieten, Feinstaub vom Feinsten. Wir gehen wieder an Uwes Haus vorbei, dort sind wir auch losgezogen. Start frei für die zweite Runde! Das hat selbst die Karnevals-Hochburg Köln nicht zu bieten, dass die Zuschauer das Vergnügen haben, alles doppelt zu sehen. Das ganze Dorf ist auf den Beinen, in vielen Vorgärten sind Campingtische mit Verpflegung aufgestellt, auch wir profitieren davon und bekommen Essen angeboten. Dafür gibt es im Gegenzug eine Extraportion Kamelle. Uwe strahlt: »Das Verschenken, das Weggeben, das Dorf zu beschenken – das ist uns wichtig!« Schön gesagt.

Das hätte Goethe, Deutschlands Dichterfürst nicht besser formulieren können. Und was Goethe vor über 230 Jahren in Italien erlebt hatte, könnte man auch über den Schönenbacher Karneval sagen: »Das Römische Karneval ist ein Fest, das dem Volke eigentlich nicht gegeben wird, sondern das sich das Volk selbst gibt. Jedermann kommt, um zu sehen oder gesehen zu werden.« Genau so ist das auch im Oberbergischen. Aber bleiben wir noch eine Weile bei Goethe. Der hat ja seine Haltung zum Karneval innerhalb eines Jahres radikal geändert. Fand er das närrische Treiben 1787 noch grauenhaft, so war er 1788 vollkommen begeistert. Goethe beschreibt, wie die Glocke vom Kapitol das Zeichen gibt. Ein Zeichen als Erlaubnis, »unter freiem Himmel töricht zu sein. So scheint die Straße nach und nach immer wohnbarer. Indem man aus dem Haus tritt, glaubt man nicht im Freien und unter Fremden, sondern in einem Saale unter Bekannten zu sein. Nun fangen die Masken an, sich zu vermehren. Junge Männer, geputzt in Festtagskleidern der Weiber aus der untersten Klasse, mit entblößtem Busen und frecher Selbstgenügsamkeit, lassen sich meist zuerst sehen.« Es gibt einen »Senator« auf einem großen »Staatswagen«, und der »gegenwärtige Senator« ist auch noch ein echter Prinz, der »Prinz Rezzonico«. Am Corso werden Stühle und Gerüste vermietet. »Ich ward nun mit dem Getümmel versöhnt, ich sah es an als ein anderes bedeutendes Naturerzeugnis und Nationalereignis.«

Es gibt Parallelen von Goethes Karnevals-Beschreibung (für ihn ist interessanterweise *der* Karneval ein Neutrum, er nennt ihn *das* Karneval) zum Schönenbacher Umzug. Auch in dem Dorf bei Waldbröl machen die Zuschauer die Straßen zum Wohnzimmer, auch hier gilt das Sehen-und-Gesehen-werden, auch im Oberbergischen fährt ein Prinz mit, und dass der Zug ein Naturerzeugnis ist, wird beim weiten Blick über Felder und Weiden offensichtlich. Goethe war übrigens Jahrzehnte nach seinen römisch-närrischen Erfahrungen über die Aktivitäten des Kölner Karnevals ab 1823 gut informiert und sehr angetan: »Der vulgäre Hanswurst wurde vertrieben, der heitere Held Carneval nach Köln geholt.«

Man erfuhr am Rhein vom Lob des Dichterfürsten und dachte sich: Das ist unser Mann, der sollte sich das alles mal vor Ort anschauen. 1825 wurde Goethe zum Zug eingeladen, er sagte allerdings ab. So eine Gelegenheit hätte ich mir ja nicht entgehen lassen. Quasi als Entschuldigung schenkte Goethe den Kölnern ein Gedicht über den Mummenschanz, wie er seiner Meinung nach sein sollte:

Löblich wird ein tolles Streben,
Wenn es kurz ist und mit Sinn;
Heiterkeit zum Erderleben
Sei dem flüchtigen Rausch Gewinn.
Häufet nur an diesem Tage
Kluger Torheit Vollgewicht,
Daß mit uns die Nachwelt sage:
Jahre sind der Lieb und Pflicht.

Kennen die Schönenbacher das Gedicht? Sie halten den Zug schön kurz, haben sich aber natürlich auch etwas bei Kostümen und Wagenbau gedacht (Sinn!), und auch der Gewinn durch flüchtigen Rausch (Pflaumenlikör und Bier!) kommt nicht zu kurz. Toll finde ich den Ausdruck »kluge Torheit«. Ein Widerspruch in sich? Nicht im Karneval!

Der gesamte Dorf-Umzug ist gar nicht so klein: 18 Gruppen, 340 Teilnehmer, bei einem Dorf von 200 Einwohnern bemerkenswert. Es sind eben auch Auswärtige dabei, ich bin nicht der einzige Nicht-Schönenbacher. 2004 fand der erste Zug im Dorf statt, geplant haben das zwei Urgesteine der Gemeinde beim Kasten Bier. Die Überlegung war: Anlässlich der tollen Tagen fahren viele Leute vom Oberbergischen nach Köln, dann sind die Ortschaften entvölkert. Daher sollte der Dorfumzug auf das Wochenende vor Karneval gelegt werden. Nach dem Zug sollte es, wie das auch heute sein wird, zur Party ins Gemeinschaftshaus gehen. Doch das Gemeinschaftsheim war am Wochenende vor den tollen Tagen belegt, Bezirks-Tauben-Ausstellung, nichts zu machen. Also entschied man sich, Umzug und Party eine weitere Woche vorzuverlegen, auf das vorletzte Wochenende vor Karneval.

So entstehen Traditionen, denn seitdem findet in Schönenbach der erste Umzug im gesamten Rheinland statt, genau zwölf Tage vor Weiberfastnacht. *Alaaf!* Ein wenig erinnert die Geschichte des Schönenbacher Umzugs an den ersten Karnevalsumzug in Köln 1823. Auch damals haben Kölner Bürger sich das einfach ausgedacht, wahrscheinlich nicht bei einer Kiste Bier, eher bei einem Schoppen Rhein- oder Moselwein. Außerdem hat man in romantischen Bildern gedacht, unser romantisches Thema ist eben der Fußballverein des Dorfes. Und viel größer als das Event in Schönenbach darf man sich den ersten Kölner Umzug auch nicht vorstellen. Auf einer historischen Darstellung sieht man, wie sich der Zug spiralförmig aus der Platzmitte des Neumarkts in immer größeren Kreisen vorwärtsbewegt. Vielleicht sind die kölschen Jecken auch zweimal um den Platz gegangen. Im 19. Jahrhundert waren allerdings nicht Süßigkeiten als Wurfmaterial üblich, sondern Erbsen und nach römischem Vorbild Konfetti. Da hatten auch schon vor fast 200 Jahren die Straßenkehrer alle Hände voll zu tun, die ganze Sauerei wieder sauber zu machen – wie morgen in Schönenbach.

Bevor es ins Gemeinschaftshaus zur After-Show-Party geht, muss ich noch das Finanzielle erledigen. 75 Euro für alles müssen die Jungs vom Deutschland-Achter plus Gast zahlen – Wurfmaterial, Kostüm, die nervige Langhaarperücke, Baumaterial. Ach nein, Jimmy fällt es noch rechtzeitig ein, 80 Euro sollte jeder beisteuern. Denn Torsten und seine Frau bekommen einen Restaurantgutschein. Wegen der Belegung von Torstens Garage mit dem Umzugswagen und der Umstände an den Bauwochenenden. Neunmal fünf Euro sind 45 Euro – da können es die beiden beim Essengehen mit der Familie mal so richtig krachen lassen, da ist sogar ein Zusatzbelag auf der Pizza drin. In Turbogeschwindigkeit habe ich mich bei den Kegelbrüdern aus Schönenbach eingelebt. Uwe verrät mir, dass sie, als meine Anfrage kam, lange überlegt hätten, ob ihnen das so recht wäre – dass da einer von außerhalb kommt, den man so gar nicht kennt. Aber ich wäre ja ganz normal, eine lustige Type, das hätte schon gepasst. Ich könnte auch bei ihm im Gästezimmer übernachten, kein Problem. Wenn ich nicht aufpasse, lassen die mich gar nicht mehr gehen. Aber ich komme wieder, keine Frage, nächste Woche zum Umzug nach Waldbröl, da gehen meine Jungs auch mit. Jetzt habe ich mich schon in Unkosten gestürzt, Kostüm und Wurfmaterial sind abbezahlt, damit sich der Spaß amortisiert, bin ich in Waldbröl auch dabei. Die 80 Euro waren bisher zweifellos sehr gut angelegt. Bis Waldbröl werde ich mir aber überlegen müssen, wie ich die Zotteln der grauen Langhaarperücke in den Griff bekomme.

Acht Tage später, ich treffe mich also mit den anderen Schönenbacher Jungs auf dem Marktplatz in Waldbröl, wo sich alle Gruppen aufstellen. Torsten sagt:»Du siehst ein wenig wild auf dem Kopp aus, aber egal.«Ja, toll, danke für die Blumen, aber mir ist die Kunsthaar-Problematik leider erst in der S-Bahn auf dem Weg nach Waldbröl wieder eingefallen. Ich muss sagen, der beste Plastikhaarflechter der Welt werde ich nicht mehr, aber ich habe das Zeug irgendwie zusammengebunden. Peinlicher als der Zopf von Alex Meier sieht es nicht aus. In Waldbröl ist man total jeck und feiert schon das zehnjährige Jubiläum – dank der karnevalistischen Geburtshilfe des Mini-Dorfs Schönenbach. Im Anschluss an den Umzug gibt es die *Große-After-Zoch-Party*. Linguisten aufgepasst, das Wort ist eine geniale Mischung aus Hochdeutsch, Englisch und Rheinisch. Bis es losgeht mit dem Zoch, ist noch über eine Stunde Zeit. Und die wird auch benötigt, Uwe repariert hektisch den Wagen. Auf der letzten Bodenwelle des Platzes ist die Figur des Fußballers auf dem Wagen umgefallen. Neue Schnüre werden gespannt, verschraubt, gedübelt, was weiß ich.

Heiko regt sich darüber auf, dass keine Zeitung der Region ein Foto unseres Wagens vom Zug in Schönenbach gebracht hat, weder online noch analog. »Dann lohnt sich das doch gar nicht, dann können wir das im nächsten Jahr auch lassen.« Geschrieben hätten die Gazetten schon darüber, detailliert mit schönen Worten, aber – kein Foto. Schon interessant: Seitdem die mediale Welt im Zeitalter von Facebook, Instagram, YouTube und Co. immer bildfixierter geworden ist, gilt: Was nicht sichtbar ist, ist nicht existent. Ich widerspreche Heiko, denn das Miteinander beim Bauen und bei den Umzügen, das Familiäre, das sei doch das Entscheidende. Der Weg ist das Ziel.

Heribert, der Chef des Friedhofsvereins kennt sich beim zukünftigen Klientel seines Vereins bestens aus: »Wir kostümieren uns zwar als Hundertjährige, aber wir sind tatsächlich nicht die Ältesten hier.« Er zeigt mir den Wagen eines Altenheims, da fahre tatsächlich ein 103-jähriger Jeck mit. Immerhin hat der nicht so eine lange graue Matte wie wir. In der Zeit, die wir noch warten müssen, bis der Zug beginnt (um 14.11 Uhr soll es losgehen), schaue ich mir die anderen Wagen an. Was auffällt: Die meisten Gefährte, auf denen auch Narren mitfahren können, haben Aufbauten, die an Burganlagen erinnern. Sehr kompakt, sehr massiv, vor allem aber immer überdacht. Wagen mit Dach wird man auf den großen Umzügen in Köln, Düsseldorf, Mainz niemals sehen. Bei den großen Zügen ist die Optik wichtig, scheißegal, ob die Narren nass werden. Bei den Dorfumzügen kümmert man sich eher darum, als Akteur trocken zu bleiben.

So langsam setzen sich die ersten Wagen in Bewegung, einige Schönenbacher machen noch Dehnübungen und feuern sich gegenseitig an, bevor das Spiel – äh, der Zoch beginnt: Jungs, wir packen das! Es geht wirklich sehr, sehr langsam los, spiralförmig setzen sich die Gruppen und Wagen in Bewegung. Ich habe das Gefühl, wir gehen im Kreis, wie dereinst der erste Zug in Köln. Torsten meint, das würde dann »Kreislauf« heißen. *Tätä – Tätä –*

Tätä! 30 Minuten nach dem Start der ersten Gruppe gehen wir los. Ich fange sofort an, Kamelle zu werfen, als gäbe es kein Morgen. Torsten meint, es sei doch Wahnsinn, was wir hier an Müll und Verpackungsmaterial raushauen. Anderseits stecken sehr viele Vitamine in den Chipstüten und Süßigkeiten, die wir unter das Volk bringen. Wo sind noch mehr Vitamine drin? Torsten hält nur kommentarlos seine Bierflasche hoch, wir prosten uns zu. Ich hatte geplant, mit meinem Diktiergerät Statements von den anderen Zugteilnehmern zu sammeln. Das kann man total vergessen, die haben was anderes zu tun und ich auch. Mein Multitasking stößt an unüberwindbare Grenzen. Zu viele Aktivitäten parallel. Nicht den Anschluss verlieren. Den Kindern die Kamelle zuwerfen oder direkt in die aufgehaltenen Taschen stecken. Bevorzugt natürlich denen, die auch »Kamelle« rufen und schön kostümiert sind. Nachschub-Wurfmaterial vom Wagen holen. Nachschub-Bier vom Wagen holen. Vor allem: die Atmosphäre aufsaugen und genießen. In so einem Zug mitzugehen, ist wie ein genialer Trip, ein Rausch, ich kann mir vorstellen, dass das süchtig macht. Mit den Schönenbacher Jungs durch Waldbröl zu ziehen, macht glücklich, die 40 Minuten vergehen wie im Flug, alleine die Interaktion mit dem Publikum macht einfach Riesen-Spaß. Auch wenn man sieht, wie alle Altersklassen feiern, Menschen mit und ohne Migrationshintergrund. Das Wort »Kamelle« ist wahrscheinlich das erste Wort, das Flüchtlinge im Rheinland gelernt haben. Okay, es sind nicht alle Probleme gelöst, wenn muslimische Kinder »Kamelle« rufen. Aber ich fühle mich sehr wohl, wenn ich die glücklichen geschminkten Gesichter sehe, ein »Danke schön« höre. Aber vielleicht ist es ganz einfach, der Beschenkte erlebt glückliche Momente und der Beschenker auch.

Ich kann euch nur raten: Lasst euch so etwas nicht entgehen. Egal, wo ihr wohnt, macht bei einem närrischen Umzug mit, gründet eine Gruppe, verkleidet euch mit euren Freunden und

Freundinnen, erlebt diese Stimmung, erzeugt sie selber. Es gibt bei euch noch keinen Umzug? Dann organisiert einen. Wenn ihr Beratung wegen des Know-hows braucht, schreibt mir, ich vermittle euch die entsprechenden Kontakte. Oder Wastl, da machst du doch mit? Okay, das muss ich noch kurz erklären, denn ich bin gefragt worden, wie bist du denn überhaupt an die Kegel-Club-Burschen von Schönenbach gekommen? Ganz einfach, da war der Wastl schuld, bayerisch-rheinisches Urgestein aus Schönenbach, Wander-Manager des Bergischen Kreises (deshalb kennen wir uns seit Jahren), der erste Prinz von Schönenbach, Erfinder des dortigen Umzugs. Ich frage also mal beim Wastl nach, vielleicht macht er bald auch noch den Karnevals-Umzugs-Manager und erklärt allen interessierten Narren, wie man so einen Umzug organisiert. Und dann könnt ihr auch alle dieses fantastische Gefühl erleben, Teil einer Gemeinschaft zu sein und anderen Menschen eine Freude zu bereiten. Ich bin gespannt, welches Motto sich die Schönenbacher Jungs für das nächste Jahr ausdenken und Anfang Januar wieder verwerfen, um es dann doch zu realisieren. 101 Jahre SV Schönenbach? Schönenbach, die Karnevalshochburg der Welt? Oder einfach: Schönenbach, das Dorf des Glücks. Bis nächstes Jahr, vielleicht darf ich ja noch einmal mitgehen.

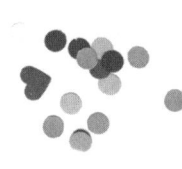

Kapitel 21

DIE ERSTE BÜTTENREDE MEINES LEBENS

Die Wiedergeburt des Colonia Duetts – Fit für die Bütt – Wenig Applaus für den kölschen Saarländer – Warum Wanderer keine Vöglein sind

Schon wenige Minuten nach Sitzungsbeginn ist klar, dass ich den ersten Abschnitt meiner Büttenrede in die Tonne kloppen kann. Ich war von der Prämisse ausgegangen, dass ich als Bühnenfigur »Der kölsche Saarländer« mir und dem Publikum erst einmal erkläre, dass es im Saarland keine *Jecken*, sondern *Verbootzte* gibt, kein *Karneval*, sondern *Faasent*, kein *Alaaf*, sondern ein *Allez Hopp*. Gut, Sitzungspräsident Konrad hatte mir vorher gesteckt, dass der spezielle Narrenruf in Merzig nicht *Allez Hopp* sei, sondern *Da-Je*, »Gib Gas« im lokalen Dialekt. Das *Da-Je* hatte ich schon vorab in die Rede eingebaut. Aber nun höre ich von den Narren auf der Bühne der Stadthalle, dass ständig vom *Karneval* in Merzig die Rede ist, von den *Pänz* auf der Bühne und von den *Jecken* in der Stadt. Ist Merzig ein Vorort von Köln? Hektisch schreibe ich, das Skript auf den Knien, während die Sitzung schon läuft, meine Büttenrede um. Das erste Mal in meinem Leben habe ich selbst eine Büttenrede verfasst. Wenn man von etwas keine Ahnung hat, sollte man professionelle Hilfe in Anspruch nehmen. Ich habe mich entschieden, mit einer Art Humor-Fibel mein Bütten-Handwerk zu erlernen. *Fit für die Bütt* heißt das Buch, Autor

Marco Ringel ist Experte für »Karnevalsrhetorik«. Dieses Fachbuch erschien mir vertrauenswürdiger als der alternative Titel *Lebenskraft Lachen*, Untertitel: *Die HahaHohoHihi-Hilfe*. Leider kein Witz.

Es wird sehr viel getanzt auf der Galasitzung in Merzig, Funkenmariechen-Tanz und Gardetanz. Die Merziger sind in neun von elf Disziplinen und Altersstufen Saarlandmeister, wirklich toll diese Darbietungen. Aber sollte man die KG Humor Merzig nicht besser in KG Gardetanz Merzig umbenennen? Weil lustig ist das leider nicht, eher Hochleistungssport. Ich habe einen Platz direkt an der Bühnenkante, es tut richtig weh, zuzuschauen, wie sich die Funkenmariechen aus große Höhe in den Spagat fallen lassen. Und dabei so einbetoniert lächeln, als würden sie Werbung für Zahnweiß machen. Und ob man ständig auf die gerüschten Schlüpfer von Minderjährigen schauen sollte, bezweifle ich auch ein wenig.

Der Elferrat in Merzig ist dagegen genial. Ein gewöhnlicher Elferrat ist ein Club von Herren im gesetzten Alter, die an der Bürde der vielen Karnevalsorden schwer zu tragen haben. Ihr üblicher Job ist es, sich im Laufe des Abends gemütlich ins Koma zu trinken und den Eindruck zu erwecken, als interessiere sie das, was auf der Bühne passiert. Nicht so in Merzig, dieser Elferrat ist hyperaktiv. Sie betätigen sich als Bühnenarbeiter, vor allem als Bühnenakteure. In fliegendem Wechsel tauschen sie in verschiedenen Revue-Nummern die Kostüme. Die Senats-Mitglieder versuchen sich an einem Roberto-Blanco-Imitat, sind Teil eines Männerballetts, singen als *Village People* »YMCA« Playback. Man merkt, dass der Merziger Senat ein eingespieltes, harmonisches Team ist, das sich das ganze Jahr über mit vollem Einsatz, finanziell und körperlich, auf die beiden närrischen Abende einstimmt – das Ergebnis ist ein großartiger Elferrat, der sich in die Sitzung einbringt.

Konrad ist als Sitzungspräsident nicht nur Moderator des

Abends, er spielt in einem Duo Akkordeon und ist Leiter der
Poweischisser, einer Merziger Karnevalsband. Konrad wollte schon
als Achtjähriger Sitzungspräsident werden, Karneval war für ihn
immer schon das Größte. Er ist der erste offen schwule Sitzungspräsident des Saarlands . »Schwuler Sitzungspräsident, da bleibt
ja der Saal leer!« Das war so ein »nettes« Bonmot, das seinen
Start vor drei Jahren begleitete. Natürlich völliger Unsinn, die
Stadthalle ist an zwei Abenden mit 456 Zuschauern jedes Jahr
komplett ausverkauft, die Leute im Saal feiern begeistert, manchmal auch das, was auf der Bühne passiert. Zwischen den Darbietungen des Elferrats und der Tanzgarden wird die dicke Bütt in
die Bühnenmitte geschoben. Zwei junge Burschen treten auf, als
Angler verkleidet. Die beiden mögen Mädchen und Fische, die
einen können sie angeln, die anderen eher nicht. Kein Wunder
bei Witzen dieser Sorte: »Hattest du mal eine feste Freundin?«,
fragt der eine. Sagt der andere: »Nein, nur eine Wabbelige!«
Tusch. Fragt der eine: »Was ist Mut?« Antwortet des andere:
»Mut ist, wenn du Durchfall hast und trotzdem furzt!« Mut ist
auch, solche Witze rauszuhauen. Aber die beiden Jungs kommen
gut an.

Eine humoristische Steigerung ist der närrische Bäcker (im
Hauptberuf Bankdirektor), der beim Einmarsch Backwaren ins
Publikum schmeißt. Das ist natürlich super, mit der Aktion hat
er die Leute ziemlich schnell auf seiner Seite. Auf der Bühne wird
erst einmal hemmungslos Werbung für die Traditions-Bäckerei
Tinnes (seit 1904, so wie Schalke) gemacht. Auch vom Bäcker
und seinem Kompagnon, dem Hausmeister, kommt ein Potpourri alter Witze, am besten gefällt mir ein Stottererwitz (drei
stotternde Ossis sollen unfallfrei ein deutsches Bundesland aufsagen – Bababababababaden-Württemberg). Den Stottererwitz
finde ich lustig, weil er so abseits jedweder politischen Korrekt-
heit ist. Es ist ganz entscheidend, dass der Witz nicht über eine
konkrete Person gemacht wird. Sich über einen stadtbekannten

Stotterer, eine stadtbekannte, minderbegabte Blondine lustig zu machen, das verdient die Rote Karte der Witze-Polizei. Sich dagegen eher allgemein über körperliche oder geistige Defizite zu amüsieren, ist zwar etwas *old school*, aber gerade deswegen auch wieder lustig. Ich habe auf jeden Fall sehr laut gelacht. Die höchste Anerkennung für einen Büttenredner in Merzig ist, wenn die Band nicht nur einen Tusch spielt, sondern auch anstimmt:»Oh, wie ist das schön, oh, wie ist das schön, so was hat man lange nicht geseh'n, wenn das so weitergeht, steh'n wir im Alkohol bis an die Knie!«

Wer kennt noch das *Colonia Duett*? Hans Süper, der kleine hibbelige Derwisch samt Ukulele, Langhaarfrisur und Mega-Schnäuzer mit seinem spießigen Sidekick Zimmermän? Eine Kopie dieses Duetts entert nach der Sitzungspause die Bütt. Die beiden haben sich die Mühe gemacht, das uralte *Colonia-Duett* herauszukramen. Das Schöne ist: Der alte Humor zündet immer noch, auch ohne die musikalische Begleitung von Gitarre und Ukulele. Das Publikum schmeißt sich weg. Text-Beispiel: Das Hans-Süper-Double erzählt von seinem Urlaub in Österreich: »Ich war in Stanton!« – »Wo warst du?« – »In Stanton.« – »Stanton, das gibt es doch nicht in Österreich.« – »Doch, doch, ich war in Stanton.« – »Du meinst, du warst in St. Anton.« – »Ach so, sagt man das Sankt? Wie bei St. Eiermark?« Tusch, und schon wieder stehen alle, wenn das so weitergeht, bis zum Knie im Alkohol.

In der Pause habe ich in Gesprächen mit anderen Büttenrednern (dem Bäcker und dem Hausmeister) gemerkt, dass sie meine karnevalistische Vorbildung komplett überschätzen. Als ob jeder Kölner schon seit seiner Geburt in der Bütt stehen würde, werde ich für den totalen Narren-Meister gehalten. Dabei bin ich immer noch am Beginn des ersten Lehrjahrs. Die Erwartungs-Latte an meine erste Büttenrede liegt allerdings leider sehr hoch. Der absolute Stimmungs-Kracher des zweiten Sitzungsteils ist ein

Duett von Roland Kaiser und Maite Kelly, beide durch Männer aus dem Elferrat dargestellt. Zugabe? Na klar, kein Problem, das gleiche Lied wird noch einmal gespielt.

Das Problem an diesem Duett aus meiner Sicht: Das Publikum ist derart aus dem Häuschen, Standing Ovations, Rakete, einige stehen auf den Stühlen – dass es der nächste Künstler sehr schwer haben wird. Und wer ist der nächste Künstler? *Der kölsche Saarländer.* Da kann die Stimmung ja nur kippen. Konrad Bauer, der Sitzungspräsident der Karnevalsgesellschaft »Humor Merzig« von 1878, kündigt den nächsten Programmpunkt an: »Wir kennen ihn als Sidekick von Harald Schmidt, wir kennen ihn als deutschen Wanderpapst, wir kennen ihn aus einer Kochsendung des Saarländischen Rundfunks, hier kommt – *Der kölsche Saarländer!*« Jetzt wird es ernst, ich mache mich auf die weite Wanderung durch den Saal zur Bütt.

Aber schon auf dem Weg zur Bühne kann man als Laie und Frohsinns-Amateur die ersten Fehler machen. Marco Ringel, der *Fit für die Bütt*-Autor, beruft sich auf Studien, die besagen, entscheidend für den Gesamteindruck seien bei einem Vortrag zu 55 Prozent die Körpersprache und zu 38 Prozent die Stimmlage. Auf den Inhalt, den Text komme es nur zu einem Anteil von sieben Prozent an. Nun, leider nennt er keine Quellen für diese »Studien«. Dass der Inhalt eine derart kleine Rolle spielt, bezweifle ich dann doch stark. Aber Ringel hat recht, auch nicht-verbale Kommunikation ist für einen Büttenredner wichtig, man sollte zum Beispiel Blickkontakt zum Publikum herstellen. »Bereits während des Einmarsches sollte man die Gelegenheit nutzen, möglichst vielen Personen in die Augen zu sehen. Dieses rhetorische Mittel, mit einem freundlichen Lächeln kombiniert, bildet den Grundstock für einen erfolgreichen Auftritt.« Ich versuche also angestrengt, Blickkontakt herzustellen und Narren an den Tischen abzuklatschen. Das klappt halbwegs gut, obwohl bei den meisten die Frage ins Gesicht geschrieben steht: Wer ist das denn? Das jecke

Merziger Publikum scheint weder vom Sidekick, noch vom Wanderpapst, noch vom SR-Kochsendungs-Fernsehfuzzi jemals etwas gehört haben.

Die Bütt ist erreicht, mein dickes Manuskript liegt am Platz. Erster Reim:

Meine erste Büttenrede – ich war sehr fleißig
Mein Manuskript hat viele Seiten – genau ... 530

Kaum Reaktion, da ist noch viel Luft nach oben. Bei Ringel kann man lesen, dass die Beinarbeit auf der Bühne wichtig sei. Nicht rumhampeln, Beine nie kreuzen, fest und schulterbreit stehen. Und man sollte immer wissen, was man mit den Händen macht. Als ich in der Bütt stehe, verstehe ich, was für eine geniale Erfindung so eine Fastnachts-Bütt ist. Alles rundherum mit Holz verkleidet, quasi ein Schutzwall für den Redner. Man sieht weder, was der Redner mit seinen Beinen anstellt, noch, was er mit den Fingern macht, man kann sogar seine Arme auf der Bütt abstützen. Einen dreifachen Tusch auf den Erfinder der Bütt! Ringel fordert: »Jede im Karneval vorgetragene Rede muss lustige Elemente haben! Ein für mich entscheidendes Kriterium einer jeden Karnevalsrede ist daher die Witzdichte.« Aber das ist doch banal. Oder nicht? Nun, wer schon einmal bei einer Kappensitzung im ländlichen Raum einen Redner gehört hat, der drei Uralt-Witze auf 20 Minuten streckt, der wird Ringels Hinweis nicht überflüssig finden. Man muss nicht nur an der Witzdichtung, sondern auch an der Witzdichte arbeiten.

Rückblende: Zwei Wochen vor meinem Auftritt in Merzig hatte ich meine Büttenrede getestet, Generalprobe sozusagen. Beim karnevalistischen Abend des Turnvereins Köllerbach hatte ich die Chance bekommen, um 23.30 Uhr, zwischen Männerballett und Frauentanzgruppe, die zweite Büttenrede des Abends zu halten. Das Programm bis zu meinem Auftritt musste ich stehend genießen, ich hatte den Vorverkauf verpasst. Alle Auftretenden mussten sich wie das Publikum für neun Euro eine Karte kaufen. Die Schlange vor dem Schreibwarengeschäft zum Vorverkaufsstart zog sich, berichtete man mir, bis um die Ecke zum Dönerladen. Ich war eigentlich sehr optimistisch gewesen an diesem Abend. Die Stimmung vor meinem Auftritt war exzellent – genug Alkohol an der Theke und die etwas langen Umbaupausen zwischen den Nummern wurden von einem Alleinunterhalter mit einem unerschöpflichen Reservoir an Stimmungsliedern weggeorgelt. Aber so richtig gezündet hat meine Rede in Köllerbach nicht.

Eine Rezension, eher eine Art Zeugnis meines Auftritts in Köllerbach, fand ich im kostenlosen öffentlichen Anzeiger der Gemeinde unter der Überschrift:»Der Turnverein wirbelt – der Applaus prasselt«. Der Artikel ist eine Aneinanderreihung von Superlativen:»Die Stimmung war kaum zu bremsen«–»Die Büttenrednerin Schenni Schimmelpenning sorgte für Lachausbrüche und Uijuijui-Gesang beim Publikum«–»Grandiose Darbietung«–»Feuerwerk an Tänzen«–»Sie stellten den Saal auf den Kopf und ließen die Hände heiß vom Klatschen werden«. Über meinen Beitrag stand geschrieben:»Beim ersten Abend stieg auch Manuel Andrack dann noch als ›Ein kölscher Saarländer‹ gekonnt in die Bütt.« Dann. Auch. Noch. In die Bütt. Bewertung:»Gekonnt«. Kein Feuerwerk, keine Lachausbrüche. Grandios? – Fehlanzeige, der Saal stand nicht kopf, und es gab keine heißen Klatschhände. Nein, einfach »gekonnt«. Das entspricht einem »hat sich stets bemüht« im Zeugnis eines Arbeitgebers. Da muss man sich nichts vormachen, ein »gekonnt« als Note im Zeugnis eines Büttenredners ist eine glatte Sechs.

Zurück zur Planungsphase meiner Rede. Mein virtueller Bütten-Dozent Marco Ringel sagt, die gereimte Rede sei die Königsdisziplin der karnevalistischen Büttenreden. Man hat die Auswahl zwischen der Reimfolge AABB (Paarreim) und ABAB (Kreuzreim).»Der Paarreim ist einfacher gestaltet und kann daher auch besser verstanden werden«, schreibt Ringel. Das kann ich bestätigen, für den Kreuzreim muss man ein echter Lyriker sein, den Paarreim kann man sich leichter zusammenfummeln, bis es passt. »Falls es schwerfällt, ein passendes Reimwort für das Pointenwort am Ende der letzten Zeile zu finden, kann man sich mit Ausrufen wie ›Ja‹, ›Ah‹ oder ›Oh‹ behelfen.« Das habe ich natürlich auch gemacht:

> *Und meint ihr mit Hopp den von SAP? –*
> *den Hoffenheim Dieter? – ohwehoweh.*

Ohwehoweh, was für ein schlechter Reim! An einer Stelle meiner Rede begehe ich ein ziemliches No-Go des Büttenredekunsthandwerks. Man sollte die grammatikalische Struktur nicht zurechtbiegen und ein »tun« einbauen, nur um dann den Infinitiv als Reimwort am Ende der Zeile passend zu machen. Also so was in dieser Richtung:

> *Das muss man eben erstmal kapieren*
> *Dass der Vorname tut den Schluss verzieren*

Schlimm, aber mir ist eben an dieser Stelle kein besserer Reim eingefallen. Außerdem sollte man laut Ringel nicht zu häufig die gleichen Reimwörter verwenden (Worthäufungen habe ich eliminiert), und die Silbenzahl bei jedem Paarreim sollte auch hinhauen. Tja, das mit der unpassenden Silbenzahl ist ein wunder Punkt bei mir, anscheinend liegt mir das Dichten nicht so im Blut. Immer wieder muss ich alle zehn Finger zur Hilfe nehmen, um die Silbenzahl korrekt abzuzählen: erste Zeile elf Silben, zweite Zeile vierzehn Silben. Mist. Füllwort raus oder direkt neu dichten. Gut, dass mir der Merziger Sitzungspräsident Konrad als Redakteur und Silbenzahldetektiv zur Seite stand. Und siehe da, nachdem Konrad den Text korrigiert hatte, stimmte plötzlich die Silbenzahl bei jedem Reim. Und so manche dürftige Pointe hat Konrad auch veredelt.

Zum Thema schlechte Pointen und miserable Witze möchte ich noch einen Gedanken beisteuern. Ob man einen Gag für gelungen hält oder nicht, ob ein Witz wehtut oder ein Schenkelklopfer ist, hängt ganz wesentlich von der Umgebung, der Laune, den Umständen ab. Es ist ein großer Unterschied, ob ich vor dem Fernseher eine Sitzung sehe oder ob ich bei der Sitzung im Saal bin, mich von der Stimmung mitreißen lassen und schon ordentlich abgefüllt bin. Im ersten Fall kann ich über die Büttenrede vielleicht nur müde lächeln, im zweiten amüsiere ich mich bei der gleichen Büttenrede unter Umständen königlich. Noch krasser ist es, wenn man den Text einer Büttenrede schriftlich vor sich hat und im stillen Kämmerlein liest. Als ich am Elften im Elften die Rede des Hoppeditz auf dem Düsseldorfer Rathausplatz hörte, war ich total begeistert über die geschliffene Rede. Als ich mir alles auf meinem Diktafon noch einmal abgehört und verschriftlicht hatte und den Text durchlas, dachte ich: Nun ja, der Hoppeditz kocht aber auch nur mit Wasser. Genauso geht es einem ja auch mit wahnsinnig pointierten Poetry-Slam-Beiträgen. In Schriftform werden die Pointen plötzlich oft ziemlich dünn. Es ist wie mit dem wunderbaren Wein, den man im Toskana-Urlaub beim Sonnenuntergang auf der Terrasse des Ferienhauses schlürfte. Ein geniales Gesöff, gut, dass man drei Kisten von dem Wein mit nach Hause genommen hat. Aber nach dem ersten Schluck am heimischen Küchentisch fällt einem auf, was das für eine Plörre ist.

Eine weitere Ringel-Regel fand ich sehr einleuchtend: »Der Dialekt ist eine der Säulen des Karnevals«. Aaaber: Man solle nie Dialekt sprechen, wenn er nicht muttersprachlich ist, das klinge dann »aufgesetzt« und »nicht authentisch«. Nun, da bin ich fein raus. Meine Bühnenfigur ist der »kölsche Saarländer«, innerhalb dieses Konstrukts kann ich etwas unbeholfen einige saarländische Ausdrücke verwenden, bleibe aber mit leicht rheinischem Akzent (zu dem mir Konrad geraten hat) authentisch und in meiner Muttersprache. Kölsch geht im Karneval immer. Aber natürlich habe ich in die Rede inhaltlich regionale Besonderheiten eingebaut, wie das auch Ringel empfiehlt. Was jeder in Merzig kennt, auch die Auswärtigen, ist der ewige Stau auf der Hauptverkehrsachse im Stadtgebiet. Mit dem Mittel der dezenten Übertreibung habe ich in der Rede eine Idee entwickelt, wie man das Problem lösen könnte:

> *Dabei wär' es so einfach, ich hab' ne Idee*
> *Ihr baut eine Hochgeschwindigkeitsstrecke, mit ICE*
> *Ich würde die Strecke verlängern nach Westen*
> *Das wäre für alle Merziger am besten*
> *Dann können auch die, die in Silwingen hausen*
> *(Wie Oskar und Sahra) in die City sausen*

Und noch eine Ringel-Regel beherzigt. Man sollte aktuelle und historische Figuren aus der Region einbauen. Habe ich mit Oskar (Lafontaine) und Sahra (Wagenknecht), die prominenten Mitbürger aus Merzig-Silwingen, doch ganz gut reingequetscht. An anderer Stelle der Rede taucht Lafo noch mal auf, als Zerstörer der SPD, während der saarländische Bub Erich Honecker es hinbekommen hat, gleich einen ganzen Staat, die DDR, zu zerstören. Nach der Sitzung wird mir Konrad berichten, dass es viel Anerkennung für die regionalen Bezüge meiner Rede gegeben hätte. »Da kommt ein Auswärtiger und bringt das meiste Lokalkolorit in die Veranstaltung«, das war der Tenor.

In Ringels Buch habe ich gelesen, dass jeder Mensch im Schnitt sechs Minuten am Tag lachen würde. »Der Humor ändert sich auch mit dem Umfeld, der Uhrzeit und dem Alkoholpegel.« Also wieder ganz ähnlich wie beim toskanischen Wein. Ich spreche gegen 23.00 Uhr, eine sehr humorfähige Zeit, der Alkoholpegel ist hoch. Wahrscheinlich aber doch nicht hoch genug, um meine Ausführungen zu den Gemeindereformplänen des Trierer Erzbischofs lustig zu finden. Der Abschnitt kommt eher suboptimal an, die Tischgespräche werden hörbar lauter. Vielleicht sitzen ja nur Protestanten, Muslime und Atheisten im Saal, die sich nicht für Gemeindereformpläne im Erzbistum Trier interessieren? Dabei war ich beim Schreiben so stolz gewesen, bei diesem Thema meinen einzigen Haufenreim (viele Zeilen lang den gleichen Reim) in meiner Rede unterzubringen, das gelingt nicht oft:

Der Trierer Bischof, er jauchzt voll Entzücken
die Reform der Pfarreien, die will er durchdrücken
Alles verlegen, verrücken, zerpflücken
Deutschlands größte Gemeinde – das wär' dann
Saarbrücken.
Doch Ackermanns Plan, der hat seine Tücken
Seine Schäfchen protestieren aus freien Stücken

Den darauffolgenden Reim habe ich mir (sinngemäß) bei der Düsseldorfer Hoppeditz-Rede am 11.11. abgeschaut, dem ich hiermit als weiteren Büttenredner-Lehrer danke:

Man sieht in ihren Augen: Wut, Glut, das Weiße
Sie finden Ackermanns Plan einfach – mega, super,
totale Scheiße

Das kommt ganz gut an. Der Saal grölt schon kollektiv:»Scheiße«, weil es das erwartbare Reimwort ist … aber mit»mega«,»super« und»totale« wird die Erlösung durch das finale Reimwort herausgezögert.

Ich habe den Eindruck, im Vergleich zu meinen Vorgängern in der Bütt fällt meine Rede durch. Sitzungspräsident Konrad versichert mir aber nach der Sitzung, dass man gemerkt habe, wie sehr das Publikum zugehört und die Rede genossen habe. Das Problem sei, dass man bei karnevalistischen Veranstaltungen das Grinsen, Schmunzeln, Lächeln der Zuschauer nicht hören würde. Nur das laute Lachen komme auf der Bühne akustisch an. Zum

Schluss meines Vortrags, als es ein wenig zotig wird, geht der Stimmungspegel rasant nach oben. Ich habe Marco Ringels Empfehlung aufgenommen, einen fertigen Prosa-Witz auszureimen. Ich präsentiere also meinen Lieblings-Wander-Witz, den ich vor Jahren – wie es alle Amateur-Büttenredner machen – in einem Witze-Archiv im Internet gefunden habe. Hier die Passage in voller Schönheit, es hilft, wenn ihr vor der Lektüre drei große Bier trinkt:

Bevor es weitergeht mit den Spitzen-Gags der andern
Erzähle ich noch meinen Lieblings-Witz – Thema Wandern
Drei Männer, drei Freunde, die haben nen Plan
»Wir wandern auf dem Rheinsteig, geradeaus und bergan!«
Die erste Etappe ist beschwerlich, alle drei sind froh
als sie ihre Unterkunft beziehen, ein Hotel mit Niveau
Sie trinken viele Biere, sie stoßen immer wieder an
Sie sind schon reichlich hinüber, da haben sie einen Plan:
Wir grüßen jetzt mal unsere Frauen, am besten per SMS
Alle schreiben das Gleiche – das ist ganz schön kess.
»Wär ich ein Vöglein, flög ich zu dir
Weil ich ein Wanderer bin, vögel ich hier.«
Der nächste Tag beim Frühstück, es summt das erste Telefon
Die Ehefrau Nummer eins schickt ihre Nachricht schon.
»Schon zu Hause warst du immer ein Schwein,
auch als Wanderer lässt du die Schweinereien nicht sein.«
Zur Mittagsrast vibriert das zweite Handy
Die nächste Ehefrau schreibt zurück – es ist die Mandy:
»Von deiner SMS glaub ich kein Wort,

Du konntest schon hier nicht – geschweige denn dort.«
Spät am Abend, die zweite Etappe ist bereits gerannt,
erhält der dritte Wanderer eine SMS, die ist brisant:
»Weil du kein Vöglein bist, bist du ein Wanderer,
sei ganz unbesorgt, mich vögelt ein anderer.«

Kapitel 22

DIE KÖLSCHEN KIPPA KÖPP

**Eine Narrenkappe mit Klappmechanismus –
Gänsehautmomente mit Prinz Karneval –
Die Chancen für ein jüdisches Dreigestirn**

Ich schrieb meine Anfrage an die Jüdische Gemeinde Köln, diese
verwies mich an die Synagogengemeinde (deren Mitglieder
ihren Glauben sehr orthodox leben), die mich wiederum an die
Jüdisch-Liberale Gemeinde (die, wie der Name schon sagt, das
Judentum eher liberal definiert) verwies, welche meine Mail an
Aaron Knappstein weiterleitete. Eigentlich könne er mir bei
meinem Anliegen nicht weiterhelfen, beschied mir Herr Knappstein, da müsse ich mich wohl an die Jüdisch-Liberale Gemeinde beziehungsweise an die Synagogengemeinde wenden.
Ich glaube, diese Form des kommunikativen Kreislaufs nennt
man kafkaesk.

Worum ging es bei meiner Anfrage? Ich hatte in der *ZEIT* vom
jüdischen *Purim*-Fest gelesen, das ebenfalls karnevalistische Elemente enthält. Jedes Frühjahr wird die Rettung der Juden in der
persischen Diaspora vor rund 2500 Jahren gefeiert. Das biblische
Buch Esther erzählt von einer Intrige Hamans, des höchsten
Beamten am Hofe König Xerxes' I. Dieser Prototyp des Juden-
hassers und Bösewichts plante die Ermordung sämtlicher Juden
im Land. Königin Esther aber, die vom Juden Mordechai großge-
zogen war, erfährt von dem Vorhaben und wendet dieses grauen-
volle Schicksal durch Gebet und Fasten ab. In Gedenken an dieses

glorreiche Happy End verkleidet man sich und trinkt bis zum Verlust der Muttersprache. Im wahrsten Sinne des Wortes, denn eine der sieben Pflichten beim Purimfest ist:»Jeder muss so viel Wein trinken, bis er nicht mehr unterscheiden kann zwischen ›Verflucht sei Haman‹ und ›Gelobt sei Mordechai‹.« Genial, endlich einmal ein religiöses Fest, das den Rausch und die Verkleidung zelebriert und nicht wie üblich den Verzicht predigt.

Aaron Knappstein bezweifelt, dass man in Köln zu *Purim* derart alkoholgeschwängerte Ausschweifungen sehen könne. Er habe noch nie erlebt, dass sich Juden in Deutschland so die Kante gäben, dass sie, wie der Talmud fordert, nicht mehr zwischen Haman und Mordechai unterscheiden könnten. Wenn überhaupt, würde diese Feier im häuslichen Rahmen stattfinden, nicht im öffentlichen Raum. Alternativ könne ich aber, so Knappstein, nach Israel fahren, dort würde *Purim* auch auf der Straße gefeiert. Aber selbst dort würden sich eher die Kinder verkleiden, die Erwachsenen ziehen sich vielleicht mal ein lustiges Hütchen auf. Den Plan, mich als *Purim*-Reporter aus Solidarität bis zum Verlust der Muttersprache zu betrinken, den kann ich also knicken. Knappstein erzählt mir allerdings von seinem eigenen karnevalistischen Projekt. Das habe nichts mit Religion zu tun, aber mit seiner Heimat, dem Kölner Karneval. Und mit der Sichtbarkeit jüdischen Lebens in Köln. 2017 hat er mit einigen Mitstreitern den Karnevalsverein »Kölsche Kippa Köpp« gegründet.

Sechzehn Tage vor Weiberfastnacht stehe ich im Wohlfahrtszentrum der Synagogengemeinde Köln mit einem Kölsch und Schmalzgebäck (man kann sich an die Kombination Bier und Krapfen/Berliner im Verlaufe so einer Session durchaus gewöhnen) in der Hand und erlebe den Beginn eines denkwürdigen karnevalistischen Nachmittags. Im Wohlfahrtszentrum ist das sogenannte Elternheim (eine altmodische Bezeichnung für »Altenheim« aus dem Vorkriegs-Deutschland) untergebracht. Im Publikum sitzen die Senioren, ihre Angehörigen, die Mitarbeiter des

Altenheims, Kölner Karnevalisten von anderen Vereinen, schließlich zahlreiche Kippa Köpp mit Kappen statt Kippa auf dem Kopp. Aaron Knappstein ist als Chef der KKK der Moderator des Nachmittags. Seine Begrüßung wird ins Russische übersetzt, damit die 80 Prozent russischstämmigen Heimbewohner auch alles verstehen, was *Gospodin* Knappstein so erzählt. Es zeugt übrigens von einem ganz besonderen Humor, dass sich die Kippa Köpp tatsächlich offiziell auf ihrem Wappen mit »KKK« abkürzen. Dieses Kürzel steht ja nun einmal auch für den antisemitischen und rassistischen Ku-Klux-Klan. Aber im Kölner Karnevals-Kontext denkt man bei dreimal K eben an einen außergewöhnlichen Verein, der sich zudem auf einen historischen Vorläufer mit dem gleichen Kürzel bezieht, dazu später mehr.

In den nächsten knapp drei Stunden folgt eine wunderbare kleine Sitzung, wie sie auch in anderen Altenheimen Kölns während der Session stattfindet. Nur, dass im Wohlfahrtszentrum neben den Fähnchen mit dem Kölner Stadtwappen auch die Flagge Israels hängt. Tino, der kölsche Tenor, ist der erste Künstler, der auftreten darf. Der kölsche Tenor singt kölsche Stimmungskracher, die Atmosphäre ist durchaus launig. Zumindest bei den Pflegekräften, die sich zu einer Polonaise formieren. Wie hatte der Chef des KKK als Anmoderation vorab so schön formuliert: »Wer aufstehen kann, steht auf.« Der schönste Beitrag des kölschen Tenors ist der Song »Unser Stammbaum« der *Bläck Fööss*:

Ich ben Grieche, Türke, Jude, Moslem un Buddhist,
mir all, mir sin nur Minsche, vür'm Herjott simmer glich

Su simmer all he hinjekumme,
mir sprechen hück all dieselve Sproch.

Mir han dodurch su vill jewonne.
Mir sin wie mer sin, mir Jecke am Rhing.

Zum Abschied gibt es wie bei jeder »richtigen« Sitzung einen
Orden als Dankeschön für den Vortragenden. Zusätzlich koscheren Wein. Dann marschiert die Kinder- und Jugendtanzgruppe
»Jan van Werth« ein, ihr erinnert euch, Jan van Werth, das Corps
des aktuellen Dreigestirns. Einmarschieren, ausmarschieren, das
können auch schon die kleinen Jan-van-Werthler. Applaus,
nächste Nummer, Auftritt der StattGarde. Die Mitglieder der
StattGarde, gekleidet in schmucken Matrosenuniformen, sind die
schwul-männerbündische Antwort auf den (weitgehend) hetero-
sexuell dominierten Karneval der Traditionscorps. Die Statt-
Garde repräsentiert für die Schwulen die gleiche karnevalistische
Normalität wie die »Kölner Kippa Köpp« für das Judentum.
Aaron Knappstein erzählt stolz, in beiden Vereinen seine Heimat
zu haben. Es wird langsam heiß im Saal, das tut der Stimmung
sehr gut.

Ich spreche den hageren Mann mit der KKK-Kappe an, der
mir die ganze Zeit schon so bekannt vorkommt. Und siehe da, es
ist Ulrich, den ich noch aus meiner Jugendgruppe KSJ kenne und
schon einige Jahrzehnte nicht gesehen habe. Ulrich ist eines von
17 aktiven Mitgliedern der »Kölschen Kippa Köpp«, mit den
13 Fördermitgliedern kommt der Verein auf insgesamt 30 Kippa
Köpp. Aber Ulrich mit Kippa? Immerhin haben wir uns in der
KATHOLISCHEN Studierenden Jugend kennengelernt. Ich weiß,
dass es auch nicht-jüdische Mitglieder bei den KKK gibt, Christoph Kuckelkorn (der Bestatter und Moderator der Prinzenproklamation, im Kölner Karneval ist alles miteinander verwoben)
ist sogar einer der elf (närrische Zahl, Alaaf!) Gründungsmitglie-
der. Ulrich erzählt mir seine eigene Geschichte. In den letzten beiden Jahrzehnten habe er sich intensiv mit den jüdischen Wurzeln
seiner Familie mütterlicherseits beschäftigt. Sein Urgroßvater war
jüdischer Metzger in der Kölner Apostelnstraße, aber sein Groß-
vater scheint – so genau ist das nicht recherchierbar – bei Pflege-
eltern aufgewachsen zu sein und wurde ebenso wie Ulrichs Mut-

ter katholisch getauft. Obwohl er nicht konvertiert ist, lebt Ulrich sein Judentum. Er hat immer seine Kippa dabei, lebt seit 15 Jahren koscher und verbringt viel Zeit in Israel. Daher liegt es auch nahe, dass er als Kölner Jeck Mitglied der KKK geworden ist. Ulrich zeigt mir seine Kappe, die alle Kippa Köpp tragen. Weiß und blau, eine Reminiszenz an den Staat Israel. Die Kappe hat einen interessanten Klappmechanismus, eine Art Geheimfach. Wenn man ein Stoffdreieck hochklappt, erscheint weiß auf rot (eine Verbeugung an die Stadt Köln, bei den Narren hat alles eine Bedeutung) ein Reisegebet auf Hebräisch. Sinngemäß geht es darum, gut unterwegs zu sein, gut anzukommen, nett zu den Menschen zu sein, die man trifft. Auch im Karneval geht es darum, aus dem Haus zu gehen und sich an andere Orte zu begeben, zu »verreisen«, und dort eine gute Zeit zu haben. Andererseits ist der Karneval die zweite Heimat vieler Reisenden, die mit Migrationshintergrund, als Flüchtlinge, Gastarbeiter oder Austauschstudenten nach Köln gekommen sind. Ich bin ein großer Fan des Plurals von *Heimat*. Heimat ist nicht nur der Ort, an dem man geboren und aufgewachsen ist. Heimat kann auch der Ort sein, an dem man lebt, an den es einen verschlagen hat. Der Philosoph Michael Sandel sagt: »Üblicherweise denken wir an Heimat als einen Ort, an den wir zurückkehren, einen Kindheitsort. Aber ich meine, dass Heimat etwas ist, worauf wir zustreben. Heimat gleicht einer Erwartung, die wir auf dem Lebensweg mit einem Blick zurück in unsere Vergangenheit immer neu interpretieren.« Heimat als Zukunftsprojekt, eine Erwartungshaltung. Ist nicht auch die Gemeinschaft in einem Karnevalsverein, in einer närrischen Zunft, in einer Faschings-Gilde ein Zukunftsversprechen, ein Ort, an dem man mit seinen närrischen Mitmenschen Heimat finden kann?

Auf der silbernen Plakette der Kölschen Kippa-köpp-kappe (ein vierfaches Akronym: KKKK) wird Bezug auf den ersten KKK genommen. Der »Kleine Kölner Klub« von 1922 ist der Vorläufer der Kippa Köpp. Der »Kleine Kölner Klub« war der erste jüdische Karnevalsverein in Köln, ab der Session 1927 veranstaltete man regelmäßig Sitzungen. Seit der Erfindung des romantischen Karnevals hatte es eine jüdische Beteiligung am närrischen Treiben gegeben. Schon beim zweiten Rosenmontagszug 1824 spielte der berühmte Bankier Salomon Oppenheim neben dem Held Carneval die weibliche Rolle der Fürstin Venezia, war also sozusagen Teil eines sehr frühen Zweigestirns. Diese jüdische Karnevalsgeschichte lassen die Kippa Köpp aufleben. Knapp 90 Jahre hat es gedauert, bis Juden in Köln wieder offen ihren Teil zum allgemeinen Frohsinn beisteuern, das ist ein Wahnsinn. Ulrich ist promovierter Historiker. Er erzählt, dass Köln 321 in einer Urkunde des römischen Kaisers Konstantin als erste jüdische Gemeinde nördlich der Alpen erwähnt wird. 2021 steht also eine 1700-Jahr-Feier an. Aber da müssten die Kölschen Kippa Köpp eigentlich mit einem eigenen Wagen im Rosenmontagszug mitgehen, oder? Ulrich ist zurückhaltend, solche Forderungen zu stellen. Das hätte ein gewisses Geschmäckle, wenn eine so junge Karnevalsgesellschaft so schnell einen eigenen Wagen bekäme, dann heißt es wieder, diese Juden, denen wird ja jeder Wunsch erfüllt. Das sehe ich anders. Der Kölner Karneval hat verdammt noch mal eine Bringschuld. Die antisemitischen Rosenmontagszugwagen sind ein bleibender Schandfleck in der Geschichte des Karnevals. Liebe Kippa Köpp, bitte seid viel, viel selbstbewusster. Dass ihr noch so jung seid, ist ja nicht eure Schuld. Und worum geht es denn beim Fastelovend, bei der Fastnacht, beim Fasching? Um Tradition, Brauchtum, Heimatpflege. Und da sollte man das jüdische Leben, das schon so lange zu Köln gehört, auch sichtbar machen. Passend zum Motto im nächsten Jahr: »Nur zesamme sin mer Fastelovend«.

Es ist in den letzten Minuten schwierig geworden, sich mit Ulrich zu verständigen. Auf der Bühne tobt Igor Eppstein, der Teufelsgeiger von Köln mit seinem elektrischen Instrument. Er spielt den *Bläck-Fööss*-Song »Ein Leben nach dem Tod« – »Nicht besonders jüdisch«, urteilt Ulrich trocken. Igor geigt ein Potpourri mit Polka-Melodien von *Brings*, russischen Traditionals, spätestens bei »Hevenu Schalom Alechem« auf High-Speed bringt er die Menge zum Rasen. Alle, die aufstehen können, sind aufgestanden, tanzen und klatschen. Was kann diesen Auftritt toppen? Nur die Ankündigung: »Der Prinz kütt!« KKK-Chef Aaron ist bei seiner Anmoderation sichtlich gerührt. Er erzählt, dass der letzte Besuch eines Kölner Dreigestirns bei einem jüdischen Karnevalsverein vor dem Krieg stattgefunden hat. »Mir läuft ein Schauer über den Rücken.« Zwischen den zwei närrischen Besuchen liegt also die Schoa.

Jetzt ist es endlich wieder so weit. Der Prinz betritt hervorragend gelaunt die Bühne und versteht die Aufregung nicht – »Warum sollen wir hier nicht hinkommen?«, sagt er. »Hier schlägt das Herz wie in anderen Veedeln.« Ich habe ein klein wenig die Befürchtung, dass im Briefing für den Prinzen vergessen wurde, darauf hinzuweisen, dass er am späten Nachmittag nicht bei einer beliebigen Veranstaltung in einem der 86 Kölner Viertel (Veedel) zu Gast ist. Doch meine Sorgen sind unberechtigt, unser Prinz Christian I. bekommt äußerst souverän die Kurve: »Ich habe mich sogar ein bisschen schlau gemacht, und hier auf dem Gebäude steht: ›Hier ist das Haus, in dem wir beten für alle Völker‹. Und das ist ganz wichtig, denn Fastelovend, Karneval und Kirche, egal, welcher Glauben, das gehört zusammen. Wir sind stolz, dass wir euer Kölner Dreigestirn sein dürfen. Der Karneval soll doch verbinden.« Um das zu unterstreichen, singt unser Dreigestirn nochmal das *Bläck-Fööss*-Lied vom gemeinsamen Stammbaum. Das haben wir zwar schon mal vom kölschen Tenor gehört, aber das kann man nicht oft genug genießen.

Aaron Knappstein bedankt sich überschwänglich beim Dreigestirn für ihr Kommen, doch da greift – außerhalb des vorgesehenen Protokolls – der Prinz noch einmal zum Mikrofon: »Ich finde nicht, dass wir überhaupt darüber reden müssen, dass wir hierhin kommen und ihr dafür extra so häufig ›Danke‹ sagt. Das ist doch normal, dass wir hier sind! Und so muss das auch sein, bitte bleibt so, wir müssen alle normal sein.« Knappstein als Zeremonienmeister resümiert: »Ein wunderbares Dreigestirn für alle Kölner und Kölnerinnen, die in Köln zu Hause sind.« Da hat Knappstein den Punkt getroffen. Die Narren in Köln und in anderen Städten und Regionen des Frohsinns verbindet die gemeinsame Heimat. Egal, ob es die erste oder zweite Heimat ist, egal, welche sexuelle Präferenz, egal, welche Religion.

Die drei vom Dreigestirn bekommen aber noch ein Dankeschön in die Hand gedrückt, eine Flasche koscheren Wein als Wegzehrung. Halb entschuldigend fügt Aaron Knappstein hinzu: »Der schmeckt auch ganz gut.« Bleibt nur die Frage, wann die Kölschen Kippa Köpp zum ersten Mal das Kölner Dreigestirn stellen. Aaron Knappstein ist nach der Sitzung diesbezüglich noch etwas zurückhaltend. Immerhin sei man ja noch nicht einmal Mitglied des Festkomitees, da stelle sich die Frage noch gar nicht, aber die Mitgliedschaft werde kommen. Wenn es nach den Regularien des Festkomitees geht, wäre man dann frühestens in elf Jahren (närrisch!) Vollmitglied. Es wird also wohl noch etwas dauern, bis das erste Kölner Dreigestirn *Schalom Alaaf* rufen wird und koschere Kamelle unters Volk bringt.

Der jüdisch-närrische Nachmittag ist fast beendet. Ulrich und ich bekommen mit, wie ein altgedienter Mitarbeiter des Wohlfahrtszentrums zu einem neuen Mitarbeiter sagt: »Das ist hier nicht jeden Tag so jeck.« Ulrich ergänzt: »Aber jeden zweiten …« Gelächter, noch ein Kölsch, herrlich! Es wird ja immer gesagt, Karneval, gerade der »offizielle«, der vorgeblich spießige Karneval sei eine verkrustete, freudlose Veranstaltung. Dass das kompletter Unsinn ist, hat man bei der Veranstaltung der Kölschen Kippa Köpp gespürt. Schließlich erhalten auf der kleinen Bühne des Elternheims auch zwei Polizisten einen Orden. Stellvertretend für alle Beamten, die rund um die Uhr die jüdische Einrichtung bewachen. Traurig, aber sehr notwendig, wie man spätestens beim Anschlag auf die Synagoge von Halle gesehen hat. Mein alter Kumpel Ulrich verleiht mir auch den Orden der Kölschen Kippa Köpp. Ich bin stolz. Mein erster richtiger Karnevalsorden, dabei habe ich gar nichts geleistet. Dass Juden Karneval können, diese Frage ist damit hinreichend geklärt. Und wie. Aber feiern auch Muslime Karneval und Fastnacht? In der Tat gibt es zum Beispiel beim Düsseldorfer Rosenmontagszug einen »Toleranzwagen«. Dort wird nicht alles toleriert, aber zumindest die Zusammenkunft von unterschiedlichen Religionen – Katholiken und Protestanten, Muslime und Juden werden Geschwister und feiern zusammen das närrische Fest. In Braunschweig (diese Stadt wurde tatsächlich in einem Zeitungsartikel als »norddeutsche Karnevalshochburg« bezeichnet, was auch immer das konkret bedeutet) gibt es sogar einen muslimischen Karnevalsverein, der sich »Halal Helau« nennt. Das ist mit Sicherheit unverfänglicher als irgendeine Kombination mit »Alaaf« und »Allah«. Denn mit den Religionen sollte man besser keine Scherze treiben, das verlangt alleine der Respekt.

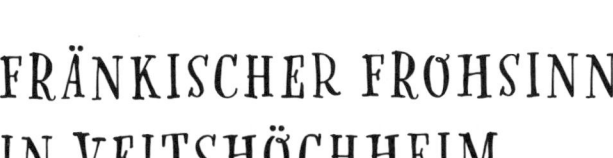

Kapitel 23

FRÄNKISCHER FROHSINN
IN VEITSHÖCHHEIM

**Die vielen Gesichter des Markus Söder –
Ich bin nicht Armin Laschet –
Was der Karneval in Rio mit Köln zu tun hat**

Die beiden Kabarettisten als flotte Witwen sind wirklich total lustig. Mein persönliches Highlight der Sitzung. Sie erzählen von früher, als nicht unbedingt alles besser war, als man das Badewasser mit drei Otto-Katalogen anheizen musste. »Und dann hat sich erst der Vater in die Wanne reingesetzt, dann die Mutter, später die Kinder, und das Wasser haben wir aufgehoben und am Sonntag die Klöße damit gemacht. Da waren die Bröckele mehr draußen als drinnen.« Und was war früher das Schönste nach einem Ehestreit? – »Die Versöhnung. Der fünfte Zipfel im Bett macht alles wieder wett.« Auch das musikalische Programm für die eigene Beerdigung steht schon: »Bei meiner Aussegnung soll man anderthalb Stunden *Rammstein* spielen – die Verwandten sollen richtig weinen.«

Ich amüsiere mich prächtig, plötzlich aber schauen mich die Comedians Heißmann und Rassau in den Oma-Klamotten so komisch an. Ist es, weil ich nah an der Bühnenkante in der ersten Reihe sitze? Haben die beiden sich in mich verliebt? Und dann sprechen sie mich auch noch direkt an, voll peinlich. Ich muss dazu sagen, ja, ja, ich bin mal wieder völlig falsch gekleidet für diese närrische Veranstaltung. In Aachen war ich der einzige Depp in Kostüm, in Veitshöchheim bin ich der einzige Depp OHNE Kostüm. Alle, aber wirklich ausnahmslos alle haben sich in die fantasievollsten Kostüme gesteckt – und ich sitze da rum mit Anzug, Hochzeits-Krawatte und alberner Narrenkappe. Deswegen fragt mich die eine Witwe, mitten in ihrem Vortrag:»Was stellst du denn dar?« Schlagfertig war gestern, was soll ich denn dazu sagen? Die andere Witwe legt nach:»Du siehst aus wie der Armin Laschet.« Na also, geht doch, die kennen sogar nordrhein-westfälische Politiker in Franken.»Ja, ein super Typ ist das, der Laschet«, sage ich, aber das geht irgendwie unter.

Fastnachtssitzung – hast du eine gesehen, hast du alle gesehen. Diese Meinung kann man vertreten, muss man aber nicht. Die regionalen Unterschiede sind schon gewaltig. Sehr speziell ist diese Sitzung in Franken, der Region also, die wegen einer Verkettung von ungünstigen historischen Entwicklungen schon eine Weile zu Bayern gehört, erst zum Königreich, jetzt zum Freistaat. Ehrlich gesagt hatte ich vor der Recherche zu diesem Buch noch nie vom fränkischen Epizentrum des närrischen Frohsinns in Veitshöchheim gehört. Bildungslücke.

Als man mir aber sagte, das sei doch der Ort, an dem Markus Söder (als er noch nicht ultra-seriöser Landesvater war) die verrücktesten Maskierungen getragen habe, da ging mir ein Licht auf. Klar, die Fotos von Söders Maskierungen haben auch außerhalb Bayerns Aufsehen erregt. Söder als Marilyn Monroe, Söder als dämonisch grinsende Drag Queen. Söder als Bandmitglied von KISS mit schwarzem Stern auf weiß geschminktem Gesicht und hochtoupierter Perücke. Söder als Punk mit Irokesenschnitt, Söder als Stoiber, Söder als Herr-der-Ringe-Gandalf mit langem weißen Bart, Söder als Kronprinz Luitpold. Total großartig war, dass sich Söder als Shrek mit grünem Gesicht und Shrek-Ohren verkleidete und schminkte, die Gattin in passendem Outfit als Shrek-Frau Fiona. Veitshöchheim war ein Katalysator der politischen Karriere von Markus Söder, Veitshöchheim war *die* Gelegenheit, hundertprozentig sicher einmal im Jahr bundesweit Schlagzeilen zu machen. Weil es keinen Politiker gab, der sich so vergleichsweise radikal kostümierte und zum Narren machte. Die närrische Zeit nicht als Kontrapunkt zur Macht, sondern als Karriereleiter zur Macht. Die Bühne für den CSU-Mann Söder hat ein SPD-Mann bereitet. Bernhard Schlereth ist künstlerischer Leiter der Veitshöchheimer Sitzung, Talent-Scout, die treibende Kraft der Veranstaltung. Jahrzehntelang war und ist Schlereth in der Kommunalpolitik tätig gewesen. Der fränkische Ort am Main mit 10 000 Einwohnern liegt in direkter Nachbarschaft zu Würzburg.

Als der Bayerische Rundfunk in den 1980er-Jahren plante, jedes Jahr eine Sitzung der Fränkischen Fastnacht zu übertragen, war ein Rotationssystem vorgesehen. Den Anfang machte Lichtenfels in Oberfranken, 1987 war Veitshöchheim in Unterfranken an der Reihe. Als sich im Folgejahr keine närrische Stadt in Mittelfranken fand, kam die Sitzung wieder aus Veitshöchheim und so ist es geblieben. Eine närrische Institution des BR, seit 33 Jahren mit gigantischen Einschaltquoten, die erfolgreichste Fernsehsendung Bayerns: Fastnacht in Franken aus Veitshöchheim. Obwohl der veranstaltende Verein ein Karnevals-Club ist, heißt es in Franken Fastnacht, nicht Fasching wie im südlich gelegenen Altbayern.

»Das prominente Publikum ist Teil des Programms«, sagt Bernhard Schlereth. Viele Kirchenvertreter sitzen im Saal, und Söder ist zweifellos mit von der Partie. In seiner aktuellen Lieblingsverkleidung – staatstragend als Ministerpräsident Bayerns. Sein gesamtes Kabinett wird da sein, ebenfalls die Oppositionsvertreter, allen voran die Grünen. Die gesamte Politprominenz kommt zur Live-Sendung am morgigen Freitag, ich sitze in der Generalproben-Sitzung, die aber unter realen Bedingungen mit allen Kameras des BR stattfindet. Da es eine Generalprobe ist und die Kameraleute ja wissen müssen, welcher Promi am Folgetag an welchem Tisch sitzt, stehen Namenskarten an einigen Plätzen. An meinem Platz direkt an der Bühnenkante findet sich der Name Bär – dort wird also Dorothea Bär, CSU-Staatssekretärin für Digitales in Berlin in einem sehr analogen Sissi-Kleid sitzen. Die Kostüme der Politiker werden vorab kommuniziert, daher wird das Double von Herrn Hartmann (Grüne) von den Bühnen-Künstlern auch angeschrien, weil er als Beethoven kostümiert sein wird. Und der war ja bekanntlich reichlich taub.

Meine Tischgegenüberin ist eine waschechte Münchenerin und meint, bevor es losgeht: »Die Franken können fei besser feiern als wir in München.« Unter den 600 Gästen der Generalprobe sind nicht nur fränkische Feier-Profis. Da sitzen zu einem Großteil, das hat Schlereth verraten, 170 Pauschis, Pauschaltouristen auf Fastnachts-Reise. Die Pauschis sind aus ganz Deutschland und bekommen neben der Generalprobe von »Fastnacht in Franken« auch die Bischofsstadt Würzburg samt Residenz und Hofgarten – immerhin UNESCO-Weltkulturerbe – und das Deutsche Fastnachtsmuseum in Kitzingen zu sehen. Diese närrischen Bildungsreisen haben sogar den Status der Gemeinnützigkeit.

Wie sich das für eine Veranstaltung mitten in Franken gehört, kann man sehr guten Wein von einem VDP-Weingut aus der charakteristischen bauchigen Bocksbeutel-Flasche bestellen. Und sogar trinken. Mit einem guten Tropfen im Glas genieße ich im falschen Outfit das knapp vierstündige Programm. So lange wird das Programm auch bei der Live-Sendung am Freitag sein. Es ist interessant zu wissen, dass der Live-Charakter ein Alleinstellungsmerkmal von Veitshöchheim ist. »Mainz bleibt Mainz« wird aufgezeichnet, ebenso die Kölner Prinzenproklamation und der Aachener »Orden wider den tierischen Ernst«, in Villach werden drei Sitzungen benötigt, um daraus eine zusammenzuschneiden. Der Live-Charakter hat natürlich auch Auswirkungen aufs Programm. Es gibt weniger und kürzere Ein- und Ausmärsche als bei anderen Sitzungen, schnellere Übergänge zwischen den Programmpunkten. Keine Zeitverschwendungen durch Rituale, Ordensübergaben und Nennung von Ehrengästen. Die Ehrengäste sind ja sowieso Teil des Programms.

Einige Bühnenkünstler machen Gags über die berühmte Männergrippe, andere reißen Witze über Oberpfälzer, die so eine Art Ostfriesen der Franken sind. Die meisten Witze haben die Erfolgslosigkeit des 1.FC Nürnberg zum Thema. »Sammeln Sie Punkte? – Nein, ich bin Club-Fan.« Das Problem an diesen Scherzen ist, dass in den letzten Wochen vor der Sitzung der Club eine kleine Erfolgsserie gestartet hat. Da merkt man, dass viele närrische Redenschreiber ihre Texte schon im Sommer konzipiert haben. Beispielsweise wird viel über das Ergebnis der Europawahl gewitzelt. Okay, der Spitzenkandidat der europäischen Konservativen war CSU-Mann Manfred Weber, der natürlich auch am Freitag kostümiert im Publikum sitzen wird. Er ist übrigens nicht als Ursula von der Leyen verkleidet, sondern als Sherlock Holmes. Aber trotzdem ist die Europawahl schon einige Monate her. Die Witze wirken daher in etwa so aktuell, als würde man Scherze über das Wunder von Bern machen. Schön ist, dass ich blitzschnell Fränkisch lerne, weil ich den Lied-Refrain des sensationellen Oti Schmelzer, der einen Kasper darstellt, fleißig mitsinge. »Bist e Frank, bleibst e Frank, da sagen wir dem Herrgott Dank. Juppheidi Juppheida. Jo da stoos mer a. Stossn ma hin und stossn ma her, da ist der Schoppen leer.«

Peter Kuhn als englischer Gentleman ist der Meister des geschliffenen Büttenreimes. Allerdings hat er, wie alle anderen Künstler auch, keine Bütt. Er tritt mit Schirm, Charme und Melone auf und ist nicht nur auf den nächsten Lacher aus, sondern auch um Tiefgang bemüht. Im Zusammenhang mit der thüringischen AfD und ihren faschistischen Tendenzen reimt er:

Schließt mal eure Augenlider
Und ihr hört die alten Nazis wieder

Von Bernhard Schlereth hatte ich erfahren – kleiner Insider –, dass es um diese Zeilen im Vorfeld Diskussionsbedarf gegeben hat. Nicht wegen des Inhalts, sondern wegen der Angreifbarkeit. Der ursprüngliche Plan von Peter Kuhn war, die Sprache Höckes bei geschlossenen Augenlidern mit der Sprache von Adolf Hitler (*ihr hört den alten Hitler wieder*) zu vergleichen. Höcke hat sich wohl schon aus dem Satzbaukasten des »Führers« bedient, aber sollte man – so die Grundsatzfrage – durch die Personalisierung eine womöglich justiziable Angriffsfläche bieten? Schwierige Entscheidung. Jeder Narr muss sich gut überlegen, in welchem Winkel er den Mächtigen den Spiegel vorhält.

Ein absolutes Aushängeschild von Veitshöchheim ist der Bauchredner Sebastian Reich mit seinem Nilpferd Amanda. Sebastian Reich ist eine Entdeckung von Schlereth, auf die der künstlerische Leiter sehr stolz ist. Zu Recht. Sebastian Reich stellt eine neue Figur vor. Pig-Nick ist ein Glücksschwein der traurigen Art, weil es eigentlich immer nur Pech bringt. Pig-Nick war Glücksbringer für Manfred Weber, Glücksbringer des 1.FC Nürnberg, aktuell ist Pig-Nick bei der bayerischen Grünen-Chefin Katharina Schulze gelandet. Als eine Art Trojanisches Pferd, ein Danaergeschenk von Markus Söder. Reich bringt den Gag auch bei der Generalprobe, obwohl die Protagonisten nicht anwesend sind, nur ihre Tischkarten. In der Live-Sendung gibt es dann einen großartigen TV-Moment: Sebastian Reich erzählt von dem vergifteten Geschenk Söders, der schüttet sich aus vor Lachen (im Bildhintergrund sitzt Katharina Schulze) und macht eine Grimasse, als stecke er wirklich hinter dem fiktiven Pig-Nick-Deal. Darauf ein dreifaches: *Franken Helau! Helau* und *Fastnacht* – es steckt genetisch ein großer Anteil »Mainz bleibt Mainz« in der fränkischsten Fernsehsitzung aller Zeiten. Auch der im Vergleich mit den musiklastigen Kölnern hohe Wortanteil in Veitshöchheim erinnert an Rheinhessen. Die Mutter aller Fernseh-Sitzungen ist eben »Mainz bleibt Mainz«.

Bernhard Schlereth erzählte mir, wie er als Bub mit seinem Vater in die Gaststätte ging, die Kneipe war brechend voll, im Fernsehen lief die Sitzung aus Mainz. TV-Geräte in jedem Haushalt waren noch ferne Utopie. Gemeinschaftlich wurde in ganz Deutschland die Mainzer Fastnacht geschaut, das war stilbildend, ein eindrückliches Erlebnis. Man muss sich das mal klarmachen, der höchste je gemessene Marktanteil einer deutschen Fernsehsendung waren die 89 Prozent einer »Mainz bleibt Mainz«-Sendung von 1964. Damals wurde diese Sendung noch live ausgestrahlt, und die Rekordquote kam zustande, obwohl die Sitzung eine Stunde länger als geplant dauerte. Der Grund: Das Publikum im Saal (und wahrscheinlich auch vor den Fernsehschirmen) rastete aus, als Ernst Neger seinen neuen Song *Humba Humba Täterä* präsentierte, unendlich oft musste er Zugaben singen, was damals hieß, immer wieder das gleiche Lied anzustimmen. Das war keine Beatlemania, das war Neger-Mania.

Der TV-Erfolg der Mainzer war der Auslöser für unzählige Karnevals-Club-Gründungen ab den 1960er-Jahren in Deutschland und Österreich. Man sagte sich: So etwas wie in Mainz, das wollen wir auch. Die Anzahl der Sitzungen in den deutschen (und – siehe Villach – auch österreichischen) Klein- und Mittelstädten explodierte. Seit der ersten Fernsehsitzung 1955 war die Mainzer Fastnacht die Blaupause für Hunderte Karnevalsvereine. Schlereth erzählt, dass seine närrische Gesangsgruppe in Franken in den 1970er-Jahren exakt die gleichen Kostüme wie die Mainzer Hofsänger trugen. »Das waren eben unsere Idole!«

Aktuell hat die Fernsehsitzung von Veitshöchheim ihren ganz eigenen Charme und Charakter. Man muss sich vor dem Mainzer Vorbild schon lange nicht mehr verstecken. Im Gegenteil. Die Sitzung in der Nähe von Würzburg ist eine Leistungsshow des fränkischen Humors. Der Fastnachts-Begriff ist ausgedehnt. Es gibt Kleinkunst, Kabarett, Comedy. Eine großartige Mischung, muss man echt sagen. Im Unterschied zu einer normalen Sitzung in Köln und Mainz fällt auf, dass keine Musikgruppen auftreten. Die oberpfälzische Feierwehrkapell'n kann man kaum mit den *Bläck Fööss* oder den *Höhnern* vergleichen, das ist eher Musik-Comedy. Typisch für die Veitshöchheimer Fastnacht ist dagegen der Gardetanz, ähnlich wie im saarländischen Merzig. Alleine in Franken tanzen 30 000 Gardistinnen (und auch einige Gardetänzer) in ihren Vereinen. Man darf sich unter Gardetanz kein rhythmisches Rumgehüpfe von jungem Gemüse vorstellen. Das ist *die* närrische Sportart Deutschlands, ein Sport mit den Disziplinen Einzel (Funkenmariechen), Doppel (Paartanz), Showtanz, Marschtanz und Gardetanz. Die Deutsche Meisterschaft wird unter der Federführung des »Bundesverbands für karnevalistischen Tanzsport in Deutschland e. V.« (kurz BFKTID. e. V.) ausgerichtet. Die »Besenbinder« aus Röttenbach bei Erlangen bestreiten die Tanzeinlagen in Veitshöchheim. Anscheinend haben die Besenbinder ein Klon-Labor für Funkenmariechen. Denn nicht nur, dass fast alle Jugendlichen absolut synchron tanzen – die Mädchen sehen auch fast identisch aus. Wie Sechzehnlinge. Und ein Nachwuchsproblem (wie viele Sport-Vereine deutschlandweit) scheinen sie bei den »Besenbindern« auch nicht zu haben: Bei den deutschen Meisterschaften 2019 kamen die Funkenmariechen auf den ersten, zweiten, vierten, sechsten und achten Platz. Alle kommen sie aus Röttenbach, dem Bayern München des karnevalistischen Tanzsports.

Bernhard Schlereth, der Grandseigneur der fränkischen Fastnacht, hat mich in unserem Gespräch auf das Deutsche Fastnachtmuseum in Kitzingen aufmerksam gemacht, dem er als Förderer und Mitbegründer auch verbunden ist. Also fahre ich am Tag nach der Sitzung nach Kitzingen, 25 Kilometer von Veitshöchheim entfernt, einfach dem Main Richtung Quelle folgend. Das närrische Museum wurde (wie sollte es anders sein) von einem kölschen Jecken gegründet, den es der Liebe wegen nach

Franken verschlagen hat. An das Museum angeschlossen ist eine Fastnachts-Akademie mit Büttenredner-Coaching, Sitzungs-Präsidenten-Rhetorik-Seminaren und praktischen Unterweisungen, wie närrische Künstler mit Buchhaltung und GEMA klarkommen. Demnächst kann man vielleicht sogar seinen Doktor an der fränkischen Fastnachts-Akademie machen. Der »Bund Deutscher Karneval« betreibt das Museum und sorgt auch dafür, dass Dozenten der Deutschen Fastnachts-Akademie, gestandene Büttenredner und Sitzungspräsidenten also, bis nach Mecklenburg-Vorpommern ihr karnevalistisches Wissen weitergeben. Im Museum selber ist alles ausgestellt, was man mit der Fastnacht verbindet: Orden, Kostüme, Narrenkappen. In dem ältesten Kappen-Exemplar aus Speyer von 1840 wurde tatsächlich Konfetti gefunden, fast 180 Jahre alt. Da sieht man, wie widerstandsfähig dieses Zeug ist. In einem wunderbaren virtuellen Narrentheater im ersten Stockwerk erwachen zwölf Figuren der Schwäbisch-Alemannischen Fastnacht als Hologramme zum Leben. Figuren, die normalerweise nichts miteinander zu schaffen haben, wie ein Schuttig aus Elzach und ein Federehannes aus Rottweil, sprechen miteinander, ärgern und foppen sich gegenseitig, entwerfen närrische Regeln, verwerfen sie wieder. Das ist ein schöner, lebendiger, bunter Spaß. In Kitzingen werden die drei großen Entwicklungslinien der Fastnacht nachgezeichnet. Erstens die närrischen Rituale und Figuren des Mittelalters, die noch heute in der Schwäbisch-Alemannischen Fastnacht im Südwesten Deutschlands und der Schweiz eine überragende Rolle spielen. Zweitens die romantisch-bürgerliche Neuerfindung des Karnevals in Köln 1823, die der närrischen Welt Sitzungen, Prinzen und Umzüge bescherte. Der dritte Urknall war die Fernsehsitzung »Mainz bleibt Mainz« 1955 ff. Das große Vorbild für die Narren in allen Orten, die mit »V« beginnen, wie Villach und Veitshöchheim.

Das Deutsche Fastnachtmuseum widmet sich aber auch dem Karneval im Ausland. Venedig spielt eine Rolle, ganz klar. Nizza auch, das mediterrane Fest, bei dem die Mainzer die Idee zu ihren überdimensionalen Schwellköpfen geklaut haben. Und natürlich Rio de Janeiro. Der Hammer ist die Erkenntnis, dass auch dieses Samba-Festival, das so verwurzelt in der brasilianischen Folklore zu sein scheint, ursprünglich auf die Karnevals-Revolution von Köln im Jahre 1823 zurückzuführen ist. Deutsche Auswanderer veranstalteten 1840 den ersten Karnevalsball in Rio. Wenn man sich in Erinnerung ruft, dass Mainz erst 1837 und München 1839 die Kölner Karnevalsidee kopierten, macht die Entwicklung plötzlich Sinn: 1823 Köln. 1837 Mainz. 1839 München. 1840 Rio de Janeiro. Erst ab 1917, seit über 100 Jahren also, entwickelten sich in dieser südamerikanischen Metropole die Umzüge mit Samba tanzenden Jecken, die wir mit dem brasilianischen Karneval und seiner Lebensfreude verbinden.

Aber Achtung! In Brasilien steht das närrische Treiben mit dem Rücken an der Wand. Der Bürgermeister von Rio, Herr Crivella, ist eine Gefahr für den Karneval. Der Mann ist Bischof einer neocharismatischen Freikirche, einer Sekte, genauso schlimm, wie sie sich anhört, gegründet von seinem Onkel, einem ehemaligen Lotterieangestellten. Crivella ist ehemaliger Missionar in Afrika und Gospelsänger. Da sollte man doch denken, ein Gospelsänger hätte Verständnis für Musik und Tänze, die Lebensfreude versprühen. Aber nein, der Typ ist nicht nur unsympathisch, weil er ein Kumpel von Jair Bolsonaro, dem brasilianischen Staatspräsidenten, ist. Als Evangelikaler bekämpft Crivella den Karneval als katholisches Teufelszeug, der die Sitten verdirbt. »Unchristliche Exzesse«, nennt er das. Crivella streicht komplett die Subventionen für die Samba-Truppen, sodass das gesamte närrische Treiben in Rio vor dem Aus steht. Ein Irrsinn: Die katholische Kirche hat jahrhundertelang das Treiben vor der Fastenzeit bekämpft – beim Bürgermeister von Rio sitzen die Katholiken nun selber mit im Narrenschiff.

Das nehme ich mit aus dem Fastnachtsmuseum in Kitzingen:

Man muss weltweit, nicht nur im deutschsprachigen Raum, die vielen regionalen Eigenheiten von Karneval, Fastnacht und Fasching schützen, pflegen und bewahren. Die Narren dürfen den Mächtigen nicht weichen. Die Narren müssen weiterhin – so wie Söder und Co. das jedes Jahr in Veitshöchheim erleben –»denen da oben« den Spiegel vorhalten.

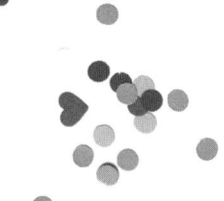

Kapitel 24

WEIBERFASTNACHT

Warum Sex in der närrischen Zeit eine große Rolle spielt – Wie der Behörden- und Firmenkarneval die Menschen zusammenführt – Schmotzig oder schmutzig? – Das Geheimnis von Bonnie Kassandra

Ich stoße mit der netten Rothaarigen schon zum dritten Mal mit einem Kölsch an, ich habe eine wirklich interessante Gesprächspartnerin gefunden. Die Unterhaltung perlt, wir lachen viel, so ist das eben bei einer gelungenen Party an Weiberfastnacht. An diesem Donnerstag, der in anderen Regionen auch schmotziger, fetter, lumpiger oder glombiger Donnerstag genannt wird, starten die sechs tollen Tage bis zum Finale am Fastnachtsdienstag. Das Schmotzige im Schwäbisch-Alemannischen bedeutet nicht Schmutz, sondern Fett und bezieht sich auf das in Schmalz und Fett gebackene Hefe-Gebäck. Seit dem 18. Jahrhundert werden an den närrischen Tagen, eben ab dem Schmotzigen Donnerstag, Schmalzgebäck wie Krapfen, Muuzen und Muuzemandeln gebacken und dann natürlich auch verzehrt. Krapfen gibt es übrigens, das nur nebenbei bemerkt, auch in koscherer Form. Zum vorhin erwähnten *Purim*-Fest schlemmt man sogenannte *Sufganiot* – außen knusprig, innen süß gefüllt mit Marmelade.

In der Fastenzeit war nicht nur Fleisch verboten, sondern auch tierische Produkte wie Schmalz, Fett, Milch, Butter, Käse und Eier. Mit der Fastenzeit wurde also quasi schon ein Vorläufer des veganen Essens etabliert. Fleisch, Milch & Co. mussten eben vor

Beginn der Fastenzeit verbraucht werden. Andererseits sammelten sich tierische Produkte während der Fastenzeit an, weil sie
zwar weiterproduziert wurden, aber nicht konsumiert werden
durften, wie zum Beispiel die Eier. Unendlich lange sind die nicht
haltbar, dadurch erklärt sich der massenhafte Verzehr von Eiern
an Ostern. Die mussten einfach weg. Klingeling, hier kommt der
Eiermann – und hat viel zu viele Eier dabei.

Das Epizentrum der Weiberfastnacht kann man im Rheinland
in der Region zwischen Düsseldorf und Bonn verorten. In Mainz
wird Weiberfastnacht nicht gefeiert, es ist nicht im Brauchtum
verwurzelt. 1824, so heißt es, schon ein Jahr nach der Neu-Erfin-
dung des Karnevals in Köln, schlossen sich Wäscherinnen im
Bonner Stadtteil Beuel zusammen. Die Waschweiber wollten
genauso wie ihre Ehemänner den Karneval feiern und übernah-
men für einen Tag das Regiment, das war der Donnerstag. Die
Waschfrauen aus Beuel gründeten das »Alte Damenkomitee von
1824 e. V.«. Damit hatten auch die »Weiber« ihren Karneval insti-
tutionalisiert und sogar einen eigenen »Feiertag« erobert. Doch
genauso, wie der Kölner Karneval von 1823 wilde, ungezähmte,
närrische Vorläufer hatte, so gibt es auch weibliche Fastnachts-
Traditionen, die historisch weiter zurückreichen. In Köln ist für
das 18. Jahrhundert ein Brauch der Marktfrauen belegt, der *Möt-
zenbestot* hieß. Übersetzt: »Mütze, du bist tot«.

Die Marktfrauen schlugen sich gegenseitig »die Hauben vom
Kopf und schmissen sie durch die Gegend«. Andere Quellen
berichten davon, dass närrische Weiber durch die Gassen zogen,
und nicht nur sich selber, sondern auch anderen Frauen die
Haube vom Kopf rissen. Der Hintergrund: Die Haube (daher der
Ausdruck »unter die Haube kommen«) galt als männliches Un-
terdrückungswerkzeug. Indem man sich und andere »Weiber«
von den Dingern befreite, übernahm man wenigstens zur närrischen Zeit optisch sichtbar das Zepter in einer von Männern be-
herrschten Welt.

Ein weiteres äußeres Zeichen für die zeitweise Herrschaft der Frauen – beziehungsweise für die Entmachtung der Männer – war seit den 1950er-Jahren der Brauch, Männern an Weiberfastnacht die Krawatte abzuschneiden. Die beste Gelegenheit zur Schlips-Länge-Kürzung gab es, wenn in der Firma, der Behörde oder der Bank Weiberfastnacht gefeiert wurde. Dann konnte Frau dem Chef oder dem Abteilungsleiter die Krawatte beschneiden, ein klares Symbol für die Entmannung. Manchmal mussten aber auch Krawatten von Unbeteiligten dran glauben, und so mancher Mann hat dagegen vor einem ordentlichen Gericht geklagt. Ein schönes Beispiel aus den 1980er-Jahren: Dem Kläger war gegen seinen Willen und sein Einverständnis in einem Reisebüro an Weiberfastnacht der Schlips gekürzt worden. Das Gericht gab dem Kläger recht und verurteilte die Beklagte zu »Schadensersatz wegen Eigentumsverletzung«. Es sei dem Kläger auch nicht anzulasten, »dass er überhaupt eine Krawatte an jenem Tag getragen habe.« Es gebe »kein Mitverschulden durch Krawattentragen an Weiberfastnacht«. Das Amtsgericht Essen urteilte am 3. Februar 1988, acht Tage später wurde Weiberfastnacht gefeiert. Fast ein Jahr hatte es also gedauert, bis der Krawatten-Skandal von Essen gerichtlich entschieden war.

In der Wieverfastelovend-Hochburg Köln wurde es nach dem Krieg üblich, dass alle Geschäfte, Sparkassen und Unternehmen ab 11.11 Uhr schließen und die Mitarbeiter sich amüsieren. Meine Eltern zum Beispiel kannten sich zwar flüchtig, weil sie in der gleichen Behörde arbeiteten. Das war die Bundesstelle für Außenhandelsinformationen, eine untergeordnete Behörde des Bundeswirtschaftsministeriums. Auf der Weiberfastnachts-Party tanzten der junge Herr Andrack und die junge Frau Lückenbach so oft miteinander – übrigens nicht im Kostüm, sondern in Anzug und Kleid –, dass es sogar den Vorgesetzten aufgefallen war. Die beiden mussten sich einige neckische Bemerkungen am Freitag danach, der ein normaler Arbeitstag war, anhören. Ein paar Tänze mehr als gewöhnlich, das galt 1963 schon als halbe Verlobung. Und in der Tat, es folgte die erste Verabredung, ein winterlicher Waldspaziergang, ein Jahr später war man verheiratet, ein weiteres Jahr später kam das erste Kind. Die Weiberfastnachts-Party der Bundesstelle für Außenhandelsinformationen war also der Ausgangspunkt der Ehe meiner Eltern, meine eigene Existenz habe ich mehr oder weniger dem Karneval zu verdanken. Ein kölscher Jung eben.

Und nun bin ich erstmals eingeladen bei der legendären Weiberfastnachts-Party der *RWZ*, der Rheinischen Waren Zentrale, dem großen genossenschaftlichen Landwirtschafts-Konzern des Rheinlands. Ich kann allerdings hundertprozentig ausschließen, dass sich die Begegnung mit der Rothaarigen so entwickelt wie bei meinen Eltern vor 57 Jahren. Denn die rothaarige Bonverkäuferin ist ein Mann mit Perücke. Ich habe ihn zunächst nicht erkannt, aber es ist tatsächlich Norbert Rollinger, der Vorstandsvorsitzende der *R+V*-Versicherung in Wiesbaden, ebenfalls Teil der genossenschaftlichen Welt. Der Chef der zweitgrößten deutschen Versicherung hat ein geniales Kostüm als Bonfrau BONnie KAS-SAndra, ein Kleid übersät mit Bons. Davor einen Bauchladen mit einer kleinen Kaufladen-Kasse und unzähligen Bons, die Frau KASSAndra jedem in die Hand drückt, der möchte oder auch nicht möchte.

Rollinger ist sichtlich stolz auf seine Verkleidung. Selbst sein Handy, sagt er, würde ihn nicht mehr erkennen. Eine ganz und gar altmodische Freude an der Verkleidung mit dem Spaß, anonym zu sein. Etwas schade ist, dass wir beide Auswärtige sind und außer dem Vorstandsvorsitzenden der *RWZ* niemanden in der ausgeräumten Tiefgarage, die als Partykeller hergerichtet ist, kennen. Ich bin vor allem sehr enttäuscht, dass ich keine wilden Angestellten mit Scheren sehe, die ihren Kollegen die Krawatten kürzen. Ich hatte eigens in meinem Kostümverleih im Saarland zwei extra-hässliche Schlipse gekauft, die aber gar nicht zum Einsatz kommen. Das Problem ist: Früher trugen die Männer bei der Karnevalsfeier noch Anzüge, heute alle Kostüm. Früher konnte der Chef noch so tun, also wäre er überrascht, dass schon wieder Weiberfastnacht gefeiert wird. Heute verkleiden sich die Chefs (zum Beispiel als Bon-Mädchen) so aufwändig, dass man sie noch nicht einmal als Chef erkennt. Versicherungs-Boss Rollinger hat eindeutig das fantasievollste Kostüm im Raum, die Einfallslosigkeit der übrigen Kostüme (ich schließe mich da nicht aus) ist nicht zu überbieten, doch dazu später mehr.

Typisch für die Weiberfastnacht ist auch: Weil überall Party gefeiert wird, in Firmen, Behörden aber vor allem in Kneipen, hat man immer das Gefühl, woanders sei es bestimmt viel spaßiger. So entschließe ich mich, mit der Bonfrau KASSAndra zur R+V-Party am Kölner Hauptbahnhof zu gehen. Der Vorstandsvorsitzende hat zwar keine Karte für diese Veranstaltung, aber immerhin sei er der Ober-Chef und wir könnten einfach mal schauen, ob die Security ihn erkenne. Die R+V feiert nicht in den eigenen Räumlichkeiten, sie hat die Location »klub domhof« direkt unterhalb der Bahngleise angemietet. Neben den schwarz kostümierten Security-Leuten steht am Eingang des »klubs« ein langgedienter Kölner Mitarbeiter der Versicherung, der den Vorstandsvorsitzenden sofort erkennt. »Willkommen, Herr Rollinger, schön, dass Sie das sind!« Rollinger ist, glaube ich, etwas enttäuscht, dass seine Maskerade diesmal nicht aufgegangen ist. Ich vermute, dass der korpulente Mitarbeiter, der schon, wie er mir später erzählt, 28 Jahre bei der R+V arbeitet, ich vermute also, dass dieser Mitarbeiter extra abgestellt wurde, um beim eventuellen Aufkreuzen von Rollinger auf der Hut zu sein und ihn problemlos einzulassen. Schon in den letzten Jahren war der Vorstandsvorsitzende mit extravaganten Verkleidungen (Nixe zum Beispiel) verhaltensauffällig geworden.

Mit seinem Bauchladen hat es Rollinger schwer, in dem übervollen Laden durchzukommen, aber wir erreichen endlich die

Theke. Dort erst einmal in Ruhe zwei Bier trinken. Der angemie-
tete Party-Raum der *R+V* ist regelrecht winzig gegenüber dem,
was die Kölner Versicherung *Axa* für ihre Mitarbeiter auffährt.
An Weiberfastnacht schmeißen die in ihrem Mehrzweckraum
und angeschlossenem Zelt eine riesige Party, eine komplette Sitzung an Weiberfastnacht, mit Büttenreden und den besten kölschen Bands. Möglich, dass sich bei so einer Gelegenheit viele
Versicherungs-Angestellte auch körperlich etwas näherkommen.

Ich stehe noch mit BONnie KASSAndra im »klub domhof« zusammen, da stürzt ein junger Mann auf mich zu, der mich erkannt hat. Zuerst denke ich, ach ja, wahrscheinlich wegen meiner
frühen Jahre bei Harald Schmidt, nein, jetzt erkenne ich ihn.
Yannik ist Versicherungsvertreter aus dem Saarland, der mir vor
einigen Monaten ein paar Versicherungen angedreht hat, die ich
hoffentlich nie brauchen werde. Yannik hat sich Urlaub genommen und ist schon Mittwochmittag mit zwei Kollegen aus dem
Saarland angereist. Er hat sich extra wegen der Weiberfastnachts-
Party seiner Firma zwei Nächte in einem Dreibettzimmer in
einem Halbe-Sterne-Hotel für 100 Euro pro Mann und Nacht
eingemietet. Und dazu kommen noch die 25 Euro für die Party-
Karte, was aber im Vergleich zum Hotel-Nepp günstig ist, gibt es
doch dafür im »klub domhof« All-inclusive-Getränke und auch
Krapfen bis zum Abwinken.

Es ist sehr nett bei der Firmen-Party, aber dann sehe ich einen
jungen Mann im Panzerknacker-Shirt (Verkleidung oder Alltags-
Klamotte?), der mit einer jungen Mitarbeiterin von *R+V* heftig
herumknutscht. Die beiden haben sich erst vor fünfzehn Minuten
kennengelernt, ich kann es bezeugen, ich stand daneben. Ob sich
da auch, wie bei meinen Eltern, eine Ehe anbahnt? Eher nicht,
aber man weiß ja nie. Auch ich habe meine erste Freundin (die
Beziehung hielt immerhin über fünf Jahre) in den 1980er-Jahren
beim Weiberfastnachts-Knutschen kennengelernt. Sie wurde von
meinen Eltern noch viele Jahre später die »Karnevals-Bekannt-

schaft« genannt. Na ja, die sollten sich mal an die eigene Nase fassen.

Die Knutscherei auf der Party am Hauptbahnhof betrifft ein großes Thema des Karnevals: die Sexualität, die Fleischeslust, der Hang zur Promiskuität. Da ich ja einen klaren Recherche-Auftrag habe für dieses närrische Buch, verabschiede ich mich von BONnie KASSAndra und den Versicherungsvertreter-Feierbiestern und patrouilliere durch Köln auf der Suche nach sexuellen Exzessen. Zu den mittelalterlichen Fastenregeln gehörte nicht nur die Entsagung von kulinarisch-fleischlichen Genüssen, sondern auch der Verzicht auf sexuell-fleischliche Freuden. Daher haben die Narren eben vor der Fastenzeit gevögelt, als gäb's kein morgen. Da beispielsweise die Hochzeitsnacht vor Beginn der Fastenzeit stattfinden musste, wurde die Fastnacht »aus ganz pragmatischen Gründen zu einem der beliebtesten Heiratstermine im Jahr«. Und um die Weihnachtszeit herum war folglich eine wahre Geburtenschwemme zu verzeichnen. Das Sexverbot in der Fastenzeit bedeutete aber auch für Unverheiratete, dass sie während der tollen Tage noch mal so richtig Gas geben konnten, bevor das für sechseinhalb Wochen verboten war. Der Rat der Stadt Nürnberg gab um 1500 zwischen fettem Donnerstag und Aschermittwoch für Handwerksgesellen, Knechte und Mägde ein »wenig eingesehenes Gelände für den Geschlechtsverkehr frei«. Der Grund war, dass diese Bevölkerungsgruppen »es in der Fastnacht offenbar immer hemmungsloser miteinander getrieben und sexuelle Handlungen ungeniert auf offener Straße vorgenommen hatten«. Aber auch 500 Jahre später, Anfang des 21. Jahrhunderts, habe ich gesehen, wie an Weiberfastnacht in Köln eine Frau an einer Hauswand auf offener Straße lustvoll stöhnend von ihrem Karnevals-Partner masturbiert wurde. Mit dem Karnevals-Psychologen Wolfgang Oelsner habe ich auch über das Thema Exzesse im Karneval gesprochen. Er findet:»Die Probleme, mit denen sich der Karneval in den rheinischen Metropolen herumschlägt, hängen auch mit einer Entkopplung seines regionalen Charakters zusammen. Touristen sind ja durchaus willkommen. Doch sie – und Einheimische nicht minder – brauchen auch Vertrautheit, zumindest Orientierung in den Feststrukturen. Sich am 11.11. in der S-Bahn nach Köln mit Hochprozentigem den schnellen Kick zu geben, hat mit Vorfreude auf die beginnende Session nichts zu tun. Natürlich ist Karneval leidenschaftlich, durchaus orgiastisch. Doch es ist ein Missverständnis, wenn man meint, einfach die Sau rauslassen zu können nach dem Motto: ›In Köln darf man das!‹. In den letzten Jahren stemmen sich Stadtgesellschaft und Karneval vermehrt mit Engagement, Kreativität und Geld gegen dieses Missverständnis. Einfach ist das nicht. Sehr lange waren vor der Kehrseite der Medaille ›Partystadt‹ die Augen verschlossen worden.«

Neben der Feierstätte der Versicherung steht man direkt vor der ausladenden Treppe zwischen Hauptbahnhof-Eingang und Dom. Die Treppe ist voll von Narren, die aus dem Hauptbahnhof strömen, auf der Suche nach Spaß – auch nach schnellem Sex? Ich schaue mir eine Weile an, wie die kostümierten Jecken aus dem Bahnhof stürmen und erst einmal auf der Treppe Selfies von sich und dem Dom machen. Die linke Hälfte der Treppe ist von einer Brass-Combo belegt, die einen kölschen Karnevalshit nach dem anderen hupen, tröten, trommeln. Musiker aus dem Rheinland? Nein, die orangefarbenen Kostüme sind verräterisch, die ungefähr 20 Männer und Frauen kommen aus dem niederländischen Brunssum an der deutschen Grenze. Zwischen die Brunssum-Brass-Band haben sich größere kostümierte Frauen-Gruppen gesellt, die schunkeln und mitsingen. Das ist schön, die Grenze zwischen Bühne und Publikum verschwindet, wer Zuschauer ist, kann im nächste Moment Akteur werden.

Überhaupt die Frauen-Gruppen. Es gibt viele »Weiber«, die die Weiberfastnacht wortwörtlich nehmen und beschlossen haben, im Klein-Verbund Köln zu rocken. Sexuelle Absichten scheinen

sie (noch) nicht zu haben. Die einzige Anmache, die mir zuteil-
wird, sind zwei Mittvierzigerinnen, als Clowns verkleidet, die mich
mit Konfetti überschütten. Das löst keine große Freude bei mir
aus, ich weiche eher zurück, als hätten die beiden kochend heißes
Wasser über mich gegossen. Das Konfetti-Zeug ist bekanntlich
gnadenlos und rieselt auch noch nach Tagen aus der Unterhose.
Wie es dort hineinkommt? – weiß der Henker. Ich schlendere
durch die Altstadt, alles gesittet. Zu Fuß geht es über den Neumarkt zum Zülpicher Platz, der Straßenbahnverkehr ist eingestellt,
die Zülpicher Straße seit dem frühen Morgen eine Feierzone.
Aktuell findet sich unter den »Feiernden« augenscheinlich niemand über 25, einige sehen eher aus wie 13- oder 14-Jährige. Die
meisten sind unangenehm alkoholisiert, ich vermute, dass darunter die Libido schwer leidet, ab einem gewissen Alkoholpegel werden sexuelle Exzesse unmöglich. Wohlwollend könnte man ja sagen, dass sich in der ungezügelten Party der Jugendlichen die anarchische Fastnacht des Mittelalters spiegelt. Wir schmunzeln ja
ein wenig, wenn wir von den unzähligen Versuchen von Staat und
Kirche lesen, in Venedig, Köln und anderswo das närrische Treiben einzudämmen.

Aus heutiger Sicht ist man da schnell auf der Seite der Narren,
die sich ja vorgeblich nicht um die Restriktionen der Obrigkeit
scherten. Aber vielleicht waren ja auch viele zeitgenössische Narren im späten Mittelalter gehörig genervt von den damaligen
Exzessen. Und auch heute begrüßen viele Fans des Karnevals ein
Verbot der Aktivitäten rund um die Zülpicher Straße. Wenn das
Ergebnis polizeiliche Ermittlungen sind – Übergriffe, Gewalt,
Todesopfer, die im Vollsuff von Straßenbahnen überrollt werden –, dann helfen vielleicht wirklich nur Platzsperren und ein
generelles Alkoholverbot. Die Anzeigen an Weiberfastnacht speziell wegen sexueller Übergriffe sind in den letzten Jahren rück-
läufig. Waren es 2017 noch 30, 2018 14 und 2019 16, konnte 2020
mit sieben Anzeigen ein Tiefststand vermeldet werden. Natürlich

ist immer von einer Dunkelziffer auszugehen, aber der Rückgang ist schon ein Erfolg. Wie lässt sich das erklären? Zum einen wurde eine Aufklärungskampagne gestartet: »Das ›G‹ in ›Karneval‹ steht für ›Grapschen‹! Merkste selber, ne?«, kann man auf vielen Anzeigenflächen der Stadt lesen. Nett gemacht, aber ganz schön um die Ecke gedacht, ob man das im hoch alkoholisierten Zustand versteht? Ich weiß nicht. Eher hilft wahrscheinlich der erhöhte Einsatz von Streifenpolizisten in den letzten Jahren, die – speziell auf der Zülpicher Straße – nach dem Rechten sehen.

Ich beende meine Patrouille durch das weiberfastnachtliche Köln, ohne sexuell belästigt worden zu sein oder sexuelle Exzesse beobachtet zu haben. Wahrscheinlich war es noch zu früh am Tag, aber speziell die jungen Leute scheinen eher an Rausch, am Alkoholmissbrauch, als an intimer Nähe interessiert zu sein. Ich habe natürlich beim Gang durch die Stadt sehr viele Kostüme gesehen. Auf meiner persönlichen Hitliste der Kostüme ganz weit unten stehen die Kostüme mit schusssicheren schwarzen Westen, auf denen mit weißer Schrift FBI oder SWAP steht. In ihrer Einfallslosigkeit werden diese Kostüme nur von roten Panzerknacker-Pullis unterboten. Sehr bedenklich auch, dass immer mehr Menschen sich als Markenprodukte verkleiden – als *Nutella*-Glas oder *Früh-Kölsch*-Glas, als *Frigeo*-Brause-Würfel oder *Pustefix*, als *M&M*-Schokolinsen oder *Kinderschokolade*-Bons, als *Starbucks*-Barista oder *KFC*-Verkäufer. Alles mit den Original-Logos. Soll das total ironisch sein oder ist es einfach nur hirnrissig? Bekommen die Kostümierten dafür Geld, dass sie als wandelnde Werbetafeln herumlaufen? Und wieso hat sich niemand als *Camelia*-Binde, *Hipp*-Gläschen oder *Sagrotan*-Flasche verkleidet? Oder wie wäre es, als *Dixie*-Klo zu gehen? Ach ne, gar nicht so verrückt, am Fastnachts-Samstag am Bodensee werde ich tatsächlich zwei Narren treffen, die als *Dixie*-Klo gehen. Unglaublich.

Aufgrund dieser Uniformität kann ich ein wenig verstehen, dass zum Beispiel meine närrischen Freunde in Rottweil den Reiz am rheinischen Karneval nicht nachvollziehen können, in der großen Masse einfach nur Party zu feiern, entgrenzt durch das Kostüm. Aber wenn man genau hinschaut, kann man durchaus auch den kleinen Kosmos entdecken, der für mich das Geheimnis der Fastnacht ausmacht. Es sind an Weiberfastnacht in Köln vor allem die kleineren Frauen-Gruppen, sehr aufwändig kostümiert und geschminkt. Vier, fünf, acht Frauen, die einfach Spaß daran haben, im Vorfeld ihr Kostüm zu planen, es zum Event machen, dieses Kostüme entweder bei einer Art Shoppingparty beim *Deiters* zu kaufen oder es in Handarbeit selbst herzustellen. Das sind dann tolle Gemeinschaftserlebnisse, die Weiberfastnacht in Köln bildet nur die Kulisse, den Anlass. Das heimelige Gemeinschaftsgefühl steht im Vordergrund

Zentrales Thema dieses Buchs ist ja die Frage, was der Narr das ganze Jahr über macht, speziell in der Zeit nach Aschermittwoch. Nun, viele Narren sind nach Karneval unter anderem damit beschäftigt, ihre Gelegenheits-Bekanntschaft wiederzufinden. Man hat, zum Beispiel an Weiberfastnacht, zusammen getanzt, geknutscht, Spaß gehabt, weiß aber außer dem Kostüm maximal noch den Vornamen des anderen oder der anderen. Wenn überhaupt. Also werden nach Karneval Suchanzeigen aufgegeben, früher in den Stadtmagazinen oder in der Zeitung. Heute zum Beispiel bei *kalaydo.de*. Pippi Langstrumpf sucht Teletubbie, Piratin sucht Catweazle. Wahrscheinlich hat die Piratin einen Vater-Komplex. Der jamaikanische Rastamann sucht die hawaiianische Putzfrau:»Ich würde dich gerne wiedersehen. Wir haben uns unter anderem über deinen Hausbau unterhalten.« Lieber jamaikanischer Rastamann: Erstens: Was willst du bei einem eventuellen Wiedersehen besprechen? Wie man am besten Rohre verlegt? Tolles Thema habt ihr euch da ausgesucht! Zweitens: Mal nachdenken, wie wahrscheinlich ist es denn, Rastamann, dass deine Putzfrau ihr Haus alleine baut? Könnte es vielleicht sein, dass da noch Kinder, ein Ehemann, eine Familie dranhängen? Ich würde sagen, vergiss es, Rastamannn, aus deiner intensiven Hausbau-Beratung wird nichts. Auch sehr schön diese Anzeige: »Cowgirl aus München sucht den Sträfling Andi. Leider haben wir keine Nummern ausgetauscht. PS: Ich hätte auch gerne meine Handschellen wieder.« Das ist schon bitter, wenn man seine Handschellen (wozu braucht ein Cowgirl eigentlich Handschellen?) an Straftäter verleiht.

Kapitel 25

DIE NÄRRISCHE KNEIPE

**Warum der Bademeister minimalistisch, aber korrekt
verkleidet ist – Wie schwierig es sein kann,
in eine Kneipe zu kommen – Was ich nicht mag:
Kartoffelsalat und dicke Titten –
Was Heavy Metal und Karneval gemeinsam haben**

»Jetzt kommt der Pöbel rein«, sagt der Bademeister. Ein wenig
elitär ist man schon in der »Oma Kleinmann«, wenn man zu den
Privilegierten gehört, die sich schon seit einer Stunde einen Platz
gesichert haben.

Es ist nicht so einfach, in einer Kölner Kneipe in den tollen
Tagen Karneval zu feiern. Ich hatte schon Weiberfastnacht versucht, in eine Gaststätte in der Altstadt zu kommen. Ins *Brauhaus
Sion*, ein extrem weitläufiges Etablissement. Keine Chance. Es
standen nur acht Leute vor mir, aber eine halbe Stunde tat sich gar
nichts, die Security ließ keinen rein. Ich habe dann aufgegeben.
Im Gegensatz zu den zwei Damen vor mir, Freundinnen im fortgeschrittenen Alter mit blauem Glitzerhütchen. Die beiden taten
mir leid, da sie schon 20 Minuten länger als ich angestanden hatten. Sie erzählten, sie hätten am Vormittag schon zweieinhalb
Stunden in einer anderen Schlange gewartet, um ins *Brauhaus
Peters* hineinzukommen. Dort sei es aber nicht »schön« gewesen.
Aber soll es etwa schöner sein, stundenlang in der Kälte anzuste-
hen? Ist das närrisch, ist das ein karnevalistisches Vergnügen?

Nach der für viele Jecken anstrengenden und langen Weiberfastnacht ist der Karnevalsfreitag eher einer der ruhigeren Tage, ein nicht ganz so toller Tag. Das heißt aber nicht, dass die Narren ruhen. Es gibt noch keine großen Umzüge, auf denen man sich im Straßenkarneval austoben kann. Aber man kann sich natürlich in den Kneipenkarneval stürzen, in den rheinischen Hochburgen eine ganz entscheidende Zutat der närrischen Zeit. Erst ab den 1870er-Jahren, als mit der Reichsgründung und dem gewonnenen Krieg gegen die Franzosen relativer Wohlstand einzog, wurde der Karneval auch in den Lokalen gefeiert. Vorher fehlten dafür die »materiellen Voraussetzungen«. Wobei sich der Kneipenkarneval dem traditionellen Karneval vollkommen entzieht. Natürlich feiern die Mitglieder der großen Karnevalsvereine auch in ihren Stammkneipen. Aber keineswegs in ihren Uniformen, die sind der rituellen Karnevalsfamilie, dem Brauchtum vorbehalten. Im Kneipenkarneval verkleiden sich auch die Anhänger des organisierten Karnevals als Pirat, Schlumpf oder Biene.

Ich habe ja sehr lange im Karneval pausiert, früher war das ganz einfach mit dem Kneipenkarneval. Wenn man in seiner Lieblings-Gaststätte feiern wollte, sicherte man sich möglichst rechtzeitig einen Platz, vom dem aus der Weg zur Theke und zum Klo nicht weit war. Dann wurde stundenlang geschunkelt, getanzt, vor allem aber gesungen und gegrölt. Denn das entscheidende beim Kneipenkarneval war die »richtige« Musik, die auch im Zweifelsfall darüber entschied, welche Kneipe man bevorzugte. Wurden eher Rock- und Popsongs gespielt, vielleicht auch deutsche Schlager? Oder setzte der Kneipen-DJ ausschließlich auf die kölschen Hits?

Das ist 20 Jahre her. Schon im Vorfeld meiner Recherchen hörte ich davon, dass ich es vergessen könne, »einfach so« in eine halbwegs vernünftige Kneipe an den tollen Tagen einzumarschieren. Da müsse man vorher ein Bändchen zugeteilt bekommen. Ein Bekannter meiner Tochter sitzt in den zwei Wochen vor Weiberfastnacht jeden Abend im »Hemmers«. Dann gilt er als

Stammgast (obwohl er sich ansonsten das gesamte Jahr nicht blicken lässt) und bekommt das heißersehnte Band der Sympathie. Das bedeutet exklusiven Zugang an allen sechs tollen Tagen. Alternativ muss man sich stundenlang vor die Tür stellen und warten, ob man irgendwann Einlass findet, wie die beiden geduldigen Damen an Weiberfastnacht. Ich schrieb meinem alten Kumpel Guy, ob er am Freitagabend auch unterwegs sei. Ja, antwortete er, aber er sei nicht in seinem Stammlokal, er hätte eine Karte für die »Oma Kleinmann«. Eine Eintrittskarte, wie für Theater, Fußballstadion, Oper, nur um Zugang zu einer Kneipe zu erhalten? Genau, die würde zehn Euro kosten, ob er, Guy, bei Olaf nachfragen solle, ob ich auch eine bekommen könne? Ich müsste dann aber um kurz vor 18.00 Uhr am Seiteneingang der Kneipe parat stehen. Okay. Das mache ich. Ich fasse noch einmal zusammen: Man muss an einem Freitagabend, an dem normalerweise kaum etwas karnevalistisch los ist, für zehn Euro eine Karte erwerben. Dafür braucht man aber Beziehungen, weil man die Karte eigentlich schon im Dezember hätte kaufen müssen. Und wenn man nicht pünktlich vor Ort ist, hat man Pech gehabt, denn die Eintrittsberechtigung verfällt nach einer Stunde. Da kommt man ja leichter in jeden VIP-Club hinein. Das schaue ich mir mal an.

Meine Karnevalskneipe liegt an der Zülpicher Straße, dem berüchtigten Feierzentrum. In der Karnevalszeit für den Auto- und Straßenbahnverkehr gesperrt. Genauso wie am Vortag, obwohl die Straße an diesem Freitag nicht annähernd so voll ist. Auf der *Zülpicher* »feiern« wie schon am Elften im Elften die Jugendlichen und Kinder, das ist unbetreutes Koma-Saufen mit sauschlechter Musik. In der Straßenbahn auf der Hinfahrt haben fünf Jugendliche mit düsenjetlauter Musik aus zwei umgehängten Boomboxen die Fahrgäste akustisch gefoltert. »Dicke Titten – Kartoffelsalat« hieß das »Lied« der Wahl. Die drei Mädchen in Bundeswehr- »Kostüm« grölten mit.

»Was haben wir falsch gemacht?«, fragt ein Jeck neben mir in der »Oma Kleinmann« später am Abend. Das »wir« bezieht sich darauf, dass die Mehrzahl der Feiernden in der Gaststätte der Generation Eltern-von-knapp-volljährigen-Kindern angehören, auch Guys Sohn ist (wahrscheinlich) auf der Zülpicher Straße zu finden. Wo, weiß Guy nicht. »Das sind doch Affen da draußen«, sagt der strenge Bademeister. Gibt es da etwa eine Ähnlichkeit zum *Planeten der Affen*? Von der Ballermann-Musik der »Affen« da draußen dringt nichts in die »Oma Kleinmann«, wir sind wie ein Raumschiff, das karnevalistisch über dem Planeten da draußen schwebt.

Zum Einstieg spielt der närrische DJ traditionelle kölsche Gassenhauer: »Da lachste dich kaputt, dat nennt man Camping« – »Heidewitzka, Herr Kapitän, mim Müllemer Böötche fahren mer so gern« – »Am Eigelstein es Musik, am Eigelstein es Danz, ja, do packt dat decke Rita däm Fridolin am ... Eigelstein es Musik, am Eigelstein es Danz« – »Ja, an der Theke ist der schönste Platz, ich steh so gerne dort, an diesem schönen Ort«. An der »Oma Kleinmann«-Theke dagegen ist überhaupt kein Platz mehr, ich habe mit einer Kleingruppe von zehn Leuten um Guy und den Bademeister eine Ecke des Wirtshauses in Beschlag genommen. Auch Isabell und Piratin Carmen sind dabei, die beiden sind Stammgäste einmal im Jahr, sie feiern jährlich nur am Karnevalsfreitag in der »Oma«. Vor zehn Jahren haben sie den Guy kennengelernt. So ein Karnevalskneipen-Abend ist nie unpersönlich, man ist in Kleingruppen unterwegs, auch in einer Kneipe kann man den heimeligen närrischen Mikrokosmos genießen. Piratin Carmen ist interessanterweise als gebürtige Beuelerin eine direkte Nachfahrin der ersten Weiber, die 1824 die Weiberfastnacht erfanden, ihre Mutter ist (oder war? – so genau kann ich das nicht mehr erinnern) tatsächlich Präsidentin des Beueler Weiberclubs.

»Dicke Mädchen hat der Himmel geschickt, heißen Tosca oder Carmen«, »Echte Fründe stonn zusammen«, »Die Karawane zieht weiter, der Sultan hät Doosch«. Natürlich werden auch die Hits der *Höhner* in der »Oma« gespielt. Den Ritterschlag bekam diese kölsche Band, als *Metallica* bei ihrem Kölner Konzert im ausverkauften Stadion »Viva Colonia« spielten. In diesem Zusammenhang hat das *ZEIT*-Magazin schöne Analogien zwischen Heavy Metal und Karneval gefunden: »Man verkleidet sich irgendwie. Es wird deutlich zu viel Alkohol konsumiert. Was durch das Mikro gesagt wird, ist oft ein bisschen peinlich. Es wird meist rührselig. Man nimmt sich sehr, sehr ernst, und es wird sehr, sehr viel Zeit in die Haare investiert. Am Ende ist Headbangen auch nichts anderes als die extreme Form von Schunkeln.«

Um das klarzustellen, Schunkeln ist schweißtreibender als Headbangen, schon nach zwei Stunden in der »Oma« ist es ordentlich heiß, und ich schwitze. Daher sollte man sich auch immer gut überlegen, ob man sich an so einem karnevalistischen Abend wirklich schminkt. Kostüm, selbstverständlich. Aber an der existenziellen Frage Schminken oder Nicht-Schminken scheiden sich die Geister. Natürlich ist es besonders eindrucksvoll, sich das ganze Gesicht schlumpf-blau, teufels-rot oder shrek-grün (Hallo, Herr Söder!) zu schminken. Aber wenn dann die Farbe verläuft, weil man sich versehentlich mit dem Ärmel des Kostüms die Stirne abwischt, dann sieht das einfach Scheiße aus und fühlt sich auch nicht gut an. Ich bin eher Fan des Nicht-Schminkens, der korpulente Bademeister pflichtet mir bei. Er hat ein Minimal-Kostüm, ein weißes Polo-Hemd mit der Aufschrift »Bademeister«, das reicht. Und er ist passender verkleidet als Steam-Punk Guy, Piratin Carmen und Pseudo-Stadtsoldat Manuel. Denn das Motto in der »Oma Kleinmann« ist in diesem Jahr Badeanstalt. Das hatte ich im Vorhinein nicht geschnallt. Ungefähr die Hälfte der 150 Leute in dem Laden sind artgerecht verkleidet – mit Badekappen, Schwimmbrillen, Gummitieren. Mein Kostümfavorit ist ein jüngerer Typ, der sich als Schwimmbecken verkleidet hat, ganz in Blau mit einer umgehängten Schwimmbeckenleiter, gebastelt aus Küchenpapierrollen und Alufolie.

Bastian Campmann, der Sänger der relativ neuen Band *Kasalla* (neu, wenn man sie mit den kölschen Dinosauriern *Höhner*, *Bläck Fööss*, *Paveier* und *Brings* vergleicht) hat in einem Interview gesagt:»Wo die Kneipen sterben, schwindet auch die Gemeinschaft.« In Köln gibt es eine große Sehnsucht nach dem intakten *Veedel*, wo es Zusammenhalt, Gemeinschaft, Heimeligkeit und Heimat gibt. Das ist ganz nah dran an dem, wofür zum Beispiel auch die Rottweiler Fasent steht. Aber auch in einer großen Stadt kann dieses Heimatgefühl aufkommen – überall dort, wo kleine Einheiten gebildet werden, und vor allem eben in der Lieblingskneipe. Die klassische Eckkneipe mit dem »Rentner-Gedeck« Kölsch und Korn stirbt tatsächlich aus, aber zumindest im Karneval lebt die Kneipenkultur. Kölsch, Korn, Kneipe, Karneval, *Kasalla*, bester Song »Stadt mit K«, das hört sich an wie Kraftklub auf Kölsch. Mit ihren Hits »Piraten«, »Alle Gläser Huh«, »Pommes und Champagner« und »Stadt mit K« erreicht die Band Klickzahlen bei YouTube zwischen fünf und zehn Millionen, das ist in Deutschland mit den YouTube-Zahlen von *Die Ärzte* vergleichbar. Ein regionales Musikphänomen, beschränkt auf die fünfte Jahreszeit sind die kölschen Bands schon lange nicht mehr.

Während in der »Oma Kleinmann« die *Brings* raten, nicht nur aus Liebe zu weinen, und sich an die vergangene »Super Jeile Zick«, die super-geile Zeit erinnern, muss man daran erinnern, dass auch in der fernen Stadt rheinabwärts, in der Stadt mit D, kölsche Lieder gesungen werden. Die Düsseldorfer haben nur eine satisfaktionsfähige Karnevals-Kapelle, das sind die *Toten Hosen*. Ansonsten dominiert in der närrischen Zeit musikalisch in Düsseldorf (ehrlich gesagt, auch in einigen Kölner Kneipen) die übliche Ballermann-und-Après-Ski-Musik. Techno für Arme, Kartoffelsalat und dicke Titten.

Und wie ist das in Mainz? Ungefähr 130 Jahre (bis zur Kölner Karnevalsmusik-Revolution) war Mainz der absolute Trendsetter für Karnevalsmusik. Der Narhalla-Marsch (wahrscheinlich 1840 eingeführt) setzte den Standard an fastnachtlicher Marschmusik, die hervorragend zu den pseudo-militaristischen Uniformen der Narren passte. Alleine die Mega-Hits des singenden Dachdecker-meisters Ernst Neger »Rucki Zucki« und »Humba Humba Tätärä« bestimmten noch den Karneval meiner Kindheit. »Heile, heile Gänsje« rührte Millionen Narren zu Tränen. Und auch »Ein Tag, so wunderschön wie heute« hatte seine Geburtsstunde in der Mainzer Fastnacht. Oder vielmehr in Köln, die Mainzer Hofsän-ger räumten in der anderen Domstadt bei der Prinzenproklama-tion 1955 so ab, dass die begeisterten Zuschauer die Blumendeko-ration abrissen und den Sängern zuwarfen. Doch ab Mitte der 1970er-Jahre schrieben die kölschen *Beatles*, die *Bläck Fööss*, die musikalischen Hits für Millionen Narren in ganz Deutschland. Spätestens, als die *Höhner* 2003 mit »Viva Colonia« ihren erfolg-reichsten Hit sangen, wurde kölsche Musik zum Partyschlager – am Ballermann, beim Après-Ski, auf dem Oktoberfest. Überall, wo viel gefeiert und zu viel getrunken wird.

Apropos Alkohol: Vorsichtig überschlage ich im Kopf meine Bargeldreserven, 50 Euro habe ich in den letzten vier Stunden schon für Bier auf den Kopf gehauen, die Kohle war weg wie nichts. Zu Beginn des Abends habe ich zwei Bier geholt, eins für Guy, eins für mich. Später fünf Kölsch, auch noch für Isabell, die Piratin und den Bademeister. Mittlerweile holt jeder, der »dran« ist, einen ganzen Kranz für die kleine Gruppe. In den Kranz pas-sen elf (jecke Zahl, Alaaf!) Biere rein. Elf mal zwei sind 22 Euro. Früher, erzählt Guy, habe jeder Bon 1,50 Euro gekostet, aktuell zwei Euro. Pro 0,2-Liter-Glas zwei Euro. Erinnert sich noch je-mand an die D-Mark? Vier Mark für ein Kölsch, wer hätte jemals gedacht, dass es das ernsthaft geben würde. Da muss man fast ei-nen Kleinkredit aufnehmen, um dem *Bläck-Fööss*-Klassiker »Drink doch ene met« gerecht zu werden.

Kurz nach diesem wunderschönen Lied läuft das rührselige »In unserem Veedel«. Ein Jeck neben mir ruft verzweifelt: »Nein,

nicht schon wieder schunkeln!« Wir singen mit bei »Et Meiers
Kätsche«, tanzen untergehakt gemeinsam, wie es in »Birkesdörp
de Buure ob de Huhzick« auch tun. Songs der *Bläck Fööss* werden
am häufigsten gespielt, sie schreiben aber auch eindeutig die besten kölschen Lieder. Und dass sie es auch noch 50 Jahre nach
Gründung der Band noch können, zeigen sie mit »Die nächste
Rund – die geht auf mich«. Mit diesem Lied haben sie sogar den
knüppelharten Song-Contest »Loss mer singe« gewonnen. Guy
war noch nie bei »Loss mer singe«, dabei gibt es eigentlich reichlich Termine von Anfang Januar bis zum Beginn der tollen Tage.
Es handelt sich quasi um Einsingtermine. In unterschiedlichen
Kneipen werden 20 neue, unbekannte Karnevals-Songs geübt.
Guy dagegen lädt sich die Lieder im Internet runter und übt sie
(wie Vokabeln) auf langen Autofahrten, bis er textsicher ist. Bei
der Einsingtour »Loss mer singe« küren am Ende des Abends die
Kneipengäste ihre Favoriten. Zum Abschluss der Tour stehen
dann die Gewinner fest. »Loss mer singe«-Veranstaltungen gibt es
mittlerweile – so steht es auf der Homepage unter der Rubrik
»Köln und Umgebung« – auch in München und Hamburg.

Nachdem meine Bargeldreserven aufgebraucht sind, mache
ich mich auf den Weg. Es ist 23.11 Uhr, fünfeinhalb Stunden müssen reichen, ich bin dann mal weg, morgen ist wieder ein närrischer Tag. Guy, der Bademeister und die Piratin denken noch
lange nicht an Aufbruch. Aber um 3.00 Uhr ist definitiv Schicht,
dann kehrt Olaf der Wirt, alle Jecken raus aus der Kneipe.
»Schließlich ist die ›Oma‹ ein Wirtshaus, kein Gasthaus!«, betont
Olaf. Recht hat er. Aber im Dezember muss ich schauen, dass ich
mir eine Eintrittskarte für die »Oma Kleinmann« sichere, natürlich wieder am Freitagabend. Um stundenlang kölschen Liedern
zu lauschen, zu schunkeln, zu singen, zu grölen, zu tanzen, mich
gut zu fühlen. Und beim nächsten Mal gehe ich vorher noch mal
zum Geldautomaten.

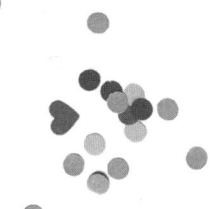

Kapitel 26

DER HÄNSELEJUCK

Wo sind die bengalischen Feuer? – Warum die Fastnacht in Bad Wurzach unvergleichlich ist – Wie die Karbatschen schnellen – Tä-tä-tä-rät-tä – tä-tä – tä-rä-tä

Ein Samstag im Februar, der sich anfühlt wie ein Frühlingstag. Auf der Uferpromenade am Bodensee ist jede Menge los, Spaziergänger und Radfahrer genießen die Sonne, der Blick über den See ist atemraubend, die Alpen auf der Schweizer Seite grüßen schneebedeckt. Nichts deutet darauf hin, dass in drei Stunden eines der größten Ereignisse der Schwäbisch-Alemannischen Fasent in Überlingen stattfinden wird – der *Hänselejuck*, ein abendlicher Umzug im Schein von bengalischen Fackeln. Ich bin mit Andi in der Stadt. Andi, der mich am Dreikönigstag zusammen mit Larvenschnitzer Mathias in die Rituale der Rottweiler Fasent eingeweiht hat. Für ihn eine Art Auswärtsfahrt, den Hänselejuck hat er noch nie gesehen. Es ist ja nicht so, als ob alle aktiven Narren der Schwäbisch-Alemannischen Fastnacht eine verschworene Gemeinschaft wären. Die meisten sind ausschließlich auf ihre eigenen Masken, Kostüme, Gebräuche konzentriert, auf die eigene Community. Auch im Rheinland interessieren sich die Kölner ja wenig für den Karneval in Düsseldorf oder die Fastnacht in Mainz. Dieses ignorante Desinteresse beruht übrigens auf Gegenseitigkeit.

Wir gehen ins Ortszentrum und sehen die ersten Hänsele. Das sind erwachsene Männer, aber auch viele Kinder – alle haben sie das gleiche Kostüm. Auf schwarzen Stoff sind bunte und schwarze Filzstreifen genäht sowie silberne Pailletten, die Maske hat eine rüsselartige Nase, am Hinterkopf baumelt ein Rotfuchsschwanz, hoffen wir mal, dass der nicht echt ist, sonst steht direkt der Tierschutz vor der Tür. Der Fuchsschwanz, der sehr viele Kopfbedeckungen in den Orten der Schwäbisch-Alemannischen Fastnacht ziert, signalisiert laut Werner Mezger »Falschheit, Heuchelei und Unaufrichtigkeit. Jemanden einen *Fuchsschwänzer* zu nennen, galt als eine der schlimmsten Beleidigungen, die man sich überhaupt denken konnte.« Die Überlinger Fasnacht reicht übrigens weit zurück, erstmals erwähnt wird sie 1430.

Der Hänselejuck taucht dann rund 300 Jahre später in den Quellen auf. Und um seine Existenz rankt sich eine düstere Erzählung, die durchaus zu seinem etwas unheimlichen Äußeren passt. Die freie Reichsstadt Überlingen, so die Sage, schickte Kaiser Karl V. einst 100 Mann für einen Feldzug in Oberitalien. 99 der Mannen gingen, bevor sie loszogen, noch einmal brav in die Messe, einer allerdings zechte lieber die Nacht durch. Man ahnt es – die 99 frommen Soldaten kehrten wenig später aus dem Krieg zurück, der Saufbruder aber fiel und wird fortan vom Hänsele verkörpert. Er ist ein Widerspenstiger, ein Toter, einer, der sich mit dem Teufel eingelassen hat. Da haben wir's also wieder: Der Narr steht auf der Seite der »civitas diaboli«.

An vielen Hauseingängen des Ortes ist das Programm der Narrenzunft Überlingen auf gelbem Papier aufgedruckt. Das Haupt-Event am heutigen Samstag ist eindeutig: »Hänsele-Juck mit Bengalbeleuchtung.« Da bin ich sehr gespannt, Bengalos sieht man ja normalerweise nur, wenn sie illegal in den Fankurven der Fußballstadien abgefackelt werden, sie sind umstritten und gefährlich. Der Schlachtruf der Bengalo-Fans ist: »Pyrotechnik ist kein Verbrechen.« Ich bin sehr neugierig, wie das in Überlingen gehandhabt wird. Knapp verpasst haben wir das Preis-Karbatschen-Schnellen. Die *Karbatschen* trägt jeder Hänsele bei sich, das sind meterlange Peitschen, die einen Höllenlärm (das Knallen nennt man Schnellen) veranstalten. Am Kaiserbrunnen üben immer noch ein paar Nachwuchskräfte, bei denen es hörbar nicht für einen Preis gelangt hat. Aber Übung macht bekanntlich den Meister.

Direkt am Kaiserbrunnen hat eine Gaststätte eine Open-Air-Bar aufgebaut, dort trinken Andi und ich erst einmal ein gepflegtes Bier. Einige Hänsele glühen schon mal vor, man sieht aber auch erstaunlich viele »normal« verkleidete Narren. Mal fantasievoll, mal Jet-Pilot, Super-Mario, Panzerknacker. Andi trifft zufällig eine gute Freundin seiner Frau mit ihren Eltern, alle aus Rottweil. »Ach, ihr hier?« Na ja, für den Narhalla-Ball in Rottweil habe man keine Karten bekommen. Und in den Gaststätten sei samstags in Rottweil ja nichts los, also gehen sie die Hänsele jucken gucken.

Noch zwei Stunden bis zum Lauf und Sprung der Narren. In der Kneipe läuft »Sexy« von Marius Müller-Westernhagen und »Westerland« von Die Ärzte, närrische Stimmungsmusik eben. Der Barmann kennt sich nicht perfekt mit dem Hänselejuck aus, er kommt aus Bad Wurzach. Dort wird, so erzählt er, eine ganz ursprüngliche Version der Fasnet gefeiert, total im Volksglauben verwurzelt und so. Das kann man an vielen Orten der Schwäbisch-Alemannischen Fastnacht hören, diese absolute Arroganz denjenigen gegenüber, die im Rheinland, aber auch im Nachbardorf die Fasent anders feiern als man selber. Bei vielen Narros spricht aus der Betonung der eigenen Großartig- und Einmaligkeit ein gewisser närrischer Minderwertigkeitskomplex. Unser Barmann vermeldet stolz, dass die Fasnet in Bad Wurzach aber so was von authentisch ist. Zu Detailfragen der Gebräuche in Überlingen kann er allerdings wenig beitragen. Ob jetzt die berühmten bengalischen Feuer von den Hänsele mitgeführt werden oder an den Hauswänden befestigt sind, das weiß er jetzt auch nicht so genau zu sagen.

Also wende ich mich an einen Hänsele, der gerade mit seinen Kumpanen zecht. Die Maske ist nach oben geschoben, das Gesicht ist freigelegt. In Elzach, wo die Masken regelrecht mit dem Gesicht verschweißt sind, wäre das ein absolutes No-Go. Der Hänsele mit offenem Visier erklärt, dass man in Überlingen eben eine Tuchmaske trage, keine hölzerne wie andernorts. Und die dürfe man ruhig auch mal in den Nacken schieben, weil man nun einmal mit Maske sehr schlecht trinken könne. Und schon kippt er sich einen Schnaps hinter die Binde. Wie zur Entschuldigung sagt er:»Wir müssen uns ja in Fahrt bringen.« Deswegen bietet er uns auch keinen Schnaps an. Erstens wäre das Verschwendung (echt schwäbisch!), und zweitens sind wir keine Hänsele und müssen daher auch keine Fahrt aufnehmen. Aus dem Namen der Narren ergibt sich zwingend, dass es sich um eine rein männliche Veranstaltung handelt, sonst wäre es ja eine Hänsele-und-Gretele-Juck, aber das würde nicht der Tradition entsprechen. Insgesamt sind in der kleinen Stadt am Bodensee 1500 Hänsele registriert, ungefähr 1000 sind beim Jucken dabei. »Jucken« übersetzt man am besten mit»springen«,»laufen«, auch im kölschen Dialekt kann man die »Straße erav jöcken«, also schnell hinunterlaufen. Am Sonntag wird es einen großen Umzug mit vielen Wagen und auch anderen Gruppen geben, zum Beispiel sind»Die Löwen«»schon 25 Jahre dabei«. Aber ganz klar, sagt unser schon ziemlich in Fahrt gekommener Hänsele:»Die Hauptsache ist am Samstag, mit Bengalbeleuchtung! Und das Ganze findet abends statt, weil wir, die Hänsele, Nacht-Figuren sind. Die silbernen Pailletten wirken viel besser nachts.«

Auch an anderen närrischen Orten gibt es abendliche Umzüge im Dunkeln. In Köln ist der Geisterzug mittlerweile eine Institution, der sich aber explizit nicht dem traditionellen Karneval verpflichtet fühlt, man verstand sich schon immer als politische Demonstration aus einer linken Tradition heraus. Auch der Geisterzug fand viele Jahre auf verschiedenen Zugwegen am Karnevalssamstag statt, es gab aber immer wieder Unstimmigkeiten mit den Behörden. Ich las im Internet:»Polizei und Ordnungsamt jedoch weigerten sich stets, eine Veranstaltung zwischen Weiberfastnacht und Aschermittwoch als Demonstration anzuerkennen. Damit der Geisterzug offiziell als Demo gilt, haben die Organisatoren den Zug um eine Woche vorverlegt.« Einen Nachtzug (nicht zu verwechseln mit Eisenbahnzügen, die durch die Nacht zuckeln) gibt es auch im niederrheinischen Erkelenz-Hetzerath. Man hat es dort aber wohl mit der Tendenz zu einer gewissen Grusel-und-Halloween-Ästhetik übertrieben. Scheinwerfer, Laser, Technomusik, nach sechs Veranstaltungen wird nachjustiert, man will keine rollende Disco mehr sein, sondern nur noch Karnevalslieder spielen.

Nachdem Andi und ich in Überlingen die regionalen Spezialitäten *Raclette Seele* (das ist ein mit Raclette-Käse überbackenes Baguette-Stück – man schmeckt die Nachbarschaft zur Schweiz) und *Dinnele* (die dünnen, belegten Teigfladen sind eigentlich Flammkuchen, in diesem Fall schmeckt man die Nachbarschaft zum Elsass) gekostet haben, verabschieden wir uns von dem Barmann aus Bad Wurzach. Andi macht sich auf den Weg zurück zu einer Fasnet-Party nach Rottweil (wusste er nicht, dass der Hänselejuck abends stattfindet?), und ich jucke so langsam Richtung Umzug. Ganz schön voll ist es am Straßenrand, aber ich habe eine Art Tribünenplatz auf einer Treppe in der Nähe des Franziskanertors ergattert, eine sehr beeindruckende Kulisse. Was auffällt: Bevor die Hänsele kommen, ist es sehr leise am Straßenrand, obwohl dort viele Zuschauer stehen. Es gibt keine lärmende Musikbeschallung, im Publikum wird nicht gesungen und gegrölt. Eine andächtige, erwartungsvolle Stimmung, Kinder toben auf der Straße herum, gleich könnte auch der Weihnachtsmann auf einem Schlitten vorfahren oder der Kaiser in seiner Kutsche.

Aber dann kommt Bewegung in die Menge, eine Kapelle spielt den Narrenmarsch, die Leute können die Füße nicht mehr still halten, *Tä-tä-tä-rät-tä – tä-tä – tä-rä – Tä*. Beim letzten »Tä« hüpfen alle kurz in die Höhe. Diese Choreo haben auch schon die Kleinsten drauf, wahrscheinlich wird das in Überlingen schon im Kindergarten eingeübt. Ein einzelnes Mädchen hat eine große Tasche dabei, für Süßigkeiten. Das arme Kind kommt wahrscheinlich aus Nordrhein-Westfalen, ich glaube nicht, dass die Tasche voll wird, und später gibt es Tränen. Und dann kommen die Hänsele, voran einige Zeremonienmeister von der Narrenzunft, ohne Hänsele-Häs, aber mit blauem Bauernkittel, sie regeln den Verkehr. Bevor eine große Hänsele-Gruppe juckt, dürfen ausgewählte oder freiwillige Hänsele mit ihren Karbatschen herumpeitschen und einen Höllenlärm veranstalten, die Zuschauer weichen zurück, so eine Peitsche möchte keiner im Augapfel haben.

Das dauert, bis die Jungs endlich genug haben vom Karbatschen-Schnellen, dann ergießt sich ein Strom von Hänsele durch das Stadttor. Sie springen die Straße im Hopserlauf hinunter, alte und ganz junge, die Pailletten funkeln, das ist für ein paar Sekunden ein sehr schönes Bild. Danach passiert minutenlang – nichts. Bis die nächste Kapelle kommt, gleicher Marsch – *Tä-tä-tä-rät-tä – tä-tä – tä-rä – Tä*. Dahinter weitere Zeremonienmeister, weitere Karbatschen-Peitscher, eine weitere Gruppe von Hänsele springt durchs Tor. Und so geht das genau 40 Minuten lang. Fühlt sich allerdings an wie vier Stunden.

Ich glaube, nein, ich hoffe, dass so ein Hänselejuck den beteiligten Männern und Jungs großen Spaß macht, vielleicht ist es auch ein wenig aufregend, so verkleidet herumzuhüpfen. Für das Publikum ist die Veranstaltung in etwa so interessant wie eine Live-Übertragung von einem Volkswandertag. Ein junger Mann hinter mir sagt: »Der Umzug dauert mir viel zu lang.« Wie gesagt, wir reden von 40 Minuten Gesamtdauer. Was zur Langeweile beiträgt: Alle Akteure haben exakt das gleiche Kostüm an. Wer die wunderbare Vielfalt der Masken und Häskleider in der Schwäbisch-Alemannischen Fastnacht kennenlernen möchte – sollte nicht nach Überlingen fahren. Und die Kapellen spielen alle den gleichen Marsch. *Tä-tä-tä-rät-tä – tä-tä – tä-rä – Tä.* Und es gibt noch nicht mal Süßigkeiten für die Kinder. Das ist wahrscheinlich einer der langweiligsten Narrenumzüge der Welt. Auch als Zuschauer muss man sich für den Hänselejuck schon ordentlich in Fahrt bringen, was einige betrunkene Jugendliche am Straßenrand auch gemacht haben. Die schauen aber den Hänsele eigentlich gar nicht zu. Die sind mit sich beschäftigt und haben sehr kreative Kostüme ausgewählt: Super-Mario, Bundeswehr-Soldat, und – ach ja: Panzerknacker.

Und die berühmten bengalischen Feuer? Ich habe nach dem Hänselejuck gelesen, dass schon im Vorjahr mit roten LED-Scheinwerfern experimentiert worden war, die Rauchentwicklung der Bengalos habe viele Hänsele gestört. Aktuell gibt es anscheinend gar keine Bengalos mehr, sondern nur noch LEDs, die die Straße wie einen Rotlicht-Distrikt illuminieren. Stimmungsvoll ist das nicht. Ach doch, ich habe einige Mini-Bengalos gesichtet – auf vielen Fensterbänken am Zugweg stehen rote Grablichter, das sieht sehr schön aus. Das ist dann die eher schwäbisch-sparsame Variante von bengalischen Feuern. *Tä-tä-tä-rät-tä – tä-tä – tä-rä – Tä.*

Kapitel 27

AM FASTNACHTSSONNTAG
MIT DEM RANZEN AUF DER LU

Ein Bauchumfang von 150 Zentimetern ist empfehlenswert – Die Ein-Mann-Garde – Wenn der Umzug ausfällt – Denn nur was richtig sauber ist, kann richtig glänzen

Man trägt Bauch im Mainzer Karneval, zumindest die Traditionalisten. Und das ist der Hintergrund: Das Grundgerüst der Mainzer Fastnachtsumzüge sind die Garden. Genauso wie die meisten Karnevalsvereine im Rheinland, die im 19. Jahrhundert gegründet worden sind, spiegeln die Garden mit ihren Uniformen militärische Vorbilder – Husaren, Landsknechte, das preußische Militär. Die »Ranzengarde« ist die älteste Vereinigung der Mainzer Fastnacht. Mit Ranzen war kein Schulranzen, auch kein Tornister eines Soldaten gemeint, sondern der Bauchumfang. Es gibt eben auch Ranzen, die man nicht auf dem Rücken, sondern vor sich herträgt. Während die Roten Funken in Köln die unsoldatischen Stadtsoldaten parodierten, war die Ranzengarde die Antwort auf die langen Kerls des preußischen Soldatenkönigs Friedrich.

Fritzens lange Kerls waren legendär, eine Elitetruppe, eine GSG 9 des 18. Jahrhunderts. Große Männer haben einen Vorteil im Feld, sie überblicken die Lage und schüchtern den Feind ein, so die Logik des Königs, der selbst, obgleich »der Große« genannt, nur 1,62 Meter maß. Die närrische Logik der Mainzer wiederum war ab 1837, dem Gründungsjahr der ältesten Garde, dass ein voluminöser Bauch das Gegenteil von Kampfeslust symbolisiert: Völlerei, Hedonismus, Sinneslust. In den Anfangsjahren der »Ranzengarde« wurden nur Männer aufgenommen, die einen Bauchumfang von mindestens 150 Zentimetern VORweisen konnten. Nicht FDH, sondern FDD, nicht Friss die Hälfte, Friss das Doppelte. Nicht BMI unter 25, sondern BMI über 40. Adipös war das neue Schlank. Das ist doch mal eine konsequente Verkleidung. Ein Kostüm, eine Maske, kann jeder anlegen. Aber den Bauch, den gesamten Körper mithin als Kostüm zu begreifen, das erfordert große Konsequenz.

Ich stehe auf der Ludwigstraße am Straßenrand, der Gardeumzug am Fastnachtssonntag hat gerade begonnen. Er ist gewissermaßen eine Art Vorspiel für den Rosenmontagszug am folgenden Tag. Die erste und größte Gruppe ist die Ranzengarde, zu Ehren dieser Truppe habe ich mir einen Ranzen unter mein Standard-Kostüm eines rot-weißen Stadtsoldaten geklemmt – eine zusammengefaltete Fleece-Jacke. Locker 150 Zentimeter Bauchumfang. Wenn die närrische Zeit mit viel Bier, Krapfen und Wein noch drei Wochen länger dauern würde, bräuchte ich unter dem Kostüm keinen Bauch-Dummy, dann hätte ich mir im Handumdrehen einen echten Ranzen drangefeiert. Mittlerweile dürfen auch Frauen bei der Ranzengarde mitmachen, auch das Bauchumfanggebot ist abgeschafft. Eine gertenschlanke Dame mit Ranzengarde-Uniform lobt aus dem Zug heraus, ich würde aussehen wie ein »echter« Ranzengardist. Danke für das Kompliment, aber es ist ja auch sehr auffällig, dass die meisten Ranzengardisten im Zug nur äußerst enttäuschende Bauchumfänge vorweisen können. Und wie die Jugend vernachlässigt wird! Zwischendrin in der riesigen Gruppe geht das Kadetten Corps der Ranzengarde von 1837, Kinder im Alter ab sechs Jahren. Und die sind alle klapperdürr! Das geht doch gar nicht. Angeblich sind doch fast alle

Kinder in Deutschland total übergewichtig, warum finden sich da nicht ein paar dicke Mainzer Kinder für die Ranzengarde?

Wenige Zuschauer stehen am Straßenrand, da war im ländlichen Waldbröl vergleichsweise pro Quadratmeter wesentlich mehr los. Aber der Sonntagsumzug in Mainz ist ja auch eher eine Art Generalprobe. Und zu der kommen nur die eingefleischten Meenzer Fastnacht-Fans, die man an ihren gelb-blau-weiß-roten Schals und Mützen erkennt. An einem Merchandising-Stand zwischen zwei Bierbuden kann man sich mit närrischen Fan-Utensilien eindecken. Via Bauchladen verkaufen fliegende Händler die aktuelle Fastnachtsfigur für fünf Euro, damit finanziert man (wie die Basler mit ihrer *Blagedde*) die Fastnacht, irgendwoher muss der Bimbes ja kommen: »Jedes Jahr dieselbe Leier, 's Geld is knapp, de Zuuch wird deier.« Nach dem Krieg wurde in Mainz sogar der gesamte Zugweg abgesperrt, man kam nur mit einer Plakette durch zur »Zugbesichtigung«. Die Metallplättchen wurden später durch Plastik, noch später durch Figuren ersetzt und besitzen Sammlerwert. Immerhin erhält man für die freiwillige Narren-Steuer von fünf Euro einen materiellen Gegenwert, in diesem Jahr sind es drei närrische Figuren. Allerdings kein Dreigestirn, das gibt es ja nicht in Mainz. Und alle Jubeljahre nur ein Prinzenpaar, immer zu gaaaanz besonderen Jubeljahren, natürlich. Der diesjährige Anlass, das elfmal elfjährige Bestehen des Mainzer Carneval Clubs, ist Gott sei Dank überhaupt nicht an den Haaren herbeigezogen. Prinz und Prinzessin sind nicht Bestandteil des Sonntagszugs, sie schlenderten, bevor es losging, vorbei. Ein Narr am Straßenrand rief Helau, der Prinz helaute gelangweilt und ins Gespräch vertieft zurück. Prinz zu sin, in Meenz, das ist bei Weitem nicht so eine große Nummer wie in Köln – oder in Villach.

Ich bin glücklich, dass der Mainzer Sonntags-Zug überhaupt stattfindet. Noch am Hauptbahnhof kurz vor Beginn hörte ich im Radio von Zugausfällen in ganz Deutschland, vor allem in NRW

und Sachsen, Sturm Xanthippe, Yvonne oder Zarah war im Anmarsch. Umzüge und das Wetter sind ein ständig wiederkehrendes Thema. Bis auf den Berliner Karneval der Kulturen an Pfingsten findet nun einmal die Fastnacht in einer eher ungemütlichen
Jahreszeit statt, im Februar oder Anfang März. Man kann von
Glück sagen, wenn es nur kalt ist, dafür aber trocken oder sogar
sonnig. Aber wenn es regnet, heftig regnet und dazu auch noch
stürmt, dann ist das nicht nur nicht lustig, sondern zuweilen auch
gefährlich. Denn die meterhohen Aufbauten, die Figuren auf den
Persiflage-Wagen, das alles kann ja bei Böen von über 100 Kilo-
metern in der Stunde auch leicht mal kippen.

2016 wurde der Düsseldorfer Rosenmontagszug wegen einer
Sturmwarnung abgesagt und fünf Wochen später in der Fastenzeit nachgeholt. Eine sehr merkwürdige Aktion. An eine einigermaßen gewagte Zugdurchführung des Rosenmontagszugs in
Köln im Jahr 1990 kann ich mich noch gut erinnern. Stundenlang
war nicht klar, ob der Zug stattfinden würde oder nicht. Ich stand
mit Kumpels an der *Breite Straße*, einer Fußgängerzone. Der
Sturm riss zwei Neon-Reklamen von Fachgeschäften aus der Ver-
ankerung, die scheppernd zu Boden krachten und zersplitterten.
Ein Wunder, dass keiner verletzt wurde. Dann machte eine spek-
takuläre Neuigkeit wie ein Lauffeuer die Runde, es waren noch
Prä-Handy-Zeiten, es handelte sich also um echte Mund-zu-
Mund-Berichterstattung. Die Nachricht war: Düsseldorf hatte
seinen Rosenmontagszug abgesagt. Wahrscheinlich war das ver-
nünftig, aber was zählt in der Narrenzeit schon die Vernunft? Wir
jubelten, amüsierten uns über diese Weicheier, *Dreimal Kölle
Alaaf!* Denn allen war klar – wenn Düsseldorf absagt, findet unser Zug statt, auf Biegen und Brechen. Und so war es auch, mit
stundenlanger Verspätung schlängelte sich der Rosenmontagszug
durch Köln, bis in die Dunkelheit der Abendstunden hinein.

Zurück nach Mainz, mitten hinein ins Geschehen des Garde-
umzugs. Das ist wirklich wie bei einem dörflichen Umzug, man

ist sehr nah dran, es gibt einen engen Austausch der Zuschauer mit den Mitwirkenden. Die gelb-blau-weiß-rot-gewandeten Meenzer-Fastnacht-Ultras neben mir kennen gefühlt jeden zweiten Zugteilnehmer. Da wird geherzt und umarmt, als würde man lange verlorene Familienmitglieder wieder in der Heimat begrüßen. Leider gibt es kein Wurfmaterial auf dem Sonntags-Umzug, die Gardisten haben also nichts zu verschenken. Man muss sich schon selber verpflegen. Am besten am Bierstand, fünf Euro ein großes Bier, und mit dem Kaufbecher für zwei Euro unterstützt man den Straßenkarneval, auf dass es weiterhin heißt: Eintritt frei! Bemerkenswert für alle närrischen Germanisten: Beim Mainzer *Helau* in der Straßen-Fastnacht fehlt ein Objekt! In Köln weiß man immer, für wen oder was *alaaft* wird. *Kölle – Alaaf, Jan-von-Werth – Alaaf, Heuschnupfen – Alaaf.* In Mainz ruft man einfach schnell hintereinander *Helau – Helau – Helau.* Um ganz ehrlich zu sein: Dieses dreifache *Helau* geht mir schon sehr schwer über die Lippen. *Lei Lei* in Villach, *Huhuhu* in Rottweil, *Da-Je* in Merzig – alles kein Problem für meine Sprechmuskeln. Da bin ich dabei, man ist ja anpassungsfähig. Aber *Helau*? Na ja, ich stehe Gott sei Dank neben der Bierbude, der Kaufbecher soll sich ja amortisieren. Prinzipiell ist mir nicht ganz klar, wie die Mainzer ihre närrische Veranstaltung nennen. Ist es die Fastnacht, obwohl die bekanntesten Vereine MCC (»Mainzer Carneval Club«) und MCV (»Mainzer Carneval-Verein«) heißen. Und die Fans von Mainz 05 singen »Wir sind nur ein Karnevalsverein!« Ja, was denn nun? Fastnacht, Karneval oder Fasteval?

Die Ranzengarde zieht immer noch vorbei, die ist echt groß, die Gruppe. Und die haben nicht nur Fußtruppen, sondern auch Kanonen. Mit der Kanone der schweren Artillerie-Abteilung werden Luftschlangen in einen winterkahlen Baum am Straßenrand geschossen. Die Luftschlangen verfangen sich tatsächlich in den Ästen und schaukeln im Wind, das sieht schön aus. Beim Thema »Dekoration« kann man an dieser Stelle ein trauriges Kapitel in der Geschichte der Mainzer Umzüge nicht ausblenden. Mitte der 1930er-Jahre wurden die Straßen nicht mit Luftschlangen, sondern Hakenkreuzfahnen dekoriert. Das war in Köln anders, was keineswegs heißt, dass es in Köln weniger Nazis gegeben hätte. Das hat man sich dort zwar nach dem Krieg eingeredet, das war aber nicht so. In Köln wurden vor allem deshalb keine Hakenkreuzfahnen aufgehängt, weil man eventuellen Schmähungen durch die Narren vorbeugen wollte. Das Hakenkreuz-Verbot der Nazis galt auch für Kneipen:»Im Rheinland wurden Inhaber von Lokalen per Dekret angewiesen, alle NS-Symbole und Bilder von NS-Funktionären in der Karnevalszeit abzuhängen, um eine Verunglimpfung durch angetrunkene Gäste zu vermeiden.«

Zurück in die Gegenwart: Die Ranzengarde hat endlich fertig, nun ziehen junge Frauen vorbei, die geschickt einen Stab in den Händen rotieren lassen. Das ist wunderbar altmodisch, so etwas habe ich zuletzt vor 40 Jahren einmal gesehen. Die Sportart heißt offiziell *Twirling*, der Stab *Bâton*, die Tänzerinnen nennt man *Majoretten*. Ursprünglich kommt das Ganze aus den USA, dort heißen die Wirbeltruppen *marching bands*. Jetzt weiß ich auch, an was mich die *Majoretten*-Musik erinnert. Das war doch die Marschmusik in der Werbung für den Küchenreiniger *Der General* – »Denn nur was richtig sauber ist, kann richtig glänzen!«

Ein Hüne von einem Mann (den hätte der Alte Fritz als langen Kerl gebrauchen können) zieht mit einer Standarte vorbei. Die Garde umfasst genau – einen Mann. Hat der Typ keine Freunde? Nun gut, die Jäger-Garde ist erst 2014 gegründet worden. Anscheinend hat der Riese aber sofort einen Sponsor gefunden, denn der einsame Gardist trägt eine Uniformjacke in *Jägermeister*-Schnaps-Orange und auch die Frakturschrift des Jägermeister-Logos wird verwendet. Wenn ihr Langeweile habt, liebe Jugendliche, und irgendwann von Ego-Shooter-Spielen die Nase voll habt, gründet doch einfach auch so eine Solo-Garde. Andere Schnapssorten sind auch gardefähig. Die *Absolut-Wodka*-Garde, die *Kleine-Feigling*-Garde, die *Underberg*-Garde. Ich wäre aus alter Verbundenheit direkt bei der *Ramazotti*-Garde dabei. Wesentlich mehr Teilnehmer als die Jäger-Garde hat die »Meenzer Kleppergard«, die erfreulich unmilitärisch mit Fransen-Kostümen in den Mainzer Farben daherkommt. Die Musiker der Kleppergarde spielen den aktuellen Gassenhauer »Rucki Zucki, das ist der neueste Tanz«. Erstmals dabei beim Gardeumzug ist der Fanfarenzug »Fränkische Herolde Dertingen« – aber nur heute, nicht beim Rosenmontagszug, auch das gibt es. Tauberfranken ist zwar Teil Baden-Württembergs, gehört aber historisch und auch hinsichtlich des Dialekts zur Region Franken – Konfeddi also knallhard mit Doppel-d. Die Truppe aus dem Taubertal unterstützt die Mainzer Narren, genauso, wie das viele Musikkapellen aus dem Rheinland und Holland in Köln machen.

Häufig haben die männlichen Zugteilnehmer weder Instrument, noch Standarte, noch ein Gewehr dabei, sondern ein mächtiges Hackebeil. Ich frage einen Beil-Träger, was das soll – schön, dass eine solche Kommunikation während des Zugs möglich ist. »Wir sind Pioniere«, sagt er, »die haben früher das Feld freigehalten.« Wahrscheinlich haben die mit den Beilen die Bäume umgehauen, damit man sich gegenseitig gezielt töten konnte? Nein, »die haben vorne die Pferde totgemacht, wenn die angeschossen waren«. Pferdemetzger also, das ist ja mal lustig! – *Helau, Helau, Helau!!!* Dann ist der Umzug durch, eine Stunde hat das gedauert, irgendwie eine gute Länge. Okay, es gab keine Kamelle. Und nur *Helau* statt *Alaaf*. Ich fand es aber schon sehr unterhaltsam, obwohl alle Garden (bis auf die Kleppergarde) ein uniformiert-militärisches Outfit haben, war es sehr abwechslungsreich.

Nach dem Zug geht es weiter mit einer Party auf der Lu, der Ludwigsstraße. Diese Straße hat die gleiche Bedeutung für Mainz, wie die Kö für die andere Stadt am Rhein, in der die Mainzer wiederum das *Helau* entliehen haben. Eine halbe Stunde nach dem Gardeumzug wird es voll auf der Lu, die Rosenmontags-Persiflage-Wagen werden präsentiert. Mit diesen kunstvoll gestalteten, witzigen (oder witzig gemeinten) Persiflage-Wagen ist es doch so: Entweder sieht man sie bei den Zügen in Mainz, Düsseldorf oder Köln im Fernsehen, dann ist man auf das Geschick des Regisseurs angewiesen, der sowohl das Gesamtbild als auch die Details eines Wagens gekonnt in Szene setzt. Oder man steht am Straßenrand, in der vierten oder fünften Reihe und bekommt so gut wie gar nichts mit.

Deshalb kann man sich in Mainz die Wagen schon einen Tag vor dem Rosenmontag anschauen, ganz in Ruhe, in allen Details. Putin schickt mit dem Playstation-Controller Erdogan in einem deutschen Panzer nach Syrien. Ein schönes Bild, um nicht die uralte Metapher der Marionette zu gebrauchen. Merkel kegelt Greta-Figuren um, Trump macht den Nero vor einem brennenden Capitol in Washington, die Queen schaut auf den nackten Arsch von Boris Johnson und hat schon einen Asylantrag für Deutschland in der Tasche. Viele liebevolle Details werde fotografiert, inklusive Selfie mit Angela Merkel, ein Mann streichelt die Schuhe von Putin. Welche Art von Fetischismus ist das denn? Ich möchte es gar nicht wissen. Der Fastnachts-Sonntag mit Gardeumzug und den Persiflage-Wagen auf der Lu ist ein schöner Aperitif für den Rosenmontag. Nicht so laut, schön familiär, etwas für den Fastnachts-Feinschmecker. Aber eigentlich warten alle Narren in fiebriger Vorfreude auf den Tag der Tage – wie das Kind auf den Weihnachtsmann. Einmal werden wir noch wach, dann ist Rosenmontach.

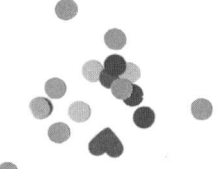

Kapitel 28

MIT DEN ROTEN FUNKEN IM ROSENMONTAGSZUG

»Genieß es« – »Wo sind die Fahnen?« – »Kamelle!!!« – »Warum, warum?«

Der prüfende Blick von Konstantin streift vom Scheitel bis zur Sohle. »Der oberste Hemdknopf muss geschlossen sein. Und das Jabot sitzt falsch.« Er zubbelt mir das gerüschte Lätzchen dorthin, wo es hingehört, unter den Kragen der Uniformjacke. Konstantin scheint etwas nervös zu sein. Immerhin hat er sich seit dem Knubbelabend im Juni dafür starkgemacht, dass ich als Funk im Rosenmontagszug mitgehen darf. Das ist eine Ehre, so wie die Berufung in die Nationalmannschaft. Und da will sich Konstantin, der Ex-Prinz, keinesfalls blamieren, sonst heißt es noch, wen hast du denn da angeschleppt, der kann sich ja noch nicht mal das Lätzchen korrekt anlegen.

Nachdem die erste Prüfung geschafft ist, gibt er mir die Hand zur Begrüßung. »Dann mal los.« Vor drei Tagen war ich in der Kleiderkammer der Ulrepforte, dem Quartier der Roten Funken, angekleidet worden. Da kam einiges zusammen: weiße Hosen (die ohne Hosenträger übrigens auch rutschen würden), weiße Handschuhe, eine weiße Weste, das weiße Jabot (auch Schapöche genannt), eine Filz-Kappe in Rot-Weiß (das Krätzchen), der Laberdan (das ist der Helm inklusive Perücke mit Löckchen und Pferdeschwanz), ein weißer Brotbeutel (so eine Art Männerhandtasche) und natürlich der rot-weiße Funkenrock, also die Jacke, vorne kurz, hinten lang. Ein anderer Gast der Funken beim Zug hatte auch Anprobe – Herr K., dieser Kölner Top-Promi, war sehr eifrig bei der Sache, beinahe etwas übereifrig. »Nein«, hieß es vom Ulrich, dem Kleiderkammer-Verantwortlichen der Funken, »nein, Herr K., Sie müssen die Hose noch nicht ausziehen.« Schwupps, da war die Top-Promi-Hose schon an seinen Knöcheln, und Herr K. wartete geduldig darauf, die Weißwäsche, die von Ulli angereicht wurde, anprobieren zu dürfen. Wo wir schon dabei sind: Ulli erklärt mir, wie die Ränge bei den Funken sind. Alle drei Jahre wird man befördert, vom einfachen Funk zum Oberfunk, dann zum Corporal, später zum Sergeant. Dann dauert es sechs Jahre bis zum Vize-Weibel und genau so lange, bis man Weibel ist. Plus zwei Jahre Hospitanz-Zeit müsste ich – sollte ich mich für eine Karriere als Roter Funk entscheiden – 23 Jahre warten, bis ich Offizier werden könnte. Dann bin ich 77 Jahre, der älteste Soldat der Welt.

Um kurz nach 7.00 Uhr treffe ich mit Konstantin in der Villa des Präsidenten ein, Herr K., der Kölner Top-Promi, ist auch schon da. Genauso wie die Oberbürgermeisterin von Köln, Henriette Reker, ebenfalls in Uniform. Der Hausherr ist der Präsident der Roten Funken, Heinz-Günther Hunold, er begrüßt mich herzlich. Traditionell findet am frühen Morgen des Rosenmontags das Präsidenten-Wecken statt, der scheint allerdings schon länger wach zu sein.

Vor gut zwei Wochen kam es in der Ulrepforte zum entscheidenden Treffen mit Hunold und meinem alten Kumpel Konstantin. Eine Audienz beim Papst zu bekommen ist leichter, ich war nervös wie bei einer Examensprüfung. War aber gar nicht schlimm, denn schon bald reichte mir der Präsident die Hand und sagte: »Ich bin der Heinz-Günther, und die Roten Funken freuen sich, dein Buch-Projekt zu unterstützen. Willkommen als Funk im Rosenmontagszug.« Und nun bin ich zwar noch nicht im Zug, aber mittendrin im Ablauf des schönsten Montagmorgens im Leben eines jeden Funk. Auf der Terrasse der Villa ist ein Partyzelt aufgebaut, der Catering-Service bietet ein Süppchen an. Kölsch könnte man auch schon trinken, macht aber keiner, die Mettbrötchen dagegen gehen gut weg.

Ungefähr um halb acht treten alle Funken vor die Haustür und zertrampeln den Vorgarten des Präsidenten. »Eigentlich«, sagt Hunold, »eigentlich befinden wir uns hier im ruhigsten Wohnviertel von Köln. Heute ist das anders ...« Und dann spielt die Kapelle der Roten Funken, die kurz zuvor mit dem Bus angekommen ist, den Funkenmarsch in Fortissimo, knalllaut also, denn der Präsident muss schließlich geweckt werden. Die Musiker haben natürlich auch Funken-Uniformen, die Musiker-Uniformen erkennt man an den gestreiften Schulterklappen. Das ist auch bei aktuellen Militär-Musikern so, damit man sie im Feld genau identifizieren kann – auf die Musiker (auch auf den Pianisten) wird nicht geschossen. Zum Schluss des Präsidenten-Weckens gibt mir Heinz-Günther noch einen Tipp für den Tag, den entscheidenden Tipp, sozusagen meinen persönlichen Marschbefehl: »Genieß es!«

Mit der Funken-Kapelle fahre ich im Bus in die Innenstadt, vom Bus gehen wir zum Rathaus am Alter Markt, dort warten alle Funken, die nicht beim Präsidenten-Wecken dabei waren. Und die Hausherrin des Rathauses ist auch schon vor Ort, Frau Reker war schon zeitig von der Präsidenten-Villa losgefahren. Das ist wie beim Märchen von Hase und Igel. Als Roter Funk kannst du hinkommen, wohin du willst, die Oberbürgermeisterin ist schon da. Der Präsident schreitet mit Frau Reker, die er Agrippina Apollonia nennt, die Reihen der Funken ab. Kaisergattin Apollonia gilt den Kölnern als römische Urmutter, eine etwas zweifelhafte Urmutter, ist sie doch auch die Mama von Nero gewesen.

Die Urväter der Roten Funken dagegen sind bekanntlich die Kölner Stadtsoldaten. Ein reisender holländischer Zeitzeuge sah bei seinem Besuch in Köln 1790 zwei streitende Stadtsoldaten und fragte einen Einheimischen, von wem die denn kommandiert würden. Die Antwort war:»Die kommandieren sich selbst.«Ich fühle mich diesen Stadtsoldaten sehr verbunden, denn ich habe mal wieder alles falsch gemacht. Bevor wir zum Rathaus gingen, hatte Konstantin gesagt, ich solle mich an ihn und die anderen Offiziere halten, die man an den Federbüschen auf dem Kopf erkennt. Die Offiziere schauen sich, mit dem Rücken zum Rathaus, an, was die Funken-Soldaten so machen. Ich stehe in der letzten Reihe der einfachen Soldaten, weiß aber überhaupt nicht, was da wann wie zu tun ist – einfach nicht kommandierbar. Gott sei Dank steht neben mir Joachim, den ich vom Allerheiligen-Frühschoppen kenne, der gibt mir unauffällig Anweisungen. Ich soll mich drehen, leicht in die Knie gehen, mit dem Po wackeln, dann wieder zurück in die Reihe gehen. Okay, das war der legendäre *Stippeföttchedanz*, zwei Funken reiben ihr Gesäß aneinander, die ultimative Verhohnepipelung alles Preußisch-Militärischen.

Stippeföttchedanz also ist ganz gut gegangen. Aber dann folgt ein weiterer, durchchoreografierter Tanz, ein sehr lustiger Tanz, aber den habe ich natürlich noch nie gesehen. Es geht los, Joachim macht wieder den Souffleur, hoffentlich sieht das nicht der Präsident: Ich soll mit dem Fuß zur Seite gehen, ich soll mich drehen, dann vor, dann zurück, dann noch mal drehen, schließlich viermal das Gewehr kreuzen – das GEWEHR? Panik, ich habe diese Holzknarre, *dat Knabbüß*, in der Zeugkammer nicht ausgehändigt bekommen, das bekommen nur die richtigen Funken. Joachim leiht mir blitzschnell seinen Säbel, das ist mein Gewehr-Ersatz. Hätte ich nur gedient, beim Bund hätte man mir bestimmt beigebracht, wie man Säbel an Holzgewehr kreuzend einen guten Eindruck vor dem Rathaus in Köln macht.

Nach dem nervenaufreibenden Besuch bei der Oberbürgermeisterin sitzen wir zum Frühstück im»Gürzenich«, dem traditionellen Festsaal der Kölner. An den Wänden lehnen Dutzende

Knabbüß, über dem Gewehrlauf sind die Helme abgelegt. Es sieht sehr lustig aus, 400 Männer mit ihren Krätzchen im Saal dabei zuzuschauen, wie sie Brot, Rührei und Suppe in sich hineinschaufeln, als gebe es kein Morgen. Aber klar, es wird keine Imbisspause um die Mittagszeit geben. Wenn der Zug geht, geht der Zug und alle gehen mit. Gegen Ende des Frühstücks tritt kurz der Sänger J. P. Weber auf. Eigentlich hätte er »Ne kölsche Jung« singen sollen, aber das überlässt er dem Hans Süper, der das im Vorjahr im Alter von 82 Jahren an gleicher Stelle gespielt hat. Stattdessen, so erklärt er, würde er nur ein paar Akkorde anspielen, wir müssten dann selber singen. Noch nie habe ich so intensiv, jede einzelne Zeile von »In unserem Veedel« mitgesungen. Ich erinnere mich an alle Veedel, in denen ich in Köln gelebt habe, an die »Hüßscher und Jasse«, ich denke an die »Weetschaft op der Eck«, an »dat Schönste wat mehr han, schon all die lange Johr«, ich erinnere mich an die kleinen und leider auch sehr großen Beulen und Schrammen der Kinder, »die flick mer zosamme«. Ich habe Pipi in den Augen.

Draußen regnet es, um 10.30 Uhr ist Abmarsch zum Aufstellungsplatz. Ingo sagt:»Entspann nicht, du guckst so ernst aus der Wäsche!« Ich versuche es ja, aber ich bin wohl tatsächlich etwas nervös, man kann so viel falsch machen als Funk. Die Frage ist unter anderem, welche Kopfbedeckung ist die richtige? Auf den ersten Blick ist es kompliziert, wann man das Krätzchen, wann den Helm aufsetzen muss. Wenn wir »unter uns« sind, beim Präsidenten-Wecken, im Bus, beim Frühstück – Krätzchen. In der Öffentlichkeit, vor dem Rathaus und natürlich beim Zug, aber auch beim Anmarsch – Helm. Ohne Kopfbedeckung ist der Funk kein Funk. Wir gehen los, einige haben Regencapes übergezogen. Ich habe keins und werde die Nässe-Resistenz der Uniform-Jacke testen.

Nur ein paar Schritte, dann gibt es ein großes »Hallo«. Denn vor der Hauptfassade des »Gürzenich« steht die Zuschauer-Tribüne der Roten Funken, einige wenige Rosenmontagszug-Fans sind schon vor Ort. Das »Hallo« gilt aber den Männern, die Tribünendienst haben, die also das Publikum mit Getränken versorgen. Ich begrüße den Erdinger Gschmei, der mit einem halb vollen Kölschkranz seine Kollegen begrüßt. Den Gschmei habe ich ja auf dem Knubbelabend im Juni kennengelernt, er hospitiert bei den Funken, und da gehört der Tribünendienst dazu. Wenn man durch diese Funken-Lehrjahre gegangen ist, darf man, sollte man sich bewährt haben, beim Rosenmontagszug mitmachen. Der Gschmei ist gut drauf, er strahlt. Aber das muss man sich mal vorstellen: Da fliegt ein gestandener Geschäftsmann von München nach Köln, um für die Zuschauer auf der Funkentribüne den Kellner zu machen. Lehrjahre sind eben keine Herrenjahre. Es ist noch kein Funken-Meister vom Himmel gefallen.

Wir marschieren vom »Gürzenich« am »Maritim« vorbei, zum Rheinufer, dann die Rheinuferstraße auf der rechten Autospur bis in die Südstadt zum Bonner Wall, unserem Aufstellort. Dieser Weg wird kein leichter sein. 3,5 Kilometer insgesamt. Auf eine gewisse Marschordnung wird geachtet, rabiat packt mich ein Funken-Kollege an den Schultern und dirigiert mich unsanft zwischen Jonas und Joachim, als ich verträumt am Straßenrand gehe. »Du bleibst jetzt in der Reihe, zwischen den beiden Jungs«, werde ich angeraunzt. Warum so streng? Ich denke, die Funken sind die Wiedergänger der liederlichen Stadtsoldaten, die sind bestimmt auch nicht ordentlich in Dreier-Reihen marschiert. Vielleicht ist der selbst ernannte Hüter der Marschreihen aber auch nur wegen des Wetters entnervt, wie so viele. »So ein Scheiß!« – hochdeutsch – »So ein Driss!« – kölsch, höre ich es hinter und vor mir fluchen. Es ist wie bei einem verregneten Wandertag in der Schule. Keiner hat Lust, aber man muss da durch. Ich darf das Knabbüß von Jonas schultern, ich komme mir vor wie ein richtiger Funk. Wahrscheinlich kommt das Jonas – den alle »Der Bremer« nennen, obwohl er aus Oldenburg kommt – recht gelegen. Ohne das

Holzgewehr ist es viel angenehmer, zu rauchen und Fotos mit dem Handy zu machen. Ein Funk hinter mir jammert: »Warum? – Wa-rum?« Das ist die Kernfrage. Warum marschiert man freiwillig durch den Regen, bekommt kein Geld dafür, muss sogar im Gegenteil für das »Vergnügen« noch etwas zahlen, und das nicht zu knapp. Ich hoffe, ich bekomme die Frage nach dem »Warum« bald beantwortet.

Die Lebensgeister der Funken sind noch nicht komplett erloschen, das merkt man daran, wie sie die Menschen am Straßenrand begrüßen. Wir gehen natürlich über Nebenstraßen zum Aufstellort, aber trotzdem winken uns einige Menschen aus ihren Fenstern im ersten oder zweiten Stock. Jonas hat drei hübsche Mädels entdeckt, die in sein Beuteschema passen: »Welche Klingel?«, ruft er nach oben, bekommt aber statt einer Antwort nur ein nettes Winken. Nach einem gefühlt fünfstündigen Marsch sind wir am Bonner Wall angekommen. Und plötzlich bricht das Chaos aus, denn alle müssen sich orientieren, an diesem Platz hat man sich noch nie aufgestellt, alte Gewohnheiten werden über den Haufen geworfen. Jahrzehntelang bildeten die Funken eine der ersten Gruppen im Zug, alles fand viel früher statt: Präsidenten-Wecken war schon um 6.00 Uhr, Frühstück im »Gürzenich« um 8.00, Abmarsch zum Aufstellort um 9.00 Uhr. Jeder kannte seinen Platz, der frühere Aufstellort war auch näher dran an der Severinstorburg, dem Beginn des Zuges. Aktuell sind die Funken die 32. Gruppe des Kölner Rosenmontagszugs, schon seit anderthalb Stunden sind die ersten Gruppen unterwegs, die Funken müssen sich erst sortieren.

Zunächst mal den richtigen Bagagewagen finden, denn Wurfmaterial und *Strüssjer* müssen an den Funk gebracht werden. Dafür muss man sich erst einmal ein Kamelle-Mädchen oder einen Kamelle-Jungen suchen, das ist eine ziemlich anarchische Sache. Jonas schleppt mich zu seinem Kamelle-Mädchen Vicky. »Der musst du jetzt erst einmal Trinkgeld geben«, flüstert er mir zu.

Ich gebe 20 Euro, das ist etwas mickrig, die meisten geben 50 Euro, aber die haben ja auch das Zehnfache an Wurfmaterial. Nachdem das mit dem Trinkgeld erledigt ist, gebe ich Vicky meine ersten Bons, bekomme einen Beutel mit Süßigkeiten, der an einem speziellen Tragegeschirr befestigt wird, sowie 20 *Strüssjer*, kleine Blumensträuße in Plastikfolie, und dann geht es schon los, überraschend schnell. Wir haben zwar noch knapp einen Kilometer bis zum Start zu gehen, aber viele Funken hadern noch mit ihrem Kamelle-Geschirr. Und die weißen Handschuhe nerven tierisch, die sind beim Marsch zum Aufstellort total nass geworden, man kann sie problemlos auswringen. Wenn ich die anbehalte, hole ich mir den Tod. Na ja, vielleicht nicht den Tod, aber es ist extrem unangenehm. Die Funken-Profis haben ein zweites Paar dabei. So weit habe ich nicht gedacht. Konstantin rät mir, die Handschuhe bis zu den Kameras des WDR anzulassen, dann könne ich sie wegwerfen.

Der Ex-Prinz hat aber ganz andere Sorgen: »Wo sind die Fahnen, wo ist die Kapelle? Normalerweise müsste die Kapelle hinter uns gehen, die ist aber vor den Bagagewagen gerutscht, und der Bagagewagen ist vor uns, und die Fahnen? Die müssen doch direkt vor uns sein, dem ersten Knubbel! Wo sind die Fahnen?« Der Präsident bekommt davon natürlich gar nichts mit, der ist auf dem ersten Wagen der Funken und fährt wahrscheinlich gerade durch die Severinstorburg. Die Gesamtheit der Funken ist ein Zug im Zug, von der Länge her können es alleine die Wagen und Fußtruppen der Funken mit dem gesamten Umzug so mancher Kleinstadt aufnehmen. Unter uns gesagt, viel mehr als die Funken bräuchte man auch beim Kölner Rosenmontagszug nicht, aber das muss das Festkomitee entscheiden.

Am Kreisel vom Chlodwigplatz stoßen die beiden Fahnenträger zu uns, na endlich, das wurde auch Zeit. Diese beiden Fahnen gehen dem ersten Knubbel voran, in den nächsten vier Stunden werde ich teilweise direkt hinter einem der Stofffetzen gehen. Das mit den »Fetzen« ist nicht despektierlich gemeint, die eine Fahne ist niegelnagelneu, die andere hängt wirklich in Fetzen, es ist eine historische Replik der ersten Funken-Fahne aus dem 19. Jahrhundert. So eine Fahne ist nicht nur ein Stück Stoff, in ihr materialisiert sich die ganze Geschichte der Roten Funken. Es macht mich stolz, hinter diesen Fahnen gehen zu dürfen, das ist schöner, als jedweder Nationalflagge hinterherzurennen. Unterhalb des Severinstorbogens hängt ein Schild: »Kopp einziehen«. Das gilt nur für die Besatzung der großen Wagen, nicht für die Fußtruppen. Sobald wir durch das Severinstor gegangen sind, bricht das Inferno aus. Die Kölner Stadtsoldaten betreten ihre Heimat und werden bejubelt wie Cäsar, wenn er von einem triumphalen Feldzug zurückkehrte. Kreischende Menschen am Straßenrand, zurückgehalten von Absperrgittern, so müssen sich die *Beatles* gefühlt haben, als sie versuchten, zum Bühneneingang zu kommen.

Wir haben noch sieben Kilometer quer durch Köln vor uns, die Kamelle-Beutel sind gefüllt, es kann losgehen. Zunächst aber Konzentration, schneller als gedacht erinnert ein Plakat am Wegrand daran, das Sonntagslächeln aufzusetzen, denn wir gehen an den Kameras des WDR vorbei. »Jetzt laache für die Flemmerkess«, lese ich auf einem blauen Schild. Der WDR überträgt den sechsstündigen Zug komplett, und tatsächlich schaffe ich es, knapp an der Kamera vorbei zu grüßen (direkt in die Kameras grinsen nur Amateure) und dabei *bella figura* zu machen. Aber Kameras können keine Kamelle schnappen. Daher fange ich an, Kamelle zu werfen, aber mit angezogener Handbremse. Meine Vorräte sind nicht unbegrenzt, ich habe für 153 Euro Wurfmaterial geordert, Ingo neben mir fällt aus allen Wolken. »Nur drei Beutel?«, das sei doch viel zu wenig, er habe Bons für 20 Kamelle-Beutel. In früheren Jahren habe er 1000 Euro in Material investiert, aktuell nur noch 700 Euro. Das sind so die Ausgaben eines Funks, das muss jeder aus eigener Tasche bezahlen. Im Gegensatz zu Basel oder Mainz gibt es keine Plaketten, mit denen die Besucher die Zugteilnehmer subventionieren. Die aktuellen Funken unterscheiden sich darin auch von ihren historischen Vorbildern von 1823. Im ersten Kölner Rosenmontagszug gingen elf Rote Funken mit, im zweiten von 1824 sogar nur sechs, und allesamt waren sie »Miethlinge«, einen Verein gab es also noch nicht. Die »Miethlinge« waren eine Art Laiendarsteller, die vom Festkomitee für die Darstellung der Stadtsoldaten ausgestattet wurden und ein Honorar bekamen. »Aus der Jahr für Jahr neu zusammengestellten Stadtsoldatentruppe wurde Ende der 1860er-Jahre eine uniformierte Karnevalsgesellschaft.« Und wie das so ist, wenn ein Verein sich etabliert, gab es auch ziemlich schnell Streit innerhalb des Vereins der Roten Funken. Denn einem Teil der zumeist bürgerlichen Mitglieder war es ein Dorn im Auge, dass das Preußisch-Militärische durch die Funken ironisiert wurde, Stichwort Stippeföttche. Und so teilten sich zunächst beim Zug von 1869 die Roten Funken in eine Infanterie, die die Preußen weiterhin veräppelte, und in eine Artillerie, die den preußischen Militarismus toll fand. Und schon beim Rosenmontagszug ein Jahr später, 1870, kurz vor Beginn des Deutsch-Französischen Krieges, wurde die Trennung vollzogen. Die Artillerie der Roten Funken wechselte die Uniform zu Preußisch-Blau, die Blauen Funken waren geboren. Die einen machten weiter mit dem Stippeföttche, die anderen ließen nach der Reichsgründung 1871 – auch im Karneval – den Kaiser hochleben.

Davon wissen wahrscheinlich die Karnevalisten nichts, denen ich auf der Severinsstraße ein paar Kamelle über die Absperrungen zuwerfe. Hinter den Fenstern einer Gaststätte, die wie ein Staatsgefängnis vergittert ist, strecken sie verzweifelt die Hände aus. Kamelle! Und schon rauschen die kleinen Tüten mit den Gummibärchen durch die Gitter.

In früheren Jahren wäre der Zug immer weiter nach Norden gegangen, seit vor einigen Jahren aber im Zuge des U-Bahn-Baus das Stadtarchiv einstürzte, klafft am Ende der Severinsstraße immer noch DAS Loch. Daher müssen wir einen kleinen Umweg gehen. Die Profis vom ersten Knubbel wissen, dass nun etwas weniger Narren am Straßenrand stehen, heimlich wird in die hohle Hand geraucht. Rauchende Funken sind überhaupt nicht gerne gesehen, aber man lässt fünfe gerade sein. Überhaupt ist die Stimmung im Zug selber unter den Funken sehr viel lockerer als auf dem Marsch zum Aufstellplatz. Eine wie auch immer geartete Ordnung gibt es nicht. Jeder geht, wo er gerade geht, man spricht mit den Leuten am Straßenrand, verteilt Strüssjer und Bützjer.

Natürlich hilft es auch, dass es nicht mehr regnet, vielleicht macht auch das Kribbelwasser so locker. Neben den Kamelle und den Strüssjer bekommt man – vorausgesetzt, man hat vorab die richtigen Bons bestellt – bei den Kamelle-Mädchen auch das berühmte Kribbelwasser, einen trockenen Sekt-Piccolo. Das ist eher ein doppelter Piccolo, eine Rote-Funken-Spezialmischung eines Mosel-Winzers. »Das Zeug ist schrecklich, nimm das bloß nicht«, hatte mir Konstantin im Vorfeld abgeraten. Aber so schlecht ist der Sekt gar nicht. Alternativ gibt es auch Kribbelwasser Extra, das ist ein Wodka-Lemon-Gemisch. Kann man auch trinken, muss man aber nicht. Eine ganz klare Regel hat mir Konstantin noch auf den Weg mitgegeben: »Beim Rosenmontagszug trinkt man nicht aus der Flasche.« Daher hat jeder Funk einen silbernen Becher um den Hals hängen, in den je nach Gusto (oder je nachdem, was der Bagagewagen noch vorrätig hat) Kribbelwasser oder Kribbelwasser Extra kommt. Es ist ratsam, wird mir gesagt, nicht schon zu viel Kribbelwasser zu Beginn des Zuges zu trinken. Erstens muss man dann ziemlich schnell aufs Klo, und zweitens bützt man vielleicht versehentlich eine Frau, die keine Frau ist – Köln ist immerhin die Hauptstadt der Schwulen. Ob man sich dagegen auf das Schild einer jungen Frau – »Ich bin geimpft, mich kann man bützen« – verlassen sollte, das muss jeder Funk für sich entscheiden.

Für eine derartige Massenveranstaltung finde ich es sensationell, wie direkt die verbale und non-verbale Kommunikation zwischen den Zugteilnehmern und dem Publikum verläuft. Nach welchem Prinzip Absperrgitter, Seile oder gar nichts die Zuschauer vom Zug trennt, wird mir nicht klar. Aber die Interaktion verläuft in beide Richtungen. Die Roten Funken stecken den Kindern mit den weit geöffneten Taschen die Süßigkeiten zu, die Strüssjer werden verteilt, Bekannte am Wegesrand umarmt. Umgekehrt hören wir die Rufe der Zuschauer sehr gut, nicht nur die nach unserem Wurfmaterial, sondern durchaus auch Komplimente: »Ihr seht so sexy aus!«

Eine besondere sportliche Herausforderung ist es, Pralinenschachteln in die geöffneten Fenster der oberen Stockwerke zu werfen. Gerade die jüngeren Funken liefern sich diesbezüglich regelrechte Wettbewerbe, wenn einer nicht trifft, bekommt er sofort hämische Kommentare zu hören. Oder es wird einem bei einem Fehlversuch ein Banner vor die Nase gehalten: »Wä nit trifft, es Düsseldorfer.« Das hängt im dritten Stock, na herzlichen Glückwunsch, da versuche ich es doch gar nicht erst. Ich stelle mir die Frage, ob wir das alles für das Publikum, oder ob wir das für uns machen. Am Ende des Tages haben die Funken ihren Spaß gehabt und das Publikum auch. Ich habe aber das Gefühl, dass die Roten Funken vor allem für den eigenen Spaß mitgehen. Ich weiß nicht, wie oft ich schon die Frage anderer Funken gehört habe: »Gefällt es dir?« Und ich weiß nicht, wie oft ich schon geantwortet habe: »Total, es ist genial!« Ohne Publikum würde es natürlich keinen Sinn ergeben. Deswegen – liebe Zuschauer des Rosenmontagszugs –, bitte keine Skandale produzieren, damit nicht eines Tages wie beim Fußball Züge ohne Publikum stattfinden müssen.

Wir gehen die Schildergasse Richtung Westen, das ist *die* Einkaufsmeile von Köln. Heute kann man aber nicht nur nicht einkaufen, weil alle Geschäfte geschlossen sind, man kann auch teilweise nicht erkennen, an welchen Läden wir vorbeilaufen, weil alles mit meterhohen Sperrholzplatten verkleidet ist. Glasbruch-Gefahr. Auf dem Neumarkt findet eine Kirmes statt, das ist ja schreck-lich! Wie kann man denn Krake fahren, wenn gerade der Rosen-montagszug vorbeigeht? Kurz hinter der romanischen Kirche St. Aposteln sehe ich endlich einen Bekannten, lustigerweise ist es ein ehemaliger Spieler des 1. FC Köln. Scherzi, Scherzer, Matthias Scherz, Stürmer-Held der Nuller-Jahre (270 Tore!). Obwohl un-verkleidet bekommt er von mir in alter Verbundenheit ein Strüss-jer überreicht. Wenn ich Scherzi nicht gekannt und erkannt hätte, hätte er auch nichts von mir bekommen, denn ich verfahre nach dem Motto: Ihr wollt Kamelle, dann müsst ihr das auch laut sagen. Kamelle bekommen eben prinzipiell nur Narren, die schreien, karnevalistisch geschminkt und verkleidet sind oder sportliche Ziele darstellen (sprich: aus oberen Stockwerken winken). Wenn viele Menschen in Reihen hintereinanderstehen, wird geschmis-sen, dann lohnt sich das.

Kostümierte Zuschauer beim Kölner Rosenmontagszug waren früher keine Selbstverständlichkeit. Im Internet habe ich ein Foto vom Kölner Rosenmontagszug von 1967 gefunden. 18 Erwach-sene schauen am Wegrand zu, alle sind unkostümiert, nur ein junger Mann im Wintermantel hat ein verrücktes Hütchen mit Blume, total jeck! Die acht Kinder auf dem Foto sind dagegen ver-kleidet, Klassiker wie Clown, Polizist, Chinese, Cowboy. Und es stimmt, ich kann mich an meine Verkleidungen als Kind gut er-innern (ich bin 1965 geboren), aber meine Eltern gingen in zivil zum Karneval, so, wie das heute noch in Basel üblich ist. Erst ab Mitte der 1970er-Jahre legten sie Kostüme an, wenn sie zu Karne-valsveranstaltungen gingen. Wie beim Oktoberfest, bei dem sich auch vor 40 Jahren keiner mit einer »Tracht« verkleidet hat, ent-wickelte sich auch im Straßenkarneval in den letzten Jahrzehnten nach und nach eine Art Mitmachkultur, eine närrische Massen-hysterie.

Allerdings gab es eine solche Mitmachkultur auch schon vor über zweihundert Jahren. Noch vor dem ersten »offiziellen« Rosenmontagszug 1823 ist mindestens ein rätselhafter, »wilder« Rosenmontagszug im Jahr 1806 belegt, es wird nicht der einzige gewesen sein. Bei diesem Umzug nahmen ehemalige Stadtsoldaten in ihren alten Uniformen teil, die lustige Geschichten über die »Heldentaten« ihrer Kommandeure erzählten. Diese »Ur-Funken« waren nicht organisiert, begriffen ihre ausgemusterten Uniformen aber durchaus als eine Art Narrenkleid, das man in der Fastnachtszeit hervorholte. Den Zug 1823 haben viele originale Stadtsoldaten wahrscheinlich als Zuschauer erlebt. Sie sahen, wie ihre elf »Doppelgänger« in den historischen Uniformen als Parodie im Zug mitgingen, die Geburt der Roten Funken. »Die zum romantischen Gedankengut hin tendierenden Festordner suchten nach ›Bildern‹ für ihren ersten Rosenmontagszug 1823. Ein ›Bild‹ aus vergangenen ›Freien Reichstadt-Zeiten‹ fanden die ersten Festordner mit der darzustellenden Gruppe der Stadtsoldaten. Dass man dabei aus eigentlich traurigen Gestalten ›Kölner Helden‹ machte, akzeptierten die Preußen, und sie gewährten deshalb eine Ausnahme vom Uniformverbot für Zivilisten, weil es sich nach ihrer Auffassung um ein Kostüm handelte.« (aus: *Vom Stadtsoldaten zum Roten Funken*) Das ist interessant: Die Preußen definierten die Funken-Uniform als närrisches Kostüm, jeder der 400 Funken heute im Zug würde es sich allerdings verbitten, von einem Kostüm zu sprechen, man trägt Uniform.

Wir gehen durch die Hahnentorburg, Teil der mittelalterlichen Stadtmauer. Streng genommen gehen wir nun aus der Stadt hinaus, genau so, wie wir vor zwei Stunden durch die Severinstorburg in die Stadt hineingegangen sind. Die erhaltenen Stadttore Kölns kennt jedes Kind. Aber kaum ein Kölner weiß, dass die Bewohner im 19. Jahrhundert regelrecht eingesperrt waren in ihrer Stadt: »Die Kölner lebten das ganze 19. Jahrhundert in einem rundum eingemauerten, militärisch stark bewachten Sperrgebiet.« Dabei hatte Köln 1870 eine Bevölkerungsdichte, die dreimal so hoch war wie die von Berlin und London. Obwohl das Mittelalter schon ein paar Jährchen vorbei war, hielten die Preußen die Kölner Bevölkerung quasi in den alten Mauern gefangen, denn die Stadt sollte das Bollwerk gegen den »Erbfeind« Frankreich sein. Und zu der ohnehin schon hohen Bevölkerungsdichte kamen noch die einquartierten preußischen Soldaten. »Über die Verhaltensweise der preußischen Soldaten machten sich die Funken lustig«, auch schon im 19. Jahrhundert. Dabei waren die preußischen Militärs dem Karneval gegenüber durchaus aufgeschlossen. Immerhin erfand ein Kommandeur der Dragoner, Generalmajor Baron Czettritz, die einheitliche Narrenkappe für die Sitzungen, ich erwähnte es. Die Preußen stellten Pferde und Ausrüstung für die Rosenmontagszüge im 19. Jahrhundert.

Hinter dem Rudolfplatz gehen wir die Ringe hoch bis zum Friesenplatz. Diese »Prachtstraße« der Kölner entstand erst, als die mittelalterlichen Mauern endgültig geschleift worden waren. Auf den Ringen ist die Hölle los, wie bei einem Rockkonzert. Wo kommen alle diese Menschen her? Doch nicht aus Köln. Meine These ist, dass die meisten Zuschauer am Zugweg aus dem Umland und ganz Deutschland kommen, viele Kölner meiden entweder den Rosenmontagszug und schauen sich kleinere Züge in den Vororten an. Oder sie sind Karnevalsflüchtlinge und fahren in die Eifel oder auf La Gomera.

Ingo sagt, wir hätten jetzt eigentlich eine Halbzeitpause verdient, der Zugweg sei zur Hälfte geschafft. Mein letzter Süßigkeitenbeutel ist schon halb geleert, jetzt muss ich sparen. Alternativ kann man auch mal nur winken und in die Menge grüßen, die Jungs vor und hinter mir haben ja noch ausreichend Beutel. Und ich muss dringend mal. Halbzeit ist eine gute Gelegenheit für eine Pinkelpause, bei einem Fußballspiel ist das ja nicht anders. Als Funk bin ich in einer äußerst komfortablen Situation. Normalerweise sollten Rosenmontagszugteilnehmer nicht aufs Klo gehen müssen, sonst verlieren sie den Anschluss an ihre Gruppe. Die Roten Funken sind die einzige Gruppe, die einen Toilettenwagen mitführt. Praktischerweise sind (außer der Oberbürgermeisterin) nur Männer in der Truppe, da entfällt die Diskussion ums gendergerechte Pinkeln. Also hinein ins *Kaschöttche*. Für die Zuschauer ist der kleine Wagen zwischen zweitem und drittem Knubbel als altmodisches Gefängnis bunt bemalt, sozusagen der Karzer der alten Stadtsoldaten. Wenn man den engen dunklen Innenraum betritt, sieht man an jeder Längsseite eine Pinkelrinne. Es ist eine echte Herausforderung, in so einem wackelnden, schaukelnden Pissoir alles im Griff zu behalten. Immerhin gibt es in Brusthöhe eine Ablage für die Strüssjer, damit man beide Hände frei hat.

Erleichtert nehme ich den Zugweg wieder in Angriff. Viele Polizisten am Wegrand sehen eher unbeteiligt dem karnevalistischen Treiben zu. Daher finde ich es schön, dass eine Polizistin den *Kasalla*-Hit »Alle Gläser Huh« lauthals mitsingt, der aus Boxen am Wegrand dröhnt. Leider kommt von der Musik unserer Hauskapelle so gut wie nichts beim ersten Knubbel an, dafür sind die zu weit entfernt. Am Wegrand wird es immer voller, so hat es den Anschein. Das Wetter ist wesentlich besser als am Morgen, vielleicht haben sich viele erst kurzfristig auf den Weg gemacht, um nicht nass zu werden.

Am Heumarkt wird es eng, da steht gar keiner am Straßenrand, weil die Tribünen so viel Platz einnehmen, das erzeugt eine etwas sterile Atmosphäre. Die Tribünen am Heumarkt auf beiden Seiten des Zugwegs erinnern mich ein wenig an eine Mini-Ausgabe des Sambodromos in Rio de Janeiro. Das kennen viele aus dem Fernsehen, wenn die Sambagruppen Rios durch gigantische Zuschauertribünen hindurchlaufen, eine Art lang gestrecktes Maracana-Stadion des Karnevals. Die Sambaschulen stehen in großer Konkurrenz zueinander, das ist kein Spaß mehr. Der Wagenbau findet unter großer Geheimhaltung statt, Spionage, was die anderen so treiben, ist üblich. In einer Art Bundesliga des Karnevals werden die Sambatruppen bewertet. Eine Kommission vergibt Noten wie beim Eiskunstlauf: Haben die Trommler gut getrommelt, sind die Kostüme schön, die Wagen spektakulär und vor allem – wurde auch ordentlich Samba getanzt? In diesen Samba-Ligen kann man auf- und absteigen, alles wird äußerst ernst genommen. Man stelle sich vor, die Roten Funken würden von dieser Jury in Rio de Janeiro bewertet – Katastrophe! Keine Tanzschritte, ein nicht-choreografiertes Chaos, die Wagen ganz okay, Trommler Fehlanzeige, und die Kostüme – Verzeihung: die Uniformen – sind jedes Jahr dieselben. Höchstens drittklassig nach den Kriterien des Karnevals in Rio.

In Köln sind die Funken – zu Recht – erstklassig, und das wissen auch die meisten Moderatoren am Straßenrand. Das ist nicht nur am Heumarkt so: Auf zahlreichen Tribünen erklärt ein Moderator seinen Tribünengästen, die zwischen 55 und 90 Euro für die Karten bezahlt haben, was im Zug los ist. Die meisten Moderatoren haben sich sogar inhaltlich ein wenig vorbereitet. Wir hören, als wir vorbeikommen:»Keine Gruppe steht so für das Brauchtum«, da hat der gute Mann allerdings recht,»die Roten Funken gibt es schon seit dem 17. Jahrhundert!« Mal nachrechnen: Die Roten Funken von 1823, das ist … fast das 17. Jahrhundert. Ein anderer Moderator weiß Bescheid, dass die Roten Funken aus vier Knubbeln bestehen:»Die haben vier Knubbel, damit die sich auseinanderhalten können.« So habe ich das noch nie gesehen. Besonders gewürdigt wird an vielen Tribünen der Knubbelführer des ersten Knubbels, mein Kumpel Konstantin.»Und hier kommt er, Konstantin Brovot, der Prinz von 1998 – wer hätte das gedacht!« Häh, was soll das denn? Wer hätte das gedacht? Dass der Konstantin als Mittfünfziger noch lebt? Oder noch schafft, im Zug mitzugehen? Wer hätte das gedacht? Und, das muss ich in aller Bescheidenheit erwähnen, auch meine Person wird von zwei Moderatoren genannt, obwohl ich, das schwöre ich, total inkognito herumlaufe (in der Uniform bin ich auch fast nicht zu erkennen), obwohl keine Pressemitteilung oder so ein Quatsch herausgegeben wurde, egal, aber mir kommen dann doch die Freudentränen, als gerufen wird: *Kölle Alaaf, Roten Funken Allaf, Manuel Andrack Alaaf.* Darauf gönne ich mir ein Kölsch, ein Fässchen hinter einer vergitterten Absperrung am Straßenrand lacht mich an. Ich biete einen Deal an: Tausche zwei *Toffifee*-Schachteln gegen frischen Gerstensaft in meinen Silberbecher. Ich trinke den ersten Schluck, sehr lecker, aber es gibt einen Rüffel von Joachim, der neben mir geht und das geschnorrte Kölsch gesehen hat. Fremdgetränke anzunehmen sei ein totales No-Go beim Zug, es wären schon mal zwei Funken umgekippt, man hätte denen wohl K.-o.-Tropfen dazugegeben. Ich bleibe auf den Beinen und genieße den letzten Kilometer Zugweg. Konstantin hat noch zu viele Bons und schenkt mir einen. So komme ich wie fast alle anderen Roten Funken in Wurfzwang. Wie im Schlussverkauf, alles muss raus, Torschluss-Kamelle-Panik. Mir scheint, dass die wahren Zuschauer-Profis kurz vor Ende des Zugs an der Mohrenstraße stehen, wo ihnen Dutzende Strüssjer in die Hände gedrückt werden und die Kamelle direkt in die prall gefüllten Taschen geschüttet werden. 50 Meter vor Ende des Zugs sehe ich ein Schild links oben im Fenster des ersten Stocks:»Vorletzte Chance«. Ein Fenster weiter:»Letzte Chance«. Ich habe keine Schachteln mehr, sonst hätte ich es versucht. Mit Gummibärchen kommt man nicht in den ersten Stock.

Jonas vermutet am Zugende, dass es mir ganz gut gefallen hat, mitzugehen.»Ganz schön blöd, hier Rosenmontag durch Köln zu latschen, oder?« Natürlich fand ich es genial! Und ich habe Energie für zehn Stadtsoldaten. Vier Stunden haben wir für die sieben Kilometer gebraucht, ich würde aber gerne den Zugweg noch einmal gehen. Könnte man aus dem Kölner Rosenmontagszug nicht einen Rundweg machen, sodass er quasi nie aufhört? Aber man muss auch Dinge abschließen können, das ist das Prinzip des Karnevals. Wenn es vorbei ist, ist es vorbei. Sehr schön ist der Rückweg, alle Funken gehen in langer Reihe durch den langen Autotunnel der Nord-Süd-Fahrt, beschienen von den Straßenlaternen in Orange. So können wir den Zug, der noch lange andauern wird, unterqueren und kommen problemlos zum »Gürzenich«, wo die After-Show-Party stattfindet. Jonas, der eigentlich eine lockere Type ist, moniert meine heruntergerutschten Stulpen. Ordnung muss sein, auch nach einem langen Rosenmontag. Leider kann ich nur kurz auf der Party bleiben, am nächsten Tag muss ich in Rottweil sehr früh parat stehen. Auf dem Weg zum Hauptbahnhof komme ich an der Ecke Bechergasse/Am Hof vorbei und sehe gerade noch, wie der Prinz auf seinem Wagen um die Ecke biegt und mit vollen Armen Pralinen unters Volk bringt. Frei nach Marie-Antoinette: Wenn das Volk kein Brot hat, soll es doch Kamelle essen. Dann folgen direkt hinter dem Prinzengefährt sehr prosaisch orange-irrlichternde Kehrwagen. Kehraus beim Rosenmontagszug.

Fazit: Die Frage nach dem »Warum?«, also was der Sinn ist, als Funk im Rosenmontagszug mitzugehen, ist für mich klar beantwortet: Die Freundlichkeit und die Gemeinschaft der Funken sind überragend. Die Roten Funken sind nicht nur Heimat, Familie, das ist bei anderen Traditions-Corps wahrscheinlich genauso. Die Roten Funken, und dessen ist sich jeder vollkommen bewusst, wenn man in der Uniform durch die Kamelle-brüllende Menge schreitet, diese Roten Funken sind *der* Karnevalsverein. Nicht nur *der* Karnevalsverein von Köln, sondern *der* Karnevalsverein der ganzen Welt. Weil sie schon 1823 mitgingen, beim ersten Rosenmontagszug aller Zeiten. Das Glück, zumindest für den heutigen Tag Teil dieser Truppe gewesen zu sein, das Glück, in dieser Uniform durch die schönste Stadt am Rhein gehen zu dürfen, dieses Glück ist gigantisch. Danke.

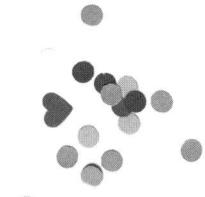

Kapitel 29

DAS GEHEIMNIS DER ROTTWEILER FASNET

Immer so früh raus aus den Federn – Warum die Narrenzunft Ausschuss ist und sich beschimpfen lassen muss – Das Aufsagen – Eine Schorle geht noch

Dienstagmorgen 7.00 Uhr, am Schwarzen Tor von Rottweil. Verdammt noch mal, das tut nach dem langen Rosenmontag richtig weh. Warum müssen diese Narren immer so früh anfangen? 4.00 Uhr in Basel, 5.00 Uhr in Luzern, normalerweise 6.00 Uhr beim Präsidenten-Wecken der Roten Funken, um 8.00 Uhr beginnt in Rottweil der Narrensprung. Also: Für das Publikum beginnt es um 8.00 Uhr, die Narren sind früher auf den Beinen. Um 7.15 Uhr trinken wir die erste Schorle. Wenn sie in Rottweil Schorle sagen, meinen sie kein Getränk mit irgendeiner Form von Apfelsaft, sondern immer eine Weißweinschorle. Das Glas in der Hand schaue ich Mathias fragend an. Der grinst nur unter seinem Zylinderhut und sagt: »Wer hat gesagt, dass das alles Spaß machen muss?«

Wir stehen in der Küche von zwei Kumpels von Mathias. Einer der beiden Freunde quetscht sich in ein Gestell mit Pferdekopf, zieht sich die Hosenträger an, damit er das Pferdecorpus tragen kann. Die Küche ist quasi der Backstage-Bereich des Narrensprungs, ich sehe das unverhüllte Gesicht des Rössles. Das ist eine Ehre, normalerweise ist das nicht erlaubt. In Rottweil herrscht eben ein strenger Narren-Codex, vor allem, was das Rössle betrifft. Mathias erzählt mir, über die Einhaltung der elementaren Narren-Regeln seien schon jahrzehntelange Freundschaften zerbrochen. So wie die zwischen Uwe und Harald. Denn Uwe hatte seiner Tochter erlaubt, kurz vor dem Narrensprung in das Rössle zu steigen. Einfach so, als Jux, damit das Mädchen Spaß hat. Spaß ist aber bei der Rottweiler Fasnet nicht zwingend vorgeschrieben. Zwingend ist allerdings die Regel, dass ausschließlich Männer das Rössle-Gestell tragen. Nur Männer! Okay, bei den »normalen« Figuren wie der *Gschell* sind schon länger Frauen am Start. Aber ein weibliches Wesen im Kleidle des Rössles? Hallo? Das ist dem starken Geschlecht vorbehalten. Seit dem unglaublichen Fauxpas von Uwe sprach Harald, zuvor 40 Jahre sein unzertrennlicher Freund, kein Wort mehr mit dem »Frevler«. Kaum zu glauben, dass dieses Baden-Württemberg schon seit geraumer Zeit von den Grünen regiert wird.

Wir schauen dem Rössle und seinen beiden Treibern bei ihren Vorbereitungen zu, die unter anderem darin bestehen, noch einige Schorle zu vernichten, bevor sie ihre Larven anlegen. Mathias war am gestrigen Rosenmontag das erste Mal Treiber eines Rössles. »Was da passiert, ist der Wahnsinn, du drehscht durch. Du stehst im Tor, als Erster, dann geht es los, das Gefühl ist unbeschreiblich, das ist Adrenalin pur. Das war geil, überragend, Gänsehaut von oben bis unten.« Wer als Narr live beim Rottweiler Narrensprung dabei ist, braucht keine bewusstseinserweiternden Drogen mehr. Was genau die Treiber und das Rössle da veranstalten, werde ich ja später sehen, verspricht mir Mathias. Gestern, am Rosenmontag, war Mathias mittendrin im Zug. Ein Narr, wie er leibt und lebt, sogar als eine der seltenen Figuren – Rössle-Treiber. Heute, am Dienstag, ist er in die Rolle des Zuschauers geschlüpft, ein Zylinder auf dem Kopf, so, wie ihn die Abstauber am Dreikönigstag tragen.

Wir stehen vor dem Schwarzen Tor, das ist beim Rottweiler

Narrensprung der Sammelplatz vor dem Start. Einige als Landsknechte verkleidete Narren passen auf, dass keiner frühzeitig
durchs Tor geht. Ein No-Go beim Narrensprung sind Selfies.
Larve in den Nacken und dann noch schnell ein Selfie vor dem
Schwarzen Tor machen, und das womöglich direkt in den asozia-
len Medien posten. Wenn man sich dabei erwischen lässt, kann es
sein, dass die ganze Stadt 40 Jahre nicht mehr mit einem spricht.
An einem durchschnittlichen Rosenmontag versammeln sich um
die 4000 Narren sprungbereit vor dem Tor, am heutigen Dienstag
werden es deutlich weniger sein. Der Montag ist eben wie in Köln
der närrische Hauptgang, der Dienstag ist das Dessert für die
Feinschmecker.

Ein langer Mann stolziert vorbei. Das ist eine Figur, die nicht
so massenhaft wie der Federehannes vertreten ist.»Als Kind«,
erzählt Mathias,»hatte ich totalen Respekt vor dem langen Mann,
weil der so riesig ist. Dann habe ich kapiert, der hat auf Genita-
lienhöhe ein Netz, durch das er schaut.« Der lange Mann ist eben
sehr lang, so um die 3 Meter 50, der muss durch seinen Hosen-
schlitz schauen, um nicht die Orientierung zu verlieren. Ob der
lange Mann mit seiner Körperverlängerung auch in das Büro der
Narrenzunft gehen muss, um sich das Okay für den Narrensprung
zu holen?

Im »Café Lehre«, strategisch günstig 50 Meter neben dem
Schwarzen Tor gelegen, stehen die gestrengen Herren der Narrenzunft, nicht mit Frack und Zylinder wie beim Abstauber-Tag, sondern in blauem Bauernkittel. Ein nettes »Huhuhu« zur Begrüßung, für mich sind die drei Jungs seit dem Dreikönigstag schon
wie alte Bekannte. Deswegen gebe ich einen aus:»Was trinkt ihr?«
Die drei von der Narren-Anmeldestelle nehmen Cola-Weizen
zur Frühstückszeit, es ist 7.30 Uhr, Mathias und ich bleiben bei
Schorle. Gerade noch rechtzeitig erinnere ich mich, dass ich heute
Morgen ja nicht zum Saufen aufgestanden bin. Ich möchte doch
eine schonungslos investigative Reportage über die Rottweiler

Fasnet schreiben. Also: Was genau machen die drei Narrenzünftler im Café? Antwort: »Trinken!« Na ja, ganz so streng scheinen
die Jungs also nicht drauf zu sein. Aber schon drängen die Narren
an den Stehtisch und wollen kontrolliert werden. Die Männer von
der Narrenzunft prüfen, ob das Narrenkleid ordnungsgemäß angelegt ist, jeder Narr schwarze Schuhe anhat, die Krawatte richtig
sitzt, da wird dann auch mal Hand angelegt. Das erinnert mich
ein wenig an die Uniform-Endkontrolle von Ex-Prinz Konstantin
gestern Morgen.

Wenn alles tipptopp ist, wird die Gebühr kassiert, eine Quit-
tung abgestempelt und das gelb-schwarze Zertifizierungs-Bänd-
chen mit Jahreszahl ausgegeben. Ein älterer Mann im Schantle-
Kleidle hat einen ausgestopften Raben mit roten LED-Augen
dabei. Der muss nicht zertifiziert werden, ein gewisser Freestyle
ist also möglich, zumindest bei den Requisiten. Total verrückt,
diese Narrenzunft, was die so alles zulassen. Es gibt in Rottweil
Kritiker der Narrenzunft, die der Ansicht sind, dass die närrischen Beamten der Sau, die man an der Fasent rauslassen sollte,
eine Leine anlegen. Daniel von der Narrenzunft (das ist der Mann,
der tatsächlich am Dreikönigstag mein Kostüm von der Stange
abgestaubt hat) erzählt: »Man wird sehr oft angezickt, wenn man
etwas am Kleidle oder an der Larve kritisiert. Dann muss man
sich anhören: ›Halt's Maul, du Arschloch!‹ Jeder in Rottweil hat
eben Fasnet erfunden, jeder weiß alles besser. Es wird ab und an
gestritten, das muss man sagen.«

Rottweil ist einfach ein kleiner Ort, das merkt man ganz besonders in der Fastnacht. In Köln käme kein Karnevalist ernsthaft auf
die Idee, das Festkomitee zu beschimpfen. Klar, hinter vorgehalte-
ner Hand wird vielleicht mal gemeckert. Aber das Festkomitee
hat schon eher die Autorität einer Bundesregierung. In einem
kleinen Ort, in dem wirklich jeder jeden kennt, glaubt man wohl
eher, besser zu wissen, wo's langgeht, als die feinen Herren von
der Narrenzunft. Was ich richtig bitter finde, die Narrenzünftler

können ja selber nicht mitspringen, sie müssen sich auf ihre Kontroll-Aufgaben konzentrieren. »Wir sind eben keine richtigen Narren, deshalb heißt die Narrenzunft auch Ausschuss.«

Kurz vor acht: Ich stehe mit Mathias und seinem Kumpel Andi 300 Meter unterhalb des Schwarzen Tors auf der zentralen Tangente Rottweils, der Hauptstraße. Die Zuschauerreihen sind dünn besetzt. Mathias versichert mir, dass es am Montag wesentlich voller gewesen sei. Wir reden darüber, wer überhaupt in Rottweil Narr sein darf. Andi ist in Schramberg geboren, einem Ort 25 Kilometer entfernt. Überregionale Berühmtheit erlangt Schramberg alljährlich für die wilde Fahrt der Narren in Wäschezubern, das »da Bach na fahre«. Andi darf als gebürtiger Schramberger in Rottweil mitmachen, weil er schon lange in Rottweil wohnt. Klingt kompliziert, ist aber ganz einfach. Mathias erklärt grinsend (Rottweiler Narren sticheln gerne): »Das ist so unter der Hand, Andi hat einen klaren Bezug zu Rottweil. Normalerweise sollte man aber in Rottweil geboren sein.«

Kurz nach acht, die Narrenmarschmusik ist schon zu hören, die Peitschen der Rössletreiber zischen durch die Luft und verursachen einen Höllenlärm. Dieses Rössle-Zeremoniell ist schon sehr bizarr, eigentlich ein klarer Fall für den Tierschutz. Der Kerl in dem Rössle-Outfit irrlichtert kreuz und quer über die gesamte Straßenbreite, vor und hinter ihm die beiden Treiber, die ihm mit den ohrenbetäubend knallenden Peitschen zusetzen. Auf dem Kopf trägt das Rössle eine Art weißen Federbusch, der, als das Rössle bei uns vorbeikommt, schon arg gerupft aussieht. Die Treiber versuchen, mit ihren Peitschenenden den Federbusch zu treffen, die Stofffetzen stieben in die Höhe. Keiner schreitet ein, während die Treiber das arme Tier malträtieren. Die zwei Rössle bilden den Beginn des Zugs, das ist sozusagen die »Platzmachergruppe«, denn das Publikum weicht respektvoll zurück, wenn die Peitschen durch die Luft zischen. Man will ja weder Augenlicht noch Leben bei der Fasnet lassen.

Es folgen die *Bajasse* und eine Marschkapelle. Aber dann sind die Narren los, die die Straße hinuntergehen, jucken, springen. In vielen Gebieten der Schwäbisch-Alemannischen Fastnacht gehen die unterschiedlichen Figuren getrennt, in Rottweil macht es die Mischung, ein närrischer Kessel Buntes. Manch ein Federehannes hat einen überdimensionalen Wanderstab dabei, den er mit ordentlich Anlauf nutzt, um sich wie ein Stabhochspringer daran aufzurichten und breitbeinig mit durchgestreckten Knien voranzuspringen. Das ist also der berühmte Narrensprung. Damit die Narren beim Springen, Laufen, Hüpfen, Jucken ein wenig Fahrt aufnehmen, haben die Straßenbauämter in den Kleinstädten der Schwäbisch-Alemannischen Fasnet (in Rottweil, aber auch in Überlingen) dafür gesorgt, dass die Straßen eine gewisse Neigung, sozusagen eine bestimmte Fallhöhe haben. Den Berg hinaufzuspringen wäre definitiv zu anstrengend.

Ein Narr nähert sich einer Frau neben uns und wedelt mit einer Art Puschel an einem Stock der wehrlosen Zuschauerin vor dem Gesicht herum und durch die Haare. Die Frau ist eher amüsiert als angeekelt. Mathias erklärt: »Der ›Puschel‹ ist parfümiertes Kalbsschwänzle, also das, was die Kälber am Hinterteil tragen. Ganz ehrlich, du drückst jemand ein Schwänzle ins Gesicht, darum geht's doch!« Die Narren jucken und springen zu Hunderten die Straße herab, irgendwo muss es da ein Nest geben. Immer wieder die gleiche transzendentale Narrenmarschmusik, dazwischen ein »Huhuhu«. Die Monotonie ist Teil des Programms. Man denkt an die Gebetsmühlen tibetischer Mönche, an rituelle Gesänge, die Menschen brauchen, um in Trance zu geraten. Mathias erzählt, vor allem am Ende eines Tages, an dem man die Schellen angelegt hatte, die einem beim Narrensprung besonders intensiv in den Ohren klingeln, liege man nachts im Bett und höre die Glocken immer noch. Na ja, so geht es den Sennern auch, wenn sie den ganzen Tag auf ihre Viecher aufpassen – Dauer-Alm-Beschallung. Wie schwer so ein Schellengeschirr ist, wie sich die 15 Kilogramm anfühlen, quasi anderthalb Bierkästen um den Körper geschnallt, das hatte ich im Deutschen Fastnachtmuseum im fränkischen Kitzingen testen können.

Ein dickes Mädchen am Straßenrand wird nicht müde zu singen:»Narro kugelrund – Stadtleut sind wieder älle g'sund.« Eine etwas umständliche Formel, um Süßigkeiten abzukassieren. »Kamelle!!!«, ist da wesentlich prägnanter, aber auch fordernder, direkter, unverschämter. Die Süßigkeiten kommen aus einem Kästchen, der sogenannten Schnupfdose. Da ist spezieller, zumeist hochwertiger Süßkram drin, *Ferrero Rocher, Mon Cheri*, so was. Da aber um diese Schatzkistlein und ihren Inhalt ein ziemliches Gewese gemacht wird, geben die Narren das Zeug nur ihren Freunden und Bekannten. Einige Narren haben aber auch Massenwurfware dabei und geben aus ihren Körben drei, wenn sie ganz verrückt sind, vier Bonbons an Kinder und Jugendliche. O weh, die dürften sich aber nicht in Köln beim Rosenmontagszug blicken lassen, wenn die nur drei bis vier Kamelle werfen, würde man sie sofort im Rhein versenken.

Ich habe in Rottweil immer wieder den Hinweis darauf gehört, dass man ja so anders sei in närrischen Dingen, so gar nicht vergleichbar»mit euch in Mainz mit eurem Karneval«. Ich habe dann meistens geschwiegen, obwohl der Satz für einen Kölner schon sehr bitter ist. Der Karnevalspsychologe Wolfgang Oelsner stellt bei seinen Vorträgen in der Schwäbisch-Alemannischen Fassnacht fest, dass die Sehnsucht nach dem Rollenwechsel alle Menschen verbindet. Lange Zeit schienen sich die regionalen Brauchkomplexe wie»närrische Klassenfeinde« gegenüberzustehen. Schwaben und Rheinland teilen zwar eine gemeinsame Geschichte nach der Kölner Karnevalsreform von 1823. Im 19. Jahrhundert gab es ja, wie an anderer Stelle erwähnt, in Rottweil auch karnevalistische Sitzungen und Umzüge mit einem Prinzen. Doch mit Rückbesinnung auf ihr Zunftwesen mussten die Narros, erzählt Oelsner, immer wieder die eigene Einzigartigkeit herausstellen. Sie hatten sich in einer Art Gegenposition eingerichtet, »es durfte alles, bloß nicht Karneval sein«. Unterschwellig, so Oelsner, liebäugelte mancher sehr wohl mit dem Glanz des rheinischen, bürgerlichen Karnevals. Umgekehrt mühte man sich an Mittel- und Niederrhein kaum darum, etwas vom alemannischen Mummenschanz verstehen zu wollen, die meisten ignorierten ihn. Aktuell mehren sich die närrischen Brückenschläge zwischen den Regionen. Das komplette Ornat eines Kölner Dreigestirns schmückt seit 2019 das Fastnachtsmuseum »Narrenschopf« in Bad Dürrheim. Bei der Übergabe mischten sich Gardisten mit Hexen, und aus denselben Kehlen erschallten »Alaaf« und »Narri, Narro«.

Zurück zum Narrensprung. Ein Narr kommt zu Mathias, schlingt einen Arm um dessen Kopf und schreit ihm etwas ins Ohr, was sich seltsam dumpf durch die hölzerne Maske anhört. Das ist jetzt das berühmte Aufsagen. »Was war das für eine seltsame Maske mit dem Schnäuzer?«, frage ich den Larvenschnitzer. »Ich muss mich erst kurz sammeln«, sagt Mathias. Seine Augen röten sich. Liegt das am intensiven Alkoholgenuss der letzten Tage und des frühen Morgens? Nein, der Larvenschnitzer wirkt regelrecht angefasst, betroffen, er ist den Tränen nah und braucht eine Weile, um wieder zu sich zu kommen. Er hätte mir gar nichts erzählen müssen, das Aufsagen ist ja eine intime Angelegenheit, das ist eine direkte Kommunikation von Narr zu Zuschauer. Ein total archaischer, analoger Vorgang, keine Öffentlichkeit wie in den digitalen Medien. Ich rechne es Mathias hoch an, dass er trotzdem erzählt, was ihn so bewegt hat. Die Geschichte geht so: »Im vorigen Jahr starb ein alter Rottweiler Fastnachter – Otto Rapp, wirklich alle Rottweiler kannten ihn. Er hat im wahrsten Sinne des Wortes den Klang der Rottweiler Fasnet stark mitgeprägt. Jahrzehntelang stellte Otto die Glocken für die Figuren Gschell und Biss her, alles in Handarbeit. Am Morgen des Fasnetsmontags letztes Jahr bin ich mit meiner Frau zum Schwarzen

Tor gelaufen, da kam Otto uns kurz vor dem Narrensprung entgegen und meinte, ›Das hat keinen Wert mehr – das war's‹. Kurz nach der Fasnet starb er dann. Und jetzt kommt Otto auf mich zu, seine Porträtlarve hat ein Schnitzerfreund noch zu Lebzeiten hergestellt. Mit der Erinnerung an Fasnetsmontag vor einem Jahr hat's mich schnell gepackt. Ich durfte noch von Ottos Schnupftabak kosten und habe einen Anstecker mit Bild und Jahreszahlen angesteckt bekommen.« Wer sich unter der Porträt-Larve versteckte, weiß ich nicht, aber Mathias kennt ihn natürlich und bewahrt es in seinem Herzen. Porträtlarven waren eine Zeit lang in Mode, auch Mathias hat eine, von seinem Opa geschnitzt, einem stadtbekannten Hotelier. Mittlerweile sind sie von der Narrenzunft nicht mehr gerne gesehen. Aber ich wette, in ein paar Jahren sehen wir auch eine Porträtlarve, die Mathias darstellt, immerhin ist der Larvenschnitzer auf einem guten Weg, ein stadtbekanntes Original zu werden.

Das Aufsagen der Rottweiler Fasnet ist eines der vielen Geheimnisse der närrischen Welt. Das Aufsagen schafft einen Mikrokosmos der Vertrautheit, Ehrlichkeit, Offenheit und Intimität zwischen zwei Menschen, der ohne die Verkleidung, ohne Holzlarve so nicht möglich wäre. Das ist sehr beeindruckend. Und ich verstehe in diesem Moment, was die Rottweiler am Narrensprung so toll finden. Natürlich hat es einen Schauwert, den Narren zuzusehen. Natürlich freuen sich Jung und Alt über ein paar Süßigkeiten. Aber zentrales Element der Rottweiler Fasnet ist das Aufsagen. Entscheidend beim Aufsagen ist die regionale Verwurzelung der Akteure. Einmal im Jahr zur Fastnacht legt der Narr seine gesellschaftliche Rolle ab und kann Menschen – Vorgesetzten, Amts- und Würdenträgern, Familienmitgliedern, Bekannten – unter dem anonymen Schutz der Larve Dinge mitteilen, die normalerweise gesellschaftlich nicht opportun sind.

Das können kleine persönliche Geschichten sein, dezente Beleidigungen, derbe Zoten.»Der tiefere Sinn des Narrentums liegt für mich im Mittelalter«, erzählt Mathias. »Damals waren die Zunftordnungen so streng, dass die Handwerker ein Ventil brauchten, um anonym – ganz wichtig, denn wenn man erkannt wurde, hatte man ein Problem für's ganze Jahr oder für den Rest des Lebens –, um also anonym ein Ventil zu haben, Frechheiten loszuwerden. Das ist der Ursprung des Aufsagens.« Um unerkannt zu bleiben, umschließt das Narrenkleid den ganzen Körper, hinten an die Larve wird passend zum Kleid ein Haarschutz angelegt und weiße Handschuhe verdecken die Hände. Die Holzlarve verzerrt die Stimme, außerdem kann man sie etwas verstellen, aber die Narren sollten sich nichts vormachen: Sie werden meistens doch erkannt und damit enttarnt.

Auf der gegenüberliegenden Straßenseite stehen Kinder, die sich als Clown, Tiger, Hexe verkleidet haben, dahinter die Erziehungsberechtigten in zivil. Das Verhältnis von verkleideten Kindern zu unkostümierten Erwachsenen entspricht der Verteilung im Kölner Rosenmontagszug von 1967. Verkleidung als erwachsener Zuschauer? – Kinderkram. Ich bin gespannt, ob vielleicht in den nächsten Jahren auch in Rottweil eine Kostümierungswelle bei den erwachsenen Zuschauern, eine Deiterisierung, eine Narrisierung des Publikums zu beobachten sein wird. Während die Narren wie in einem nicht versiegenden Strom vorbeiziehen, fällt mir zum ersten Mal auf, dass die Federehannes-Narren so komisch mit den Oberarmen zucken, immer schön im Rhythmus des Narrenmarschs. So wie ein Hahn, der als Chef über den Hühnerhof spaziert. Die aufgenähten Federn auf dem Kleidle scheinen die Narren geflügelig zu machen. Der Larven- und Kleidle-Experte Mathias erkennt – für mich sieht das alles mehr oder weniger gleich aus – sofort, wenn ein Narrenkleid 120 Jahre, eine Larve 200 Jahre alt ist. Bei diesen alten Larven, immerhin die Werke seiner künstlerischen Vorfahren, verbeugt sich Mathias fast vor Ehrfurcht.

Ein Narr klaubt aus seiner Schnupfdose drei Fläschchen mit

Apfellikör. Mathias und Andi nötigen mich, einen mitzutrinken. Was war heute Morgen die Tageslosung gewesen:»Wer hat gesagt, dass das alles Spaß machen muss?«Wäre es so verrückt, frage ich in die Runde, wenn man mal eine neue Figur in die Rottweiler Fasnet einführen würde? Die Figur des Schantle hat sich ja auch erst aus dem Vorbild eines (eher unsympathischen) Rottweilers vor ungefähr 200 Jahren herausgebildet. Mathias und Andi schauen mich an, als hätte ich gefordert, dass die Sonne sich zukünftig um die Erde drehen sollte.»Weißt du, was die Narrenzunft zu diesem Thema sagt?«, fragt mich Andi.»Die sagen:›Wir denken in Einheiten von 300 bis 400 Jahren.‹ Vielleicht ist diese Einstellung ja auch ganz gut in Zeiten, in denen man alle 30 Sekunden eine neue Nachricht aufs Handy bekommt.«

Ich muss pinkeln und gehe in die Besenwirtschaft»Papageno« in einem Wohnhaus in unmittelbarerer Nähe. Dort muss man sich durch die Narren drängeln, die alle (groß und klein, Mann und Frau) ihre Larven im Nacken tragen. Diese Besenwirtschaft ist eine geräumige Wohnung im ersten Stock, es gibt närrische Getränke und Speisen. Hier stärken sich die Narren nach dem ersten Narrensprung des Tages, bevor es um 10.00 Uhr weitergeht. An der Wand ein gelbes Plakat:»Jedem zur Freude, und niemand zum Leid«, das ist der Wahlspruch der Rottweiler, der in jedem Jahr gilt. Der Spruch wechselt nicht wie das Sujet der Cliquen in Basel oder das Motto der Rosenmontagszüge im Rheinland. Dazu passt, was mir der freundliche Mann mit auf den Weg gibt, bevor ich mit drei Schorlen wieder an den Straßenrand zurückgehe: »Ich wünsche eine glückselige Fasnet.«»Glückselig« ist ein wunderbares Wort, das Wärme und Heimeligkeit verbreitet. So sollte die glückselige Fasnet sein, ein Fest wie Weihnachten, Geburtstag und Hochzeit auf einen Schlag.

Zurück mit den drei Schorlen bei Mathias und Andi: *Huhuhu!* Eine Närrin mit Glattlarve hat ein kleines, selbst gemachtes Buch dabei. Sie erzählt eine persönliche Geschichte und zeigt dazu selbst gestaltete Bilder aus ihrem Narrenbuch. Es geht darum, wenn ich das noch richtig erinnere, dass die schwäbische Hausfrau heutzutage nicht mehr fähig ist, einen vernünftigen Schweinebraten hinzubekommen. Die moderne schwäbische Hausfrau arbeite eben mit dem Thermomix, und da kommt kein Schweinebraten, sondern nur eine Gemüsesuppe raus. Ein dreifaches *Huhuhu*, dann geht die Närrin weiter. Auch das ist Aufsagen, nicht nur das private Zwiegespräch, sondern eine kleine kabarettistische Vorführung. Um halb zwölf haben die meisten Narren schon ihren zweiten Narrensprung absolviert. Ab 8.00 Uhr ging es von West nach Ost über die Hauptstraße, ab 10.00 Uhr jucken die Narren von Süd nach Nord über die Hochbrückentorstraße, wobei sie die Hauptstraße kreuzen und das Münster ansteuern. Narrenzug Nummer zwei ist identisch mit Narrenzug Nummer eins, daher wollen die beiden Rottweiler Narren-Meister und der Narren-Lehrling den Ort wechseln. Ein wenig machen Mathias und Andi ein Geheimnis daraus, wohin wir gehen werden. Fast hätten sie mir eine Augenbinde angelegt, damit ich in diesem Buch nicht beschreiben kann, wohin sie mich führen. Denn wir gehen zu keinem öffentlichen Ort, in keine Location mit Öffnungszeiten, das ist ein absolutes Ding für Insider.

Wir hocken auf einer durchgesessenen Couch. Auf so einem Sofa sitzt auf alten Familienfotos meine Oma mit Perücke und Zigarette in der Hand. Die Rottweiler Couch aber gehört zu einer sogenannten Fasnetstube. Eine Wohnung im zweiten Stock eines Altstadthauses, die einem Museum gleicht – die Einrichtung, die Bilder, die Girlanden, alles genau so, wie es vor 50 oder 60 Jahren Mode war. 359 Tage im Jahr ist diese Stube unbenutzt. Im Erdgeschoss und im ersten Stock betreibt die Mutter der Familie ein Fachgeschäft. Das zweite Stockwerk ist der närrischen Zeit vorbehalten, die restlichen Etagen werden von den Schwestern Bibi und Susi bewohnt. Die beiden sind es auch, die sich rührend um die Gäste kümmern. Traditionell werden Saitenwürstchen, also Bockwürstchen, mit Senf und Schorle gereicht. Und dann klingelt es, zwei Narren treten in die Stube, die Frau als *Gschell*, der Mann im Federehannes-Kleid. Mathias neben mir auf der durchgesessenen Couch flüstert mir begeistert zu:»Schau dir die Larve an, 18. Jahrhundert, der Wahnsinn!« Die beiden Narren legen los:

Gschell sagt:»Wir wissen gar nicht, was die Leute gegen den Hubert haben.«

Mathias wirft dazwischen:»Nichts, was hilft!«

Federehannes:»Hubert ist so ein kleiner Pyromane, der hat so ein kleines Zündschnürle.«

Mathias schaltet sich wieder schlagfertig ein, als eine Art kongenialer Sidekick der beiden Narren:

»Also ein Nymphomane, kein Pyromane.«

Federehannes:»Die einen sagent so, die anderen sagent anders.«

Gschell:»Und der Hubert schickt immer nur seine Frau zum Einkaufen, gibt's denn das?«

Co-Narr Mathias:»Haltet hoch die Tradition, ich versteh's grad nicht.«

Federehannes:»Der Hubert ist arbeitsmäßig etwas stärker eingespannt gewesen.«

Gschell:»Er hat also auf dem Sofa gelegen.«

Federehannes:»Die einen sagent so, die anderen so.«

So geht es noch einige Minuten weiter, ohne dass Mathias erneut dazwischenfunkt. Ich finde es aber sehr amüsant, dass der vorbereitete Vortrag der beiden Narren durch die Einwürfe von Mathias eine sehr lustige Stegreif-Qualität bekommt, das macht Spaß.

Ein anderer Narr betritt die Fasnetstube und erzählt eine eher simpel gestrickte Story, von seiner Wohnung, die eines Tages so entsetzlich gerochen habe, als wenn einer g'storben wäre. Dann hätte seine Frau die Ursache gefunden, die Katze hat unter einem

Sessel ihr Geschäft gemacht. Und der Staubsaugerroboter hat die Scheiße dann schön in der ganzen Wohnung verteilt. Damit jeder weiß, dass die Geschichte nicht weitergeht, dass also der Putzroboter die Pointe war, schließt der Aufsager mit einem dreifachen *Huhuhu*, in das alle Umstehenden einstimmen. Das *Huhuhu* ist nun mal der Tusch der Rottweiler, dieser verbale Tusch kommt gnadenlos, ob gelacht wird oder nicht.

Noch ein Beispiel fürs Aufsagen, ein weiterer Federehannes trägt vor, mit Sicherheit auch eine wahre Geschichte, über seinen Nachbarn, über einen Bekannten, was weiß ich. Die Geschichte geht so: Der Gerhard hatte einen Flug nach Lanzarote gebucht, Abflug 11.00 Uhr ab Stuttgart Flughafen. Da sind der Gerhard und seine Frau um 8.30 Uhr in Rottweil losgefahren. Am Flughafen sind die beiden verwundert, dass der Flug nicht angezeigt ist. Komisch. Da schaut der Gerhard noch einmal auf das Ticket und sieht: 11.00 Uhr war die Ankunftszeit in Lanzarote. Dreimal verbaler *Huhuhu*-Tusch.

Das Aufsagen darf man sich nicht als starren Vortrag vorstellen. Die Nicht-Narren im Raum unterbrechen das Aufsagen, stellen Zwischenfragen, setzen Pointen, es entsteht eine lebendige Stegreif-Kommunikation. Jeder weiß, wer unter den Larven steckt, aber man spricht die Narren nicht mit ihren echten Namen an, sondern die Figur. »Sag, Federehannes, wie hascht du das jetzt gemeint?« – »Schantle, pass auf, was du sagscht!« Wie sich die Narren in der Fastnachtstube die Klinke in die Hand geben und aufsagen, ohne einen festen Programmablauf, dabei selbst gefertigte Bilder als Illustration zeigen, das alles erinnert an die Schnitzelbänkler der Basler Fasnacht, auch alles Laien, die ihre kleinen pointierten Geschichten zum Besten geben. Das sind Büttenreden to-go im sehr privaten Rahmen. Als ich dieses Kapitel schreibe, lese ich eine äußerst merkwürdige Notiz, eine Frage, die ich mir vor einem halben Jahr nach meinem ersten Besuch in Rottweil aufgeschrieben habe: Habt ihr überhaupt Spaß an der Fastnacht? Diese Frage ist mit einem sehr eindeutigen JA! zu beantworten.

Christian betritt die Fasnetstube im Altstadthaus. Christian kenne ich noch als Abstauber vom Dreikönigstag, heute hat er einen Bauernkittel an, wie alle Offiziellen. Als Mitglied der Narrenzunft hat er die Macht, mir ein gelb-schwarzes Narren-Zertifizierungs-Bändchen an meinen eigenen Bauernkittel (eine Leihgabe von Andi) zu heften. Das ist sehr cool, sage ich, dann darf ich ja theoretisch ab 14.00 Uhr beim dritten Aufguss des Narrensprungs die Hauptstraße herunterjucken. Das sollte ein Scherz sein, ich weiß ja, dass das in Rottweil ein absolutes Sakrileg ist! Christian wird etwas bleich und sagt, er würde mir schon vertrauen, nicht am Narrensprung teilzunehmen, ich wäre doch eine vertrauenswürdige Person! Wenn er sich da mal nicht täuscht.

Mathias gibt eine Art Zugabe, kurz bevor wir gehen:

Des isch da dick, des isch da dünn,
Der trägt ihn draußen, der trägt ihn drin,
Bei dem hängt er, bei dem steht er,
Das ist der Hans, und das ist der Peter.

Also: Ein wenig zotig darf es auch sein. Mathias erzählt mir von einem sehr schmutzigen Aufsagen, das er vor zwei Stunden beim Narrensprung eins am Straßenrand gehört hat. Absolut nicht zitierfähig. Die Schwäbisch-Alemannische Fastnacht kann also auch vulgär sein. Aber nur in kleinen, schwäbischen Dosen.

Beim Narrensprung drei um 14.00 Uhr, wieder ab dem Schwarzen Tor von West nach Ost auf der Hauptstraße, setze ich aus. Alle vier Narrensprünge zu sehen, dafür muss man extrem viel Stehvermögen aufbringen, das ist ja auch ein klein wenig redundant. Warum sind die Rottweiler Narren am Fasnets-Dienstag so extrem fleißig, selbst am Rosenmontag belassen sie es ja bei zwei Narrensprüngen? Vielleicht liegt es ja daran, dass der Dienstag vor Aschermittwoch im Mittelalter der einzige närrische Tag vor der Fastenzeit war, eben die Fastnacht, genau so, wie der Heilige Abend der Abend vor Weihnachten ist. Das mit der Nacht wurde durchaus wörtlich genommen. Im 13. Jahrhundert finden sich die ersten Quellen, die ein Fastnachts-Gelage bis in den Morgen des Aschermittwochs in Koblenz beschreiben. Ein üppiges Mahl am Dienstag steht im Mittelpunkt der spätmittelalterlichen Fastnacht. Erst kommt das Fressen, dann das Kostüm. Im 16. Jahrhundert »pflegten die reichen Bürger große Bankette zu halten, und zwar mit Vorliebe des Nachts von zwei bis vier Uhr«. Die Fastnacht ist eben ein Schwellenfest, Karnevalspsychologe Oelsner nennt es »ein Wendefest, das seinen Höhepunkt im Zusammenbruch erlebt«.

Ich bin auf jeden Fall dem närrischen Zusammenbruch sehr nahe, die sechs tollen Tage gingen schon ziemlich an die Substanz. Aber zum Narrensprung um 16.00 Uhr von Süd nach Nord auf der Hochbrückentorstraße, verabrede ich mich mit dem Larvenschnitzer Mathias und seiner Frau Franziska. Am Straßenrand ist es viel voller als beim ersten Narrensprung am Morgen, die meisten Zuschauer teilen sich eben ihre Kräfte besser ein als ich. In drei bis vier Reihen steht das Publikum und ruft den Narren *Huhuhu* zu und »Narro kugelrund – Stadtleut sind wieder älle g'sund«. Ein wenig komme ich mir vor wie im Film *Und täglich grüßt das Murmeltier*. Irgendwie habe ich das alles schon einmal erlebt, und es ist nicht sehr lange her.

Mathias erzählt vom Schmotzigen Donnerstag in Rottweil, dem Beginn der tollen Tage. Ich bin sehr erstaunt zu hören, dass es auch im traditionsbewussten Rottweil eine Vollsuff-Affen-Party von Jugendlichen (Kostüme: Super Mario, Jetpilot, Panzerknacker) auf der Hauptstraße bis um Punkt 18.00 Uhr gibt. Aber dann kommen die Kehrmaschinen und reinigen die Straßen von den Jugendlichen, und was von ihnen übrig blieb. Abends feiern die Älteren halbwegs gesittet in den Gaststätten, die Schmotzigen-Gruppen sind unterwegs und bringen die Bütt ohne Bütt in die Wirtschaften. Die Frage ist doch: Wie und wann schafft jeder

Narr im deutschsprachigen Raum den Wechsel vom Koma-Karneval zum traditionellen Fastnachts-Fest? Wie und wann schafft man den Sprung vom *Kleinen Feigling* zur Federehannes-Larve? Natürlich hat das etwas mit dem Alter zu tun. Mathias sagt über das Ende der Sauf-Zeit:»Es ist irgendwann genug. Man hat es auch verstanden.« Es gibt prinzipiell nicht die eine Fastnacht, es existieren Tausende Fastnächte mit regionalen Unterschieden in Deutschland, Österreich und der Schweiz. Aber selbst in Orten wie Rottweil und Köln geht ein Riss durchs Narren-Volk – auf der einen Seite Party-Fastnacht, auf der anderen Brauchtums-Fastnacht. Die Grenzen sind fließend (es ist ja zum Beispiel nicht so, als ob man nicht auch beim Brauchtums-Karneval ordentlich saufen würde). Aber das Geheimnis der Fastnacht, diesen heimischen Mikrokosmos, ein gewisses Wertesystem, ein Heimatfest, ein Gemeinwesen, das Geborgenheit vermittelt, dieses Geheimnis kann sich bei der Party-Fastnacht nicht erschließen.

Der vierte Narrensprung ist fast beendet, hinter den Narren peitschen zwei Treiber ein weiteres armes Rössle zwischen sich her. Das Rössle hetzt auf der Straße in seiner vollen Breite hin und her, erspäht den Larvenschnitzer Mathias und wirft sich ihm an den Hals. Mathias ist im siebten Himmel und erklärt:»Wenn in Rottweil das Rössle zu dir kommt, dann ist das schon etwas ganz Besonderes. Das ist, als wenn bei einer karnevalistischen Veranstaltung in Köln, egal, ob im Altenheim, im Kindergarten oder in der Prunk-Sitzung das Dreigestirn vorbeikommt, das ist einfach eine große Ehre!« Ich freue mich für Mathias, den heute mehrmals die närrischen Emotionen zwischen Trauer und Glück übermannt haben. Am meisten freut es mich aber, dass mir Mathias einen Schlüssel zum Verständnis der Rottweiler Narrenwelt an die Hand gegeben hat. Eigentlich ganz viele Schlüssel. Das war eine der schönsten Erfahrungen, die ich im Laufe der Arbeit an diesem Buch gemacht habe. Ich hatte einen Larvenschnitzer in Rottweil gesucht – ich habe einen Freund gefunden.

Für alle aktiven Narren von Rottweil ist um 18.00 Uhr am Dienstag der Spaß vorbei, dann beginnt die *Betzeitläuten*, so heißt das in Rottweil. Noch vor dem Sandmännchen müssen die Larven und das Kleidle abgelegt werden. Wenn Narren um 18.01 Uhr immer noch in der Gaststätte anzutreffen sind, gibt's Schimpfe von der Narrenzunft. Natürlich steht es den Narren frei, sich in zivil oder im »gewöhnlichen« Kostüm weiter zu amüsieren. Aber die Zeit der Narren ist abgelaufen. Ich trinke mit Mathias noch ein letztes Bier, dann ist für ihn schon Fastenzeit angesagt. Die Fastenzeit ist dem Larvenschnitzer genauso heilig wie die Fasent davor. Dafür wären doch die sechs närrischen Tage zwischen Donnerstag und Dienstag da, meint der Larvenschnitzer: »Die ergeben doch nur Sinn, wenn man danach fastet. Sonst kann man auch sechs Tage auf Ibiza feiern.« Ich mache mich auf den Weg zum Bahnhof, für mich ist die närrische Zeit noch nicht abgelaufen. Erst wenn der Nubbel in Köln brennt, ist es so weit.

Kapitel 30

DER DRECKSACK SOLL BRENNEN

Eine verpeilte Witwe – Turbo-Diät durch Stroh-Verbrennen – Wer ist so frech und bringt dem Effzeh immer Pech?

Die Witwe unter dem schwarzen Trauerschleier nervt brutal. Mit heiserer Stimme schreit sie:»Du Drecksack, du mieses Arschloch. Die ganze Zeit hast du mich betrogen!« Wahre Liebe war das wohl nicht, an ihrem Ex-Mann lässt sie kein gutes Haar:»Brennen muss die Sau!« Die Witwe flennt und ergeht sich in Klagelauten. Wirklich logisch ist das nicht. Wenn sie ihren Mann, den Herrn Nubbel, so gehasst hat, ihm sogar den Tod auf dem Scheiterhaufen wünscht – warum trauert sie dann so um den Widerling? Aber mit Logik ist nicht jedes närrische Ritual zu erklären.

Alles hat ein Ende, nur die Wurst hat zwei. Das Finale der närrischen Zeit sollte auch angemessen zelebriert werden. Die kreativen Ansätze, der Fastnacht einen (mehr oder weniger) würdigen Abschied zu bereiten, sind zahlreich. In vielen Orten im deutschsprachigen Raum wird die personifizierte Fastnacht unter die Erde gebracht oder eingeäschert, in der Hoffnung, dass sie zu Beginn der nächsten Session wiederauferstehe. An diesen Riten zeigt sich noch einmal in aller Deutlichkeit der Charakter der Fastnacht als Schwellenfest. Es geht etwas zu Ende, und etwas

Neues beginnt. Ein Schlusspunkt bedeutet immer auch Abschied und Trauer. In Überlingen am Bodensee, der Heimat der juckenden Hänsele, wird zum Beispiel am Fasnets-Dienstag um 22.00 Uhr die Fasnet beerdigt. Aber nicht im großen Stil, ohne bengalische oder elektronische Feuer. Eher im kleinen Kreis in einer Weinstube. In Villingen verbrennen die närrischen *Wueschte*, also die wüst aussehenden Narren, Stroh, und das geht so: Unter ihre Häskleider, die Stoffkostüme, stopfen sie jede Menge Stroh, bis sie aussehen wie eine Art verunglücktes Michelin-Männchen. Gegen Mitternacht wird dieser Füllstoff, das Stroh, dem Feuer übergeben. Die Symbolik ist eindeutig. Nach den Tagen des Völlens bricht nun die Zeit des Fastens an.

In Köln wird der Nubbel, der alte Fiesling, verbrannt. Den Namen Nubbel hat der Strohmann 1950 auf einer Kirmesfeier der Kölner Innenstadtgemeinde St. Severin erhalten. So steht es auf dem Kalenderblatt am Tag der Nubbel-Verbrennung. Da stellt sich nur die Frage: Was hat der Nubbel auf einem Kirmesfest zu suchen? Die Kirmes hat ja bestimmt in der Zeit nach der Nubbel-Verbrennung stattgefunden. Der Nubbel – wie alles Böse auf der Welt – ist eben ein echter Untoter, den kriegt man einfach nicht klein. Wichtig ist zu wissen, dass dieser Strohmann der Sündenbock für alles ist, was einem Menschen widerfahren kann, im Großen wie im Kleinen. Der Nubbel ist schuld, dass es tödliche Viren gibt, der Nubbel ist aber auch schuld daran, dass dem Heinrich seine Frau weggelaufen ist.

Nach meinem schönen Freitagabend möchte ich auch die Nubbel-Verbrennung in der »Oma Kleinmann« erleben. Die Oma Kleinmann ist kein Produkt der karnevalistischen Fantasie, die Oma Kleinmann als gute Seele der Gaststätte hat bis zu ihrem Tod vor einigen Jahren den Laden tatsächlich geführt. Noch mit 90 Jahren hat sie, gestützt auf ihren Rollator, die berühmte Nubbel-Rede gehalten. Diese Nubbel-Rede ist ein wichtiger Bestandteil der gesamten Zeremonie. Denn zunächst, so ist das in jedem

Rechtsstaat, wird dem Nubbel der Prozess gemacht. Er hat zwar keine Möglichkeit, sich zu verteidigen (da ist der Widerling irgendwie auch selber schuld, sagt das »gesunde« Rechtsempfinden), aber man möchte ihm doch noch einmal gerne alle seine Schandtaten unter die Nase reiben. Nach dem Tod von Oma Kleinmann hat den Job des Nubbel-Redners der Hermann übernommen. Ich kenne den Hermann schon seit Ewigkeiten, ich war sein Leiter in der Jugendgruppe. In diesen längst vergangenen Zeiten habe ich ihn sozusagen auf Partys karnevalistisch ausgebildet. Jetzt hält er Nubbel-Reden, ich bin stolz auf den Jung.

In der Gaststätte werden gegen halb zwölf die Vorbereitungen für die Nubbel-Verbrennung getroffen. Während aus den Boxen historische und aktuelle Karnevals-Hits träufeln, wird die ausgestopfte Puppe des Nubbels hervorgeholt. Die tollen Tage hat der Kerl in recht unbequemer Haltung neben einer Lautsprecherbox verbracht. In anderen Kneipen hängt der Nubbel sechs Tage lang über der Eingangstür. Das ist aber auf der Extrem-Feiermeile Zülpicher Straße nicht möglich, die Nubbel-Entführungsgefahr wäre zu groß. Der närrische DJ stoppt die Musik, und wir hören Oma Kleinmann, die direkt aus dem Himmel zugeschaltet ist. Alle Gäste müssen sich hinknien, da kennt die Wirtin kein Pardon. Das ist mir ehrlich gesagt ein wenig zu sehr Heiligenverehrung. Aber wenn das hier so üblich ist, mache ich natürlich mit, auch wenn die alten Knie beim Wiederaufstehen sehr schmerzen. Die Rede der Oma muss in prähistorischen Zeiten aufgenommen worden sein, man versteht außer »Karnevalsdienstag« kein Wort. Oder die schlechte Tonqualität ist auf die lange Leitung zwischen Köln und Himmelreich zurückzuführen.

Es wird Zeit, auf die Straße zu gehen. Vier Männer, alle in Schwarz gekleidet, haben sich dicke Trommeln umgehängt. Asynchron geben die Trommeln den Takt vor. Die Witwe des Nubbels ist nicht aus Stroh, sie flennt und kreischt. »Du Drecksack, du mieses Arschloch. Die ganze Zeit hast du mich betrogen!« Ihr

Repertoire an Schimpfwörtern und Beleidigungen ist leider äußerst unübersichtlich. Neben der Witwe marschiert der Hermann, verkleidet im schwarzen Priester-Kostüm. Zu Beginn des Zugs ist er noch belustigt, zunehmend aber auch genervt von der Ex des Nubbels. Wir ziehen in weitem Bogen durch die Straßen, vor uns ein Polizeiwagen mit Blaulicht, der uns den Weg weist.

Als wir wieder vor der Gaststätte stehen, möchte Hermann, bewaffnet mit einem Mikrofon, mit seiner Ansprache beginnen. Die Witwe hat etwas dagegen und schreit: »Du Drecksack, du mieses Arschloch!« Der Nubbel-Priester versucht, die verschleierte Frau zu beruhigen: »Du bist für die nächsten fünf Jahre gebucht, versprochen!« Die Witwe ist kurz ruhig. Dann fängt sie wieder in den höchsten Tönen an zu schluchzen. Kann man die nicht direkt mitverbrennen? Wie im alten Indien. »Du musst jetzt die Schnüss halten!«, fährt der Priester die Witwe an. Und, o Wunder, sie hält tatsächlich ihre Klappe. Hermann legt los und fragt in Reimform:

Was uns einen schweren Kopf bereitet, wer hat sich als Friedrich Merz verkleidet?

Die Karnevalisten haben sich um den Scheiterhaufen im Kreis versammelt und grölen kollektiv den Namen des Schuldigen. Das ist wie in der Kirche: Der Priester spricht den Psalm, die Gemeinde antwortet ihm.

»*Dä Nubbel!*«

Hermann fragt:

»*Wem haben wir es zu verdanken, dass wir bald den Liter für 3,50 tanken? – Dä Nubbel*«

»*Glyphosat ist zweifelhaft, wer drückt es durch mit aller Kraft? – Dä Nubbel!*«

»*Und wer ist allein so frech, und wünscht dem Effzeh immer Pech? – Dä Nubbel!*«

»*Im Übrigen würde ich gerne wissen, wer hat den Lagerfeld wirklich auf dem Gewissen? – Dä Nubbel!*«

»Und ganz zum Schluss frag ich verlässlich, wer ist so richtig eklig hässlich? – Dä Nubbel!«
»Und jetzt zum allerletzten Mal, wer soll brennen, ihr habt die Wahl? – Dä Nubbel!«
Brennspiritus wird über den Holzhaufen gekippt. Schnell züngelt das Feuer in die Höhe, der Nubbel wird herbeigetragen. So ein klein wenig Pogrom-Stimmung entwickelt sich zu mitternächtlicher Stunde. Man sollte am besten nicht weiter drüber nachdenken, wie weit so eine Nubbel-Verbrennung wirklich von dem entfernt ist, was früher Hexen bei ihrem Prozess widerfahren ist. Man kann die Veranstaltung grenzwertig finden, oder aber lustig. Ich tendiere zu Letzterem. Auf jeden Fall zeigt sich in der Zeremonie der Nubbel-Verbrennung ein weiteres Mal, dass eines der Geheimnisse des Karnevals die kleinteilige Gemeinschaft ist, der närrische Mikrokosmos. Wenn die Zeremonie um den Sündenbock für alles eine Massenveranstaltung wäre, würde es nicht funktionieren. Ich schaue auf die Uhr, es ist schon nach Mitternacht, die Zeit der Narren ist abgelaufen.

Merkwürdig ist, dass in vielen närrischen Hochburgen die Fastnacht erst am Aschermittwoch verabschiedet wird. An diesem Tag sollte doch schon alles, aber auch wirklich alles vorbei sein. In Stockach am Bodensee wird die Fastnacht am Mittwoch beerdigt. In Düsseldorf wird der Hoppeditz (das ist der, ihr erinnert euch, der am 11. November wie Phönix aus der Asche dem Senffass entstieg) am Mittwoch um 11.11 Uhr verbrannt und beerdigt. Ganz toll treiben es die Mainzer. Um die Fastnacht, symbolisiert durch den *Schuppes*, zu beerdigen, treffen sie sich am Mittwochabend um 19.11 Uhr in einer Gaststätte. Dort gibt es, so las ich im Internet, »spontane Beiträge« der Narren. »Anschließend ziehen die Fastnachter mit einem Sarg und Trommeln durch die Altstadt.« Dann geht es auf ein Narrenschiff, schließlich wird der Schuppes in Bad Kreuznach zu Grabe getragen. Hm. Liebe Mainzer, wenn ich zusammenfassen darf: Ihr trefft euch in einer

Weinstube, nicht gerade ein Ort, der für das Fasten steht. Dort habt ihr Spaß mit einer improvisierten Mini-Sitzung, vergleichbar den Schnitzelbängg in Basel, dann macht ihr noch einen Umzug mit Musik. Alles das nennt man Fastnacht, liebe Mainzer, vielleicht solltet ihr überlegen, das Programm einen Tag vorher zu veranstalten. Am Dienstag macht es Sinn, der Fastnacht *Ade* zu sagen, am Aschermittwoch ist das zu spät.

Es ist nun auch für mich Zeit, mich von meinem Jahr als Narr zu verabschieden. Der Nubbel brennt. Ich werfe meine Narren-Kappe ins Feuer, die Flammen fressen sich schnell ins Polyester, es bleibt nichts übrig. Das war's mit der närrischen Zeit. Bis zur nächsten Session ist nun Pause. Oder bis zum nächsten Knubbelabend der Roten Funken. Oder aber man fährt am nächsten Montag nach Basel zum Morgestraich. Die närrische Zeit endet nie.

LITERATURVERZEICHNIS

Peter Ackroyd, *Venedig. Die Biographie*, München 2012

Anita Back, *Basler Fastnacht*, Dortmund 1988

Michail Bachtin, *Literatur und Karneval. Zur Romantheorie und Lachkultur,* München 1969

Hildegard Brog, »Die Roten Funken und die Preußen. Parodie und Wirklichkeit in der Festungsstadt Köln«, in: Heinz-Günther Hunold (Hrsg. u. a.), *Vom Stadtsoldaten zum Roten Funken*, Köln 2005

Reiner Burger, »Ein Öcher Jung will doch nicht Kanzler werden«, in: *FAZ*, 10. Februar 2020

Carl Dietmar/Marcus Leifeld, *Alaaf und Heil Hitler. Karneval im Dritten Reich*, München 2010

Michael Euler-Schmidt, »Häme, Armut und die Ironie des Schicksals. Wie die traurige Gestalt des Stadtsoldaten zum Kölner Held und Vereinsmitglied wurde«, in: Hunold, *Vom Stadtsoldaten zum Roten Funken.*

Timo Frasch, »Warum CSU-Männer lustig sind«, in: *FAZ*, 30. Januar 2020

Irene Franken, »›Die niebesiegten Söhne des Mars‹. Die Kölsche Funke rut-wieß vun 1823 e. V. – ein literarisch konstruierter Männerbund«, in: Hunold, *Vom Stadtsoldaten zum Roten Funken.*

Hildegard Frieß-Reimann, *Fastnacht in Rheinhessen. Die Diffusion der Mainzer Fastnacht von der Mitte des 19. Jahrhunderts bis zur Gegenwart*, Mainz 1978

Francesco Giammarco, »Drei Tage heiliger Rausch. An Purim gilt allein das Gebot der Freude, gern bis zum Exzess«, in: *Die Zeit*, 21. März 2019

Johann Wolfgang von Goethe, *Das römische Carneval*, Leipzig 1789

Ulrich Greiner, »Auf sie mit Gelächter! Ein Witz, der allen gefällt, ist keiner. Ein ernstes Wörtchen zum Karneval«, in: *Die ZEIT*, 20. Februar 2020

Peter Habicht, *Pfyffe, ruesse, schränze. Eine Einführung in die Basler Fasnacht*, Basel 2004

Dagmar Hänel, *Der Tod des Narren. Karneval und Tod*, in: Hunold, *Vom Stadtsoldaten zum Roten Funken*

Michael Hollenbach, »Halal Helau? Muslime und Karneval« ndr. de vom 28. Februar 2019 https://www.ndr.de/ndrkultur/sendungen/freitagsforum/ Halal-Helau-Muslime-und-Karneval,hollenbachmuslimeundkarneval100.html

Joseph Klersch, *Die kölnische Fastnacht. Von ihren Anfängen bis zur Gegenwart*, Köln 1961

Wilhelm Kutter, *Schwäbisch-alemannische Fasnacht*, Künzelsau 1973

Werner Mezger, *Schwäbisch-alemannische Fastnacht. Kulturerbe und lebendige Tradition*, Darmstadt 2015

Werner Mezger, »›Rückwärts in die Zukunft‹. Metamorphosen der schwäbisch-alemannischen Fastnacht«, in: Michael Matheus, *Fastnacht – Karneval im europäischen Vergleich*, Stuttgart 1999

Dietz-Rüdiger Moser, *Fastnacht, Fasching, Karneval. Das Fest der »Verkehrten Welt«*, Graz 1986

Bernd Mühl, *Die Mainzer Garden*, Mainz 2019

Achatz von Müller, *Der venezianische Karneval*, in: Rolf D. Schwarz, *Karneval in Venedig*, Dortmund 1986

Wolfgang Oelsner, »Das zweite Leben der Narren. Psychologische Aspekte des Verkleidens«, in: *Ausstellungskatalog Aachener Karneval*, Aachen 2018

Wolfgang Oelsner, *Fest der Sehnsüchte. Warum Menschen Karneval brauchen*, Köln 2004

Marco Ringel, *Fit für die Bütt. Karnevalsrhetorik für Büttenredner, Sitzungspräsidenten und Prinzenpaare*, St. Ingbert 2017

Dirk Schümer, *Leben in Venedig*, München 2003

Ulrich S. Soénius,»Von Händlern und Brauern, vom ›Printemann‹ und von der ›Sprungfedder‹. Zur Sozialstruktur der Roten Funken zwischen 1883 und 1940, in: Hunold, *Vom Stadtsoldaten zum Roten Funken*

Siegfried Wagner, *Der Kampf des Fastens gegen die Fastnacht. Zur Geschichte der Mäßigung*, München 1986

Birgit Weichmann,»Fliegende Türken, geköpfte Stiere und die Kraft des Herkules. Zur Geschichte des venezianischen Karnevals«, in: Matheus, *Fastnacht – Karneval im europäischen Vergleich*

Der American Dream mit deutscher Gründlichkeit